文部科学省後援

実用フランス語技能検定試験

2022年度版

3級・4級・5級

仏検公式ガイドブック

傾向と対策＋実施問題

フランス語教育振興協会編

公益財団法人フランス語教育振興協会

音声について

本書の音声は、下記サイトより無料でダウンロード、
およびストリーミングでお聴きいただけます。

https://stream.e-surugadai.com/books/isbn978-4-411-90302-0/

＊ご注意
- PC からでも、iPhone や Android のスマートフォンからでも音声を再生いただけます。
- 音声は何度でもダウンロード・再生いただくことができます。
- 当音声ファイルのデータにかかる著作権・その他の権利は公益財団法人フランス語教育振興協会（駿河台出版社）に帰属します。無断での複製・公衆送信・転載は禁止されています。

別売 CD について

無料音声ダウンロードと同じ内容の別売 CD（1 部 2 千円税・送料込）をご用意しております。ご希望の方は、級・住所・連絡先を記入のうえ、仏検事務局まで現金書留をお送りください。

公益財団法人フランス語教育振興協会　仏検事務局
〒102–0073　千代田区九段北 1–8–1 九段 101 ビル

ま え が き

21 世紀はグローバル化の時代といわれます。そうであれば、世界から孤立せず、世界と対話し、平和で豊かな未来を切り拓くために、今こそいっそう多くの日本人が、さまざまな外国語をマスターしていくべきではないでしょうか。現代は多言語・多文化の世界へと移行しつつあり、そのなかでお互いを尊重しながら共生を目指すことが要請されているのです。英語一辺倒の方針では限界があるのは明らかでしょう。

世界の言語のなかでもとりわけフランス語は、フランスだけでなく、いくつもの国々や地域で話され、また、国連をはじめとする国際機関の公用語としても使われている重要な言語のひとつです。さらに、フランス語は、人類にとって普遍的な価値や独創的な文化を担ってきた言語でもあります。2021 年に東京で開かれたオリンピック・パラリンピックは、2024 年にはパリで開催されますが、とりわけオリンピックの第一公用語はフランス語です。開会式では、開催国の言語のほかフランス語と英語で出場国が紹介されますが、その際、最初にアナウンスされるのはフランス語なのです。2024 年には、多くの人々がパリを訪れるでしょう。皆さんもこれを機にフランス語を学び、ぜひフランスに触れてみてください。たとえ現地に行かなくとも、いまはインターネットなどさまざまなコミュニケーションの手段があります。かならずや多くの貴重な体験が得られるはずです。

ビジネスの世界では、フランスの企業が次々に日本に進出してくる一方、日本の企業もフランス語圏に広く展開しています。トヨタ、ユニクロ、無印良品のフランス進出などはその典型的な例です。いまや英語ができてあたりまえとされるビジネスの世界にあっても、さらにフランス語も使いこなせるとなれば、チャンスがさらに広がることはまちがいないでしょう。他方、フランス語をマスターしてアフリカ諸国で国際協力、援助活動に従事している人も少なくありません。このようにフランス語を学び使いこなせるようになることは、自分の人生をより豊かに生きる道につながります。

日本の学習者を対象とし、文部科学省とフランス大使館文化部の後援を受けて、1981 年以来実施されている「仏検」は、フランス語を聞き・話し・読み・書く能力をバランスよく客観的に評価する検定試験として、ますます高い評価を受けています。1 級・準 1 級・2 級・準 2 級・3 級・4 級・5 級の7 段階を合わせて毎年 3 万人近くが受験しています。また、大学の単位認定や編入学試験、大学院入試等に利用されるケースも多くなっています（多数の学生が受験している学校のリストが巻末にありますので、ご参照ください）。

本書は、3 級・4 級・5 級の「傾向と対策」および 2020 年度秋季と 2021 年度春季・秋季に実施した試験問題（コロナ禍のため、2020 年度春季は試験を実施することができませんでした）、およびそれについてのくわしくていねいな解説と解答を掲載した公式ガイドブックです。

なお、書き取り・聞き取り試験の音声を無料でダウンロードすることができます（別売の CD をご希望の方は、仏検事務局までお問合せください）。

本書の執筆分担は以下のとおりです（* は各級の監修者）。

2020 年度秋期

3 級：松田浩則
4 級：北村卓
5 級：北村卓

2021 年度

3 級：池田潤・松田浩則 *
4 級：田口亜紀・北山研二 *
5 級：中川真知子・正田靖子・荒木善太 *

また、本書の別冊として、これまでの実施問題を精選して詳細な解説を施した『セレクション』が級毎に刊行されています。フランス語の実力アップと仏検合格のために、2 つの公式ガイドブックをどうぞご活用ください。

2022 年 3 月

公益財団法人　フランス語教育振興協会

目　次

実用フランス語技能検定試験　実施要領

実用フランス語技能検定試験（仏検）は、年 2 回、春季（1 次試験 6 月・2 次試験 7 月）と秋季（1 次試験 11 月・2 次試験 1 月）に実施しております。ただし、1 級は春季のみ、準 1 級は秋季のみの実施です。

2 次試験は 1 級・準 1 級・2 級・準 2 級の 1 次試験合格者が対象です。なお、隣り合う 2 つの級まで併願が可能です。

また、出願の受付期間は、通常、春季は 4 月から 5 月中旬、秋季は 9 月から 10 月中旬です。

◆ 各級の内容

1 級（春季のみ）	《1 次》	筆記試験（記述式・客観形式併用）	120 分
		書き取り・聞き取り試験	約 40 分
	《2 次》	面接試験	約 9 分
準 1 級（秋季のみ）	《1 次》	筆記試験（記述式・客観形式併用）	100 分
		書き取り・聞き取り試験	約 35 分
	《2 次》	面接試験	約 7 分
2 級	《1 次》	筆記試験（記述式・客観形式併用）	90 分
		書き取り・聞き取り試験	約 35 分
	《2 次》	面接試験	約 5 分
準 2 級	《1 次》	筆記試験（記述式・客観形式併用）	75 分
		書き取り・聞き取り試験	約 25 分
	《2 次》	面接試験	約 5 分
3 級		筆記試験（客観形式・記述式）	60 分
		聞き取り試験	約 15 分
4 級		筆記試験（客観形式）	45 分
		聞き取り試験	約 15 分
5 級		筆記試験（客観形式）	30 分
		聞き取り試験	約 15 分

◆ 受験地（2022年度春季〈予定〉）

1次試験　札幌、弘前、盛岡、仙台、秋田、福島、水戸、宇都宮、群馬、草加、千葉、東京、横浜、新潟、富山、金沢、甲府、松本、岐阜、静岡、名古屋、京都、大阪、奈良、松江、岡山、広島、高松、松山、福岡、長崎、熊本、別府、薩摩川内、沖縄、パリ

2次試験　札幌、盛岡、仙台、群馬、東京、新潟、金沢、静岡、名古屋、京都、大阪、松江、岡山、広島、高松、福岡、長崎、熊本、沖縄、パリ

＊上記の受験地は、季ごとに変更となる可能性があります。また、会場によって実施される級がことなる場合がありますので、くわしくは、最新の仏検受験要項・願書またはAPEFのホームページをご覧ください。

＊最終的な受験地・試験会場の詳細は、受験票の発送をもってお知らせします。

◆ 出願方法　下記の2つの方法からお選びください

1. **インターネット申込**：詳細はAPEFのホームページをご覧ください。
2. **郵送申込**：受験要項・願書を入手→検定料納入→願書提出、の順でお手続きください。

＊全国の仏検特約書店・大学生協では願書・要項を配布、あわせて検定料の納入を受け付けております。

＊願書・要項は仏検事務局へ電話・E-mail等で請求なさるか、APEFホームページよりダウンロードして入手なさってください。

◆ 合否の判定とその通知

級によりことなりますが、60～70％の得点率を目安に出題するように努めています。各級の合格基準は、審査委員会がさまざまな条件を総合的に判断して決定しています。

結果通知には合否のほか、合格基準点、合格率とご本人の得点が記載されます。

◆ お問い合わせ先

公益財団法人　フランス語教育振興協会（APEF）　仏検事務局

〒102-0073　東京都千代田区九段北181　九段101ビル
TEL:　03-3230-1603　　FAX:　03-3239-3157
E-mail: dapf@apefdapf.org
URL:　https://apefdapf.org

2020 年度仏検受験状況

級（季）	出願者数	1 次試験			1 次試験免除者数	2 次試験		
		受験者数	合格者数	合格率		受験者数	合格者数	最終合格率
1 級（秋）	403 名	362 名	54 名	14.9%	9 名	62 名	54 名	14.6%
準 1 級（秋）	889 名	763 名	191 名	25.0%	36 名	212 名	172 名	21.9%
2 級（秋）	1,427 名	1,250 名	448 名	35.8%	48 名	465 名	409 名	32.3%
準 2 級（秋）	1,548 名	1,355 名	820 名	60.5%	56 名	828 名	764 名	56.1%
3 級（秋）	2,717 名	2,446 名	1,542 名	63.0%				
4 級（秋）	2,300 名	2,111 名	1,690 名	80.1%				
5 級（秋）	1,989 名	1,866 名	1,593 名	85.4%				

＊新型コロナウイルス感染症拡大を受けて、2020 年度は春季試験を中止し、秋季に 1 級を含めた全級を実施しました。

2021 年度仏検受験状況

級（季）	出願者数	1次試験			1次試験免除者数	2次試験		
		受験者数	合格者数	合格率		受験者数	合格者数	最終合格率
1級	460名	413名	48名	11.6%	7名	54名	46名	11.0%
準1級	918名	811名	218名	26.9%	30名	231名	184名	22.3%
2級（春）	1,232名	1,065名	398名	37.4%	53名	434名	358名	32.5%
（秋）	1,313名	1,155名	404名	35.0%	57名	424名	384名	32.7%
準2級（春）	1,234名	1,066名	658名	61.7%	48名	684名	596名	54.6%
（秋）	1,412名	1,232名	710名	57.6%	50名	719名	628名	50.6%
3級（春）	2,164名	1,929名	1,079名	55.9%				
（秋）	2,811名	2,520名	1,414名	56.1%				
4級（春）	1,719名	1,571名	1,305名	83.1%				
（秋）	2,905名	2,695名	2,013名	74.7%				
5級（春）	1,292名	1,173名	1,043名	88.9%				
（秋）	1,987名	1,842名	1,576名	85.6%				

＊1級は春季のみ、準1級は秋季のみ

3級

3級の内容と程度

●程 度

フランス語の文構成についての基本的な学習を一通り終了し、簡単な日常表現を理解し、読み、聞き、書くことができる。

標準学習時間：200時間以上（大学で、第一外国語としての授業なら1年間、第二外国語として週2回の授業なら2年間の学習に相当）

ヨーロッパ言語共通参照枠（CEFR）のA1にほぼ対応しています。

●試験内容

読 む	日常的に使われる表現を理解し、簡単な文による長文の内容を理解できる。
書 く	日常生活で使われる簡単な表現や、基本的語句を正しく書くことができる。
聞 く	簡単な会話を聞いて内容を理解できる。
文法知識	基本的文法事項全般。動詞については、直説法、命令法、定型的な条件法現在と接続法現在の範囲。

語彙：約1,700語

●試験形式

1次試験のみ（100点）

筆 記	問題数9問、配点70点。試験時間60分。マークシート方式、一部語記入。
聞き取り	問題数3問、配点30点。試験時間約15分（部分書き取り1問・10点を含む）。マークシート方式、一部語記入。

3級の傾向と対策

5級と4級の試験では、選択肢から解答を選ぶマークシート方式の問題でしたが、3級からは、それにフランス語を記述する問題がくわわります。フランス語を正しく記述するためには、より正確なフランス語の知識が必要になります。

3級では「フランス語の文の構成についての基本的な学習を一通り終了し、簡単な日常表現を理解し、読み、書き、聞き、話すことができる」ことが合格基準になります。必要とされる学習時間は標準で200時間程度です。たとえば、大学の第一外国語であれば1年間を終了した段階で受験が可能です。第二外国語であれば週2回程度の授業を2年間受講した人が対象になります。ただし、学習時間はあくまでも目安にすぎません。150時間程度の学習時間でも基礎がしっかりできていれば、3級を受ける資格は十分にあります。

語彙数は、フランス語の学習辞書の基本単語を構成するおよそ1700語が目安となります。辞書によって多少のちがいはありますが、仏和辞典の赤い見出し語にアステリスクがふたつ付いていることが、おおよその基準になります。『仏検公式基本語辞典 3級・4級・5級 新訂版』(フランス語教育振興協会編、朝日出版社、2020)*には、この1700語がすべて記載されていますから、おおいに活用してください。

*本文中では『仏検公式基本語辞典』と略記。

文法については、初級文法の基本的知識全般が出題されます。3級の段階でとくに難関となるのが、動詞です。まず直説法（現在・単純未来・複合過去・半過去・大過去など）の活用形と基本的な用法をおさえたうえで、命令法、条件法現在、接続法現在、ジェロンディフにも目を配っておきましょう。そのほかにも、基本的な前置詞と代名詞の用法には、習熟しておかねばなりません。

「読む」力としては、初級文法の知識をもとに、日常的に使われる表現を理解し、平易なフランス語で書かれた15行程度の説明文や手紙、掲示などの内容を読み取る力が要求されます。

「書く」力では、日常生活で使われる簡単な表現、基本的な動詞の活用形や語句を正しく書くことが求められます。

「聞く」力では、短い文を正確に聞き取る力や、10 行あまりの会話文の内容を理解する能力がためされます。

「話す」力に関しては、面接による 2 次試験がありませんから、実際に試験のなかで「話す」機会はありません。3 級の段階では、筆記試験と聞き取り試験を通して、話すための基礎力がためされるのです。

筆記試験は問題数が 9 問あり、配点は 70 点です。試験時間は 60 分で 4 級より 15 分長くなります。聞き取り試験は問題数が 3 問で、配点は 30 点、試験時間は 15 分です。

問題形式はおおむね 4 級の問題形式を踏襲していますが、筆記試験では新たに、[1] の単語の記述、[2] の動詞の活用形の記述、[9] の会話文の空欄に選択したフランス語の文を入れて完成させる問題がくわわります。聞き取り試験では、[1] の部分書き取りの問題がくわわっています。新たにくわわったこれらの問題をきちんとこなすことが 3 級合格の鍵となります。

それでは、これから 3 級の各問題ごとの対策を解説します。練習問題はすべて実際に出題されたものですから、試験のつもりで解いてみましょう。そのあとで解説を読み、解答を確認してください。

解答用紙（雛型）（67%縮小）

2021年度　秋季　実用フランス語技能検定試験（3級）　解答用紙

会　場　名
氏　名

会場コード					
⓪	⓪	⓪	⓪	⓪	⓪
①	①	①	①	①	①
②	②	②	②	②	②
③	③	③	③	③	③
④	④	④	④	④	④
⑤	⑤	⑤	⑤	⑤	⑤
⑥	⑥	⑥	⑥	⑥	⑥
⑦	⑦	⑦	⑦	⑦	⑦
⑧	⑧	⑧	⑧	⑧	⑧
⑨	⑨	⑨	⑨	⑨	⑨

受験番号							
⓪	⓪	⓪	⓪	⓪	⓪	⓪	⓪
①	①	①	①	①	①	①	①
②	②	②	②	②	②	②	②
③	③	③	③	③	③	③	③
④	④	④	④	④	④	④	④
⑤	⑤	⑤	⑤	⑤	⑤	⑤	⑤
⑥	⑥	⑥	⑥	⑥	⑥	⑥	⑥
⑦	⑦	⑦	⑦	⑦	⑦	⑦	⑦
⑧	⑧	⑧	⑧	⑧	⑧	⑧	⑧
⑨	⑨	⑨	⑨	⑨	⑨	⑨	⑨

記入およびマークについての注意事項

1. 解答にはかならずHBまたはBの黒鉛筆（シャープペンシルも可）を使用してください。ボールペンや万年筆等でマークした解答は機械による読み取りの対象とならないため、採点されません。
2. 記入は**太線の枠内**に、マークは◯の中を**正確に塗りつぶしてください**（下記マーク例参照）。
採点欄は塗りつぶさないでください。
3. 訂正の場合は、プラスチック製消しゴムできれいに消してください。
4. **解答用紙を折り曲げたり、破ったり、汚したりしないでください。**

マーク例

良い例	悪い例
●	

筆記

1

解答番号	解答欄	採点欄
(1)		② ⓪
(2)		② ⓪
(3)		② ⓪
(4)		② ⓪

2

解答番号	解答欄	採点欄
(1)		② ⓪
(2)		② ⓪
(3)		② ⓪
(4)		② ⓪
(5)		② ⓪

3

解答番号	解答欄
(1)	① ② ③
(2)	① ② ③
(3)	① ② ③
(4)	① ② ③

4

解答番号	解答欄
(1)	① ② ③ ④ ⑤ ⑥
(2)	① ② ③ ④ ⑤ ⑥
(3)	① ② ③ ④ ⑤ ⑥
(4)	① ② ③ ④ ⑤ ⑥

5

解答番号	解答欄
(1)	① ② ③ ④ ⑤
(2)	① ② ③ ④ ⑤
(3)	① ② ③ ④ ⑤
(4)	① ② ③ ④ ⑤

6

解答番号	解答欄
(1)	① ② ③
(2)	① ② ③
(3)	① ② ③
(4)	① ② ③

7

解答番号	解答欄
(1)	① ② ③ ④ ⑤ ⑥ ⑦ ⑧
(2)	① ② ③ ④ ⑤ ⑥ ⑦ ⑧
(3)	① ② ③ ④ ⑤ ⑥ ⑦ ⑧
(4)	① ② ③ ④ ⑤ ⑥ ⑦ ⑧
(5)	① ② ③ ④ ⑤ ⑥ ⑦ ⑧
(6)	① ② ③ ④ ⑤ ⑥ ⑦ ⑧

8

解答番号	解答欄
(1)	① ②
(2)	① ②
(3)	① ②
(4)	① ②
(5)	① ②
(6)	① ②

9

解答番号	解答欄
(1)	① ② ③ ④ ⑤ ⑥ ⑦
(2)	① ② ③ ④ ⑤ ⑥ ⑦
(3)	① ② ③ ④ ⑤ ⑥ ⑦
(4)	① ② ③ ④ ⑤ ⑥ ⑦

聞き取り

1

解答番号	解答欄	採点欄
(1)		② ⓪
(2)		② ⓪
(3)		② ⓪
(4)		② ⓪
(5)		② ⓪

2

解答番号	解答欄
(1)	① ② ③ ④ ⑤ ⑥ ⑦ ⑧ ⑨
(2)	① ② ③ ④ ⑤ ⑥ ⑦ ⑧ ⑨
(3)	① ② ③ ④ ⑤ ⑥ ⑦ ⑧ ⑨
(4)	① ② ③ ④ ⑤ ⑥ ⑦ ⑧ ⑨
(5)	① ② ③ ④ ⑤ ⑥ ⑦ ⑧ ⑨

3

解答番号	解答欄
(1)	① ②
(2)	① ②
(3)	① ②
(4)	① ②
(5)	① ②

2020年度秋季
実用フランス語技能検定試験
試験問題冊子　〈3級〉

問題冊子は試験開始の合図があるまで開いてはいけません。

筆記試験	15時20分～16時20分 (休憩なし)
聞き取り試験	16時20分から約15分間

◇問題冊子は表紙を含め16ページ、筆記試験が9問題、聞き取り試験が3問題です。

注　意　事　項

1　途中退出はいっさい認めません。

2　筆記用具は**HBまたはBの黒鉛筆**(シャープペンシルも可)を用いてください。ボールペンや万年筆等でマークした解答は機械による読み取りの対象とならないため、採点されません。

3　解答用紙の所定欄に、**受験番号**と**カナ氏名**が印刷されていますから、まちがいがないか、**確認**してください。

4　**マーク式の解答は、解答用紙の解答欄にマークしてください**。たとえば、[3]の(1)に対して③と解答する場合は、次の例のように解答欄の③にマークしてください。

例 [3]

解答番号	解答欄
(1)	① ② ●

5　記述式の解答の場合、正しく判読できない文字で書かれたものは採点の対象となりません。

6　解答に関係のないことを書いた答案は無効にすることがあります。

7　解答用紙を折り曲げたり、破ったり、汚したりしないように注意してください。

8　問題内容に関する質問はいっさい受けつけません。

9　不正行為者はただちに退場、それ以降および来季以後の受験資格を失うことになります。

10　**携帯電話等の電子機器の電源はかならず切って、かばん等にしまってください。**通信機能のある時計は使用を禁じます。

11　**時計のアラームは使用しないでください。**

12　この試験問題の複製(コピー)を禁じます。また、この試験問題の一部または全部を当協会の許可なく他に伝えたり、漏えいしたりすることを禁じます(インターネットや携帯サイト等に掲載することも含みます)。

筆記試験終了後、休憩なしに聞き取り試験にうつります。

1　次の日本語の表現 (1) ～ (4) に対応するように、(　　) 内に入れるのにもっとも適切なフランス語 (各 1 語) を、**示されている最初の文字とともに**、解答欄に書いてください。(配点　8)

(1)　以上です。
C'est (t　　).

(2)　きょうは何曜日ですか。
Quel jour (s　　)-nous aujourd'hui ?

(3)　まさか。
Ce n'est pas (v　　) !

(4)　やあ、ジャン。
(S　　), Jean !

(解説・解答 ▶ p.35)

2 次の対話 (1) ～ (5) の (　　) 内の語を必要な形にして、解答欄に書いてください。(配点　10)

(1) — Je t’ai appelé hier après-midi. Mais tu n’as pas répondu.
— Hier après-midi ? Je (jouer) au foot avec des amis.

(2) — Nous devons être à l’aéroport à midi.
— Prenez ce train, vous ne (être) pas en retard.

(3) — Tu as beaucoup de timbres !
— Tu en veux un ? (Choisir) celui que tu préfères.

(4) — Voici mon frère, Louis.
— Ah ! Vous (se ressembler) beaucoup.

(5) — Vous ne voulez pas manger ce matin ?
— Non, nous (dîner) tard hier soir.

(解説・解答 ▶ p.36)

3　次の (1) ～ (4) の (　　) 内に入れるのにもっとも適切なものを、それぞれ ① ～ ③ のなかから 1 つずつ選び、解答欄のその番号にマークしてください。(配点 8)

(1) C'est lui (　　) vous a téléphoné, pas moi.
　① où　② que　③ qui

(2) Comme elle est difficile ! Elle n'est contente de (　　).
　① quelque chose　② quoi　③ rien

(3) Rappelle-(　　) le conseil de ton père.
　① te　② toi　③ tu

(4) (　　) disent-ils de leur professeur ?
　① Que　② Qui　③ Quoi

(解説・解答 ▶ p.38)

4

次の (1) ～ (4) の (　　) 内に入れるのにもっとも適切なものを、下の ① ～ ⑥ のなかから 1 つずつ選び、解答欄のその番号にマークしてください。ただし、同じものを複数回用いることはできません。(配点　8)

(1) Il lutte (　　) la maladie depuis longtemps.

(2) Il y a une belle église (　　) ta droite.

(3) Je suis allé à Paris en passant (　　) Dijon.

(4) Nous réservons une chambre à l'hôtel (　　) une nuit.

① contre　② de　③ entre
④ par　⑤ pour　⑥ sur

(解説・解答 ▶ p.41)

5　例にならい、次の (1) ～ (4) において、それぞれ ① ～ ⑤ をすべて用いて文を完成したときに、(　　) 内に入るのはどれですか。① ～ ⑤ のなかから 1 つずつ選び、解答欄のその番号にマークしてください。(配点　8)

例 : Je finis ______ ______ (______) ______ ______ possible.

① le　② mon　③ plus　④ travail　⑤ vite

Je finis mon (②) travail (④) (le) (①) plus (③) vite (⑤) possible.

となり、② ④ ① ③ ⑤ の順なので、(　　) 内に入るのは ①。

(1) Elle visite ce ______ ______ (______) ______ ______ .

① deux　② les　③ mois　④ musée　⑤ tous

(2) Il fait si ______ ______ (______) ______ ______ la maison.

① à　② chaud　③ je　④ que　⑤ reste

(3) Ils ______ ______ (______) ______ ______ France.

① allés　② en　③ jamais　④ ne　⑤ sont

(4) Je ______ ______ (______) ______ ______ .

① année　② bonne　③ souhaite　④ une　⑤ vous

(解説・解答 ▶ p.42)

6

次の (1) ～ (4) の **A** と **B** の対話を完成させてください。**B** の下線部に入れるのにもっとも適切なものを、それぞれ ① ～ ③ のなかから 1 つずつ選び、解答欄のその番号にマークしてください。(配点　8)

(1) **A** : Allô, Paul, tu peux venir chez moi maintenant ?
B : ______________________
A : Tant pis. Je viens de faire une grosse tarte aux pommes.

① Je voudrais bien, mais je dois faire mes devoirs.
② Pas de problème. Dans dix minutes, alors.
③ Qu'est-ce qu'il y a ?

(2) **A** : Bonjour, j'ai rendez-vous avec monsieur Martin.
B : ______________________
A : Ah, excusez-moi ! Je me suis trompé de date.

① C'est bizarre. Il n'est pas là aujourd'hui.
② D'accord. Il m'en a parlé.
③ Il vous attend dans son bureau.

(3) **A** : Comment tu as trouvé ce roman ?
B : ______________________
A : Alors, ce n'est pas pour moi.

① L'histoire est trop compliquée.
② Très intéressant. Tu devrais le lire.
③ Tu parles de quel roman ?

(4) **A** : Tu prends un dessert ?
B : ______________________
A : Bon, on va commander seulement un café.

① Bien sûr. Passe-moi la carte.
② J'hésite. Qu'est-ce que tu me recommandes ?
③ Non merci. J'ai trop mangé.

(解説・解答 ▶ p.44)

7

次の (1) ～ (6) の（　　）内に入れるのにもっとも適切なものを、下の ① ～ ⑧ のなかから1つずつ選び、解答欄のその番号にマークしてください。ただし、同じものを複数回用いることはできません。（配点　6）

(1) Comme plat chaud, beaucoup d'enfants préfèrent la viande au (　　).

(2) Faites la (　　) et attendez votre tour.

(3) Je veux boire du (　　) d'orange, s'il vous plaît.

(4) Quelle est la (　　) entre la Terre et la Lune ?

(5) Tu as vu le (　　) de ce sac ? C'est cher !

(6) Vous pouvez utiliser ce (　　) pour vous laver les mains.

① chemise	② distance	③ jus	④ lit
⑤ poisson	⑥ prix	⑦ queue	⑧ savon

（解説・解答 ▶ p.46）

8 次の文章を読み、下の (1) ～ (6) について、文章の内容に一致する場合は解答欄の ① に、一致しない場合は ② にマークしてください。(配点 6)

Ayaka, une lycéenne japonaise, habite dans une ville au bord de la mer. L'été, elle va souvent à la plage avec ses amies. Mais avant, elle avait peur de la mer, parce qu'elle ne savait pas nager.

À dix ans, Ayaka a vu à la télé un garçon du même âge qu'elle. Il se baignait avec des dauphins*. C'était très beau. Cette nuit-là, Ayaka a rêvé qu'elle nageait avec des dauphins. Le lendemain, elle a raconté son rêve à ses parents. Son père l'a emmenée tout de suite à la mer. Là, sa fille a commencé à nager comme un dauphin. Quelle surprise !

L'année prochaine, Ayaka quittera sa ville pour ses études. Mais elle n'oubliera jamais la mer, son endroit préféré.

* dauphin : イルカ

(1) アヤカは中学生である。

(2) アヤカは夏になると、しばしば友だちと浜辺に行く。

(3) アヤカが 10 歳のときテレビで見た少年は、アヤカより年下だった。

(4) アヤカはイルカといっしょに泳ぐ夢を見た。

(5) テレビでイルカと泳ぐ少年を見た翌日、アヤカはひとりで海に出かけた。

(6) 来年アヤカは進学のため町をはなれる。

(解説・解答 ▶ p.47)

9

次の会話を読み、(1) ～ (4) に入れるのにもっとも適切なものを、下の ① ～ ⑦ のなかから 1 つずつ選び、解答欄のその番号にマークしてください。ただし、同じものを複数回用いることはできません。なお、① ～ ⑦ では、文頭にくるものも小文字にしてあります。(配点 8)

Léa : Gabriel, tu viens au cinéma ce soir ?
Gabriel : Non, (1). Il faut que je me lève à quatre heures demain matin.
Léa : Mais demain, c'est dimanche. (2) ?
Gabriel : Je vais en Chine pour mon travail. Je dois être à l'aéroport avant sept heures.
Léa : Je comprends. Et (3) ?
Gabriel : Dans trois jours.
Léa : C'est trop court comme voyage. Ça va être fatigant.
Gabriel : Oui, (4). Mais mon travail, c'est toujours comme ça.
Léa : Bon courage, Gabriel.

① avec plaisir
② comment vas-tu
③ impossible
④ moi aussi
⑤ tu as quelque chose de spécial
⑥ tu as raison
⑦ tu reviens quand

（解説・解答 ▶ p.49）

聞き取り試験問題
(部分的な書き取りを含む)

聞き取り試験時間は、 16時20分から約15分間

注意事項

1　聞き取り試験は、CD・テープでおこないますので、CD・テープの指示にしたがってください。

2　解答はすべて筆記試験と同じ解答用紙の解答欄に、**HBまたはBの黒鉛筆**(シャープペンシルも可)で記入またはマークしてください。ボールペンや万年筆等でマークした解答は機械による読み取りの対象とならないため、採点されません。

1　小学校のクラスメートのトマとカミーユの会話を聞いてください。

- 1 回目は全体を通して読みます。
- 2 回目は、ポーズをおいて読みますから、(1) ~ (5) の部分を解答欄に書き取ってください。それぞれの (　　) 内に入るのは 1 語とはかぎりません。
- 最後 (3 回目) に、もう 1 回全体を通して読みます。
- 読み終えてから 60 秒、見なおす時間があります。
- 数を記入する場合は、算用数字で書いてください。

(メモは自由にとってかまいません) (配点 10)

[音声を聞く順番] ⓪❶ → ⓪❷ → ⓪❶

Thomas : Camille, tu sais qu'il y a un (1) dans la classe ?
Camille : Non. Tu l'as déjà vu ?
Thomas : Oui, je lui ai parlé un peu (2) l'entrée de l'école. Il (3) en classe tout à l'heure.
Camille : Il est comment ?
Thomas : Il est (4). Il porte (5)... Il sourit beaucoup.
Camille : Il a l'air sympa !

(解説・解答 ▶ p.52)

2

- フランス語の文 (1) ～ (5) を、それぞれ3回ずつ聞いてください。
- それぞれの文にもっともふさわしい絵を、下の ① ～ ⑨ のなかから1つずつ選び、解答欄のその番号にマークしてください。ただし、同じものを複数回用いることはできません。

（メモは自由にとってかまいません）（配点　10）

［音声を聞く順番］ 03 → 04

(1)

(2)

(3)

(4)

(5)

①

②

③

④

⑤

⑥

⑦

⑧

⑨

（解説・解答 ▶ p.53）

3

• クロードとアリスの会話を3回聞いてください。
• 次の (1) ～ (5) について、会話の内容に一致する場合は解答欄の ① に、一致しない場合は ② にマークしてください。
　(メモは自由にとってかまいません)(配点　10)

[音声を聞く順番] ❺→❻→❼

(1)　アリスは最初、冷蔵庫がからっぽだと思っていた。

(2)　クロードが市場で買い物をしたのはきのうのことである。

(3)　ハムは2人で食べるのに十分な量がある。

(4)　パンを買いにいくのはクロードである。

(5)　クロードとアリスは8時に夕食を始める予定だ。

(解説・解答 ▶ p.55)

2020 年度秋季 3 級

今季の出願者数は 2,717 名（うち受験者は 2,446 名）でした。合格者数は 1,542 名、対実受験者合格率は 63%でした。なお平均点は 65 点（筆記得点率 66%、聞き取り得点率 64%）、合格基準点は 60 点でした。

出題内容のあらまし

[筆記]

1 語彙（記述）
2 動詞活用（対話文・記述）
3 代名詞（穴うめ・選択）
4 前置詞（穴うめ・選択）
5 語順（語の並べかえによる仏文完成）
6 対話文（仏文選択）
7 短文（穴うめ・選択）
8 説明文（内容一致・和文選択）
9 会話文（穴うめ・仏文選択）

[聞き取り]

1 会話文の部分書き取り（穴うめ・記述）
2 短文聞き取り（仏文に一致する絵の選択）
3 会話文聞き取り（内容一致・和文選択）

筆記試験

解説・解答

1 **解説** 日常的な慣用表現で使われている単語を記述する問題です。

(**1**) 「以上です」はC'est (tout). となります。きわめてひんぱんに使う表現ということもあったのか、得点率は非常に高く、82%でした。このC'est tout. の否定文Ce n'est pas tout.「それだけではありません」も同じようによく使われますのでいっしょに覚えておきましょう。さらに、Ce sera tout pour aujourd'hui.「きょうはこれでおしまいにしましょう」という言い方もあります。これは授業などの終わりのときによく使われる表現です。動詞être がsera と単純未来に変化している点にも留意しつつ、正しく覚えておきましょう。ところで、このtout は不定代名詞です。不定代名詞のなかには、ほかにもrien、personne、aucun(e)、nul(le) などがありますが、学校の授業などでは一般的にあまりくわしい学習がなされているとは言いがたい領域ですので、辞書などを参考にきちんとおさえておく必要があります。また、tout は形容詞として使われるときも、副詞として使われるときもあることを確認しておきましょう。形容詞としてのtout は、たとえば、**Tout** le monde est content.「全員が満足している」のように使われますし、副詞としてのtout は、たとえば、Mon fils est encore **tout** petit.「私のむすこはまだとても小さい」のように使います。『仏検公式基本語辞典』(p.281-282) などを参考に用法の確認をしておいてください。

(**2**) 「きょうは何曜日ですか」はQuel jour (sommes)-nous aujourd'hui ? となります。得点率は62%でした。もしこの質問に対して、「きょうは金曜日です」と答えたければ、Nous sommes vendredi. とします。また、Quel jour de la semaine sommes-nous ? でも、Quel jour est-ce aujourd'hui ? でも「きょうは何曜日ですか」の意味になります。さらに、日付を尋ねるときは、Le combien sommes-nous ? と言いますが、最近はQuel jour sommes-nous ? を使うことが多くなってきました。「きょうは9月6日です」と答えたければ、Nous sommes le 6 septembre. となります。

(3)「まさか」はCe n'est pas (vrai) !となります。得点率は65％でした。誤答のなかでいちばん多かったのは *vraiment* でしたが、vraiment は副詞ですので、ここでは不適切です。また、似たような意味の驚きの表現としてはCe n'est pas possible.「それはありえません」(『仏検公式基本語辞典』、p.219) がありますので、いっしょに覚えておきましょう。vraiを使った表現としては、ほかにC'est incroyable mais vrai !「それは信じがたいけれど本当だ」とか、非人称構文のなかでのEst-il vrai que vous ne travaillez plus ?「あなたがもう働いていないというのは本当ですか」なども覚えておきたいものです。

(4)「やあ、ジャン」は(Salut), Jean !となります。得点率は54％でした。誤答のなかでは *Salu*、*Salue*、*Salute*、*Salût* などのスペルのミスがめだちました。Salutは気の置けない友だちなどに会ったときに「やあ」「よう」「こんにちは」の意味でよく使われる表現ですが、Je m'en vais, salut !「じゃあ行くね、バイバイ」のように、別れるときのあいさつとしても使われます。

この問題の平均得点率は66％でした。

解答　(1) tout　(2) sommes　(3) vrai　(4) Salut

2　**解説**　フランス語の応答文を読み、意味をとらえて動詞の法と時制をきめ、その活用を記述する問題です。

(1) — Je t'ai appelé hier après-midi. Mais tu n'as pas répondu.「きのうの午後、君に電話したんだけど、出なかったね。」— Hier après-midi ? Je (jouais) au foot avec des amis.「きのうの午後かい、友だちとサッカーしていたんだ」となります。得点率は38％でした。電話に出ることのできなかった理由を説明している場面ですが、誤答のなかでいちばん多かったのは *J'ai joué* au foot avec des amis. と複合過去で答えたものでした。しかし、これだと、「友だちとサッカーをした」という過去の動作を表現することはできますが、「電話が鳴る前からサッカーをしていて、電話に気づかなかった（あるいは電話に気づいたけれど、出られなかった）」という電話に出ることのできなかった状況の説明としては不適切です。サッカーをある程度の時間、継続的におこなっていたということを表現するためには半過去にする必要があります。

(2) Nous devons être à l'aéroport à midi.「私たちはお昼に空港に着いていないといけません」— Prenez ce train, vous ne (serez) pas en retard.「その列車に乗りなさい、そうすれば遅れなくてすむでしょう」となります。得点率は33%でした。空港に遅れずにお昼までに着かなければならないという発言を受けて、Prenez ce train「その列車に乗りなさい」とまずは命令文で遅れないための方法を指示したあと、そうすれば「遅れなくてすむでしょう」という未来の結果の予測が示されていますので être を単純未来に活用させる必要があります。直説法現在の *êtes* とした誤答が多数ありましたが、これだと「あなたは遅れていない」という現在の状況を語ることになってしまいますので不適切です。命令文と単純未来の文の組み合わせとしては、Chante cette chanson, ton père sera content.「その歌を歌いなさい、お父さんが喜ぶから」、Reposez-vous bien, vous serez mieux.「ゆっくり休息しなさい、気分がよくなりますから」などを参考にしてください。

(3) — Tu as beaucoup de timbres !「君はたくさん切手を持っているね」— Tu en veux un ? (Choisis) celui que tu préfères.「一枚欲しいかい、それなら、好きなものを一枚選んでもいいよ」となります。得点率は31%でした。第2群規則動詞 choisir の tu に対する命令文を作ることが問題になっていますので、Choisis が正答になりますが、choisir の活用が正確に頭に入っていなかったのか、あるいは第1群規則動詞（－er 型動詞）の命令文の作り方と混同したのか、*Choisi* という誤答が受験者の20%近くいました。また Tu en veux un ? の en は中性代名詞の en です。Tu veux un timbre ? の timbre を中性代名詞で受けたものと考えられます。

(4) — Voici mon frère, Louis.「兄（弟）のルイです」— Ah ! Vous (vous ressemblez) beaucoup.「わあ、あなたがた2人はとても似ているね」となります。得点率は67%で、今回の5問のなかではいちばんよくできていました。se ressembler という代名動詞を主語の vous に合わせて、直説法現在に活用させればいいということは、ほとんどの受験生が理解していたようですが、*vous resemblez* のように不注意によるミスと思われるものや、*se* *ressemblez* のように、再帰代名詞を主語に合わせて変化させることを忘れてしまったようなミスが多数見受けられました。se ressembler を使ったことわざに、Qui se ressemble s'assemble.「類は友を呼ぶ」があります。すこしむずかしいですが、覚えておきましょう。

(5) — Vous ne voulez pas manger ce matin ?「あなたがたはけさ、ごはんを食べたくないのですか」— Non, nous (avons dîné) tard hier soir.「いいえ。私たちは昨夜遅く夕食を食べたものですから」となります。得点率は 57% でした。「けさ、ごはんを食べたくない」理由は「昨夜遅く」(tard hier soir)「夕食を食べたから」ということですので、複合過去に活用させなければなりません。直説法現在の *dînons* や、単純未来の *dînerons*、さらに *avons dînés* のような誤答が見られました。また、新しいつづり字による avons diné も正解とします。

この問題の平均得点率は 45% でした。

解答　(1) jouais　(2) serez　(3) Choisis
(4) vous ressemblez　(5) avons dîné (avons diné も可)

3　解説　適切な代名詞を選ぶ問題です。

(1) C'est lui (qui) vous a téléphoné, pas moi.「あなたに電話をしたのは彼です、私ではありません」となります。3 つの選択肢を見ながら、この文がどのような構造なのかをさぐることから始めましょう。① où は疑問副詞としては「どこへ、どこに」という意味ですし、関係代名詞として使われたときには場所や時を先行詞としますが、ここでは場所も時も問題になっていませんので不適切です。② que はどうでしょう。C'est lui の次に que がくる場合、考えられるのは関係代名詞としての que です。ただしその場合、lui は動詞 a téléphoné の直接目的語になっていなければなりませんが、téléphoner はたとえ他動詞として使われるときでも、人を直接目的語とすることはありません。たとえば、Je lui ai téléphoné que je serais en retard.「私は彼（彼女）に遅れて行くと電話した」のように間接目的語としてしか使われませんので、② que は不適切なことがわかります。正答は ③ qui です。この場合、c'est

...qui... という主語を強調する強調構文になっていることがわかります。lui が a téléphoné の主語となります。ここで vous は間接目的語になっています。ところで、強調構文で主語が強調されるとき、主語が人称代名詞の場合は強勢形を使わなければならない点も確認しておいてください。たとえば、Ils ont fait ce travail.「彼らはその仕事をしました」の主語 Ils を強調したい場合は、C'est **eux** qui ont fait ce travail.「その仕事をしたのは彼らです」となります。得点率は 60％でした。

(**2**) Comme elle est difficile ! Elle n'est contente de (rien).「なんて彼女は気むずかしいんだろう。彼女はなににも満足しないんだから」となります。最初の文 Comme elle est difficile ! の comme は感嘆文をみちびく接続詞であることを、まずは確認しておきましょう。それから、形容詞 difficile は人に対して言われた場合には、「気むずかしい」という意味になることも覚えておいてください。2 番目の文を見ると、n' があるので否定文だということはすぐにわかりますが、pas がないことにも気づいたはずです。つまり、(　　　) のなかには、pas がなくても否定文を完結させることのできる単語が入らなければならないということになります。選択肢、① quelque chose、② quoi、③ rien のなかで、その条件を満たしているのは ③ rien だけですので、これが正答になります。得点率はきわめて高く 85％でした。ところで、不定代名詞 rien はきわめて重要な単語で、熟語的な表現にもよく使われます。以下にいくつか例を示しておきますので、参考にしてください。Ça ne fait rien.「かまいません、気にすることはありません」、Ça ne sert à rien.「それはなんの役にも立ちません」、Ce n'est rien.「たいしたことありません」、De rien.「(礼を言われたとき) どういたしまして。(あやまられたとき) なんでもありません」。

(**3**) Rappelle-(toi) le conseil de ton père.「君のお父さんのアドバイスを思い出しなさい」となります。文頭に Rappelle と動詞がきているにもかかわらず疑問符がないこと (Rapelles の語尾 s が落ちていることにも注意)、さらに 3 つの選択肢 ① te、② toi、③ tu がすべて 2 人称単数にかかわる代名詞であることから判断して、この文は代名動詞 se rappeler の命令文であることを見ぬかなければなりません。この段階で、③ tu が不適切なことがわかります。なぜなら、tu を主語にした文を考えた場合、動詞は Rappelles とならなければなりませんし、主語と動詞が倒置された疑問文のはずですが、上にも書きましたように疑問符がないからです。ところで、肯定命令文を作るときは、否定命令文を作るときとちがって、動詞のうしろに目的語の人称代名詞を置かなければなりません。また、me と te は、直接目的語・間接目的語の区別なく、それぞれ強勢形の moi、toi にしなければなりません。ということで、選択肢① te は不適切で、② toi が正答になります。得点率は84%でした。以下、動詞 se lever を使った肯定命令文と否定命令文を示しておきますと、たとえば Tu te lèves à 6 heures.「君は6時に起きる」を肯定命令文にすると Lève-**toi** à 6 heures. となり、否定命令文にすると Ne **te** lève pas à six heures. となります。再帰代名詞 toi、te の形や位置の変化に気をつけてください。

(4) (Que) disent-ils de leur professeur ?「彼らは自分たちの先生について何と言っていますか」となります。他動詞 dire の直説法現在の3人称複数の活用形 disent と主語 ils が倒置されていますので、(　　) のなかには dire の直接目的語になる疑問代名詞が入ることがわかります。また de leur professeur の de は「〜について」という意味です。① Que にはいろいろな意味や用法がありますが、疑問代名詞で直接目的語という条件に合致するのは「何を」という意味で使われるときです。この① Que が正答になります。得点率は46%でした。② Qui は疑問代名詞で直接目的語として使われるときは「だれを」という意味になりますが、dire は Qui を直接目的語とすることはできませんので不適切です。また③ Quoi はたしかに、疑問代名詞で直接目的語として使われるときがあります。Quoi faire ?「何をすべきなのか」とか、Je ne sais quoi dire.「何と言ったらいいのかわからない」のように使われます。ただし、物を表す疑問代名詞の直接目的語としては、ふつう que や qu'est-ce que が用いられ、quoi はくだけた言い方に限定されています。この問題文のように主語と動詞が倒置され disent-ils となっているような、厳格な構造をもった文のなかで quoi を使うことはできません。

この問題の平均得点率は69%でした。

解答 (1) ③　(2) ③　(3) ②　(4) ①

4 解説 適切な前置詞を選ぶ問題です。

(**1**) Il lutte (contre) la maladie depuis longtemps.「彼は長年病気とたたかっている」となります。ここでは敵対関係、対立関係を表す① contre の用法が問われています。得点率は27%にとどまりました。動詞の lutter は「戦う」という意味の自動詞です。戦う相手は前置詞の contre で導かれます。Les médecins luttent **contre** le sida.「医者たちはエイズと戦っている」、Ma fille lutte **contre** le sommeil.「私の娘は睡魔と戦っている」のように使います。lutter のうしろには、前置詞の pour がくることもあります。このとき pour は戦う目標を導きます。たとえば、Ils luttent **pour** la paix.「彼らは平和のために戦っている」、Nous luttons **pour** obtenir l'indépendance.「私たちは独立を獲得するために戦っている」のように使います。選択肢のなかに⑤ pour がありますが、ここでは（　　）のうしろに la maladie という戦うべき対象がきていますので、pour は不適切です。

(**2**) Il y a une belle église (sur) ta droite.「あなたの右側に美しい教会があります」となります。この⑥ sur は方向を表します。得点率は45%でした。C'est **sur** votre droite.「それはあなたの右手にあります」、Vous trouvez la gare **sur** votre droite.「あなたの右手に駅があります」、Tournez **sur** votre droite.「右に曲がりなさい」のように使います。前置詞 sur の次に所有形容詞がきて、その後に名詞がつづくという構造を取ります。ただし、「右に曲がりなさい」に関して言えば、所有形容詞を使わず、前置詞 à とともに Tournez à droite. という言い方もできます。両方とも覚えておきたい表現です。

(**3**) Je suis allé à Paris en passant (par) Dijon.「私はディジョン経由でパリに行った」となります。この④ par は通過を表します。得点率は45%でした。ほぼ同じ内容を Je suis passé **par** Dijon en allant à Paris. と書くことも可能です。この通過を表す par の用法はかなりの頻度で登場しますので、きちんと使えるようにしておきましょう。以下にいくつか例文を示しておきますので、参考にしてください。Entrez **par** ici, s'il vous plaît.「ここからお入りください」、Elles sont sorties **par** la porte de gauche.「彼女たちは左側のドアから出ました」、Nous avons regardé **par** la fenêtre.「私たちは窓ごしに外をながめた」。

(**4**) Nous réservons une chambre à l'hôtel (pour) une nuit.「私たちは一泊の予定でホテルの部屋を予約します」となります。この⑤ pour は予定の期間を表します。得点率は 56%でした。前置詞の pour には、目的を表したり、理由を表したり、用途を表したりとさまざまな用法がありますので、それぞれの用法に応じた使い方を頭に入れておく必要があります。予定の期間を表す例文を以下に示しておきますので、これも参考にしてください。Elle va en France **pour** un an.「彼女は 1 年間の予定でフランスに行く」、Le mariage est **pour** la semaine prochaine.「結婚式は来週に予定されています」、Nous avons pris rendez-vous **pour** demain.「私たちは明日会う約束をした」、C'est **pour** quand ?「それはいつの予定ですか」。

この問題の平均得点率は 43%でした。

解答　(1) ①　(2) ⑥　(3) ④　(4) ⑤

5　解説　5 つの単語を並べかえて文を完成させる問題です。

(**1**) 主語と動詞にあたる Elle visite があたえられています。動詞 visiter は他動詞ですので、Elle visite の次には直接目的語になる名詞がくると考えられます。指示形容詞 ce のあとには子音ではじまる男性単数の名詞がくるはずです。選択肢のなかでその条件に合うのは③ mois「月」と④ musée「美術館」の 2 つありますが、③ mois「月」は意味のうえから排除されます。ここまでで Elle visite ce musée「彼女はその美術館を訪れます」という文ができあがります。残りの選択肢をじっくり見ながら、tous les deux mois「2 カ月ごとに」という副詞句ができるかどうかがこの問題を解くうえでのポイントになります。以上から、Elle visite ce musée tous (les) deux mois.「彼女は 2 カ月ごとにその美術館を訪れます」という文が完成します。正答は② les になります。得点率は 67%でした。ここで、〈tous [toutes] les ＋時間・距離〉で「～ごとに、毎～」となることを確認しましょう。以下にいくつか例を書いておきますので、よく理解してください。Il vient ici tous les trois jours.「彼はここに 3 日ごとに来ます」、Il y a un train toutes les 20 minutes.「20 分ごとに列車があります」、On s'est arrêtés tous les cinq kilomètres.「私たちは 5 キロごとに止まりました」、Tous les combien est-ce qu'il y a un avion ?「飛行機は何時間おきにありますか」。

(2) 前問にひきつづき、主語と動詞にあたる Il fait があたえられています。ここで動詞 faire の直接目的語になることのできる名詞が選択肢のなかにないことに気づくはずです。ここから、この文の動詞 faire は非人称の用法ではないかという推測を立てます。非人称の構文 Il fait の次に名詞がこないとすると（つまり、Il fait du vent.「風があります」のような文にはならないということ）、Il fait の次に形容詞がくることが考えられます。選択肢のなかに形容詞 ② chaud があることに気づきます。さらに si と選択肢 ④ que とで、〈si ＋形容詞（あるいは副詞）＋ que ＋結果節〉「とても～なので、～だ」という文の構造になることが考えられます。以上から、Il fait si chaud que (je) reste à la maison.「とても暑いので、私は家にいます」という文が完成します。正答は ③ je です。得点率は 82％でした。ここで〈si ＋形容詞（あるいは副詞）＋ que ＋結果節〉の文を確認しておきましょう。Il est **si** gentil **que** tout le monde l'aime.「彼はとても親切だから、誰もが彼を好いている」（『仏検公式基本語辞典』、p.260）、Ils ont **si** mal joué **qu**'ils ont été sifflés.「彼らはあまりにも演技がへただったので、口笛でやじられた」。

(3) 主語 Ils があたえられています。では動詞はどれでしょう。選択肢を見わたして、⑤ sont と ① allés がありますので、主語とこれら 2 つを組み合わせれば、3 人称複数の複合過去の文 Ils sont allés ができます。さらに選択肢を見ると、④ ne と ③ jamais がありますので、否定文であることもすぐにわかるはずです。複合過去の否定文のときの ne、jamais は助動詞 ⑤ sont をはさみます。以上から、Ils ne sont (jamais) allés en France.「彼らは 1 度もフランスに行ったことがありません」という文が完成します。正答は ③ jamais です。得点率は 63％でした。

(4) 主語の Je があたえられています。選択肢のなかから動詞を探すと ③ souhaite が見つかります。次に目的語は何かを考えましょう。選択肢をもういちど見てみると、単数の女性名詞につく不定冠詞 ④ une、単数の女性名詞

を修飾する形容詞 ② bonne、単数の女性名詞 ① année がありますので、3つを組み合わせると une bonne année ができあがります。これが直接目的語になります。⑤ vous は間接目的語で、時制は直説法現在なので、動詞の前に置かれます。以上から、Je vous souhaite (une) bonne année.「新年おめでとうございます」(直訳すると「私はあなたがよい年を迎えることを願っています」)という文が完成します。正答は ④ une です。得点率は86%でした。ここで使われている動詞 souhaiter は「souhaiter +〈物〉+ à〈人〉」の形で「〈人〉に〈物〉を祈る」という意味になります。上の文とよく似ていますが、Je vous souhaite un bon anniversaire !「お誕生日おめでとうございます」などは、よく使われますので覚えておきましょう。また、Elle m'a souhaité un bon voyage.「彼女は私によいご旅行をと言った」のような文も参考にしてください。

この問題の平均得点率は75%でした。

解答　(1) ②　(2) ③　(3) ③　(4) ④

6　**解説**　適切な文を選択して対話を完成させる問題です。

(1)　**A** が Allô, Paul, tu peux venir chez moi maintenant ?「もしもし、ポール、今私の家に来られる」と尋ねたのに対し、**B** が何か言ったあと、**A** が Tant pis. Je viens de faire une grosse tarte aux pommes.「ああそれは残念。大きなアップルパイを焼いたところだったんだ」と応じています。**A** の2つ目のせりふから、**B** が **A** に **A** の家に行くことはできないと言ったのではないかと推定されます。選択肢は ① Je voudrais bien, mais je dois faire mes devoirs.「行きたいんだけど、宿題をしなけりゃならないんだ」、② Pas de problème. Dans dix minutes, alors.「問題ないよ。じゃあ、10分後に」、③ Qu'est-ce qu'il y a ?「どうしたの」となっています。状況に合致するのは ① だけですので、これが正答になります。得点率は67%でした。

(2)　**A** が Bonjour, j'ai rendez-vous avec monsieur Martin.「こんにちは、マルタンさんと会う約束があるのですが」と言ったのに対し、**B** が何か言ったあと、**A** が Ah, excusez-moi ! Je me suis trompé de date.「あ、失礼いたし

ました。日付をまちがえました」と言っています。**A** の 2 つ目のせりふから、**B** は **A** がマルタンさんと会えない理由を話したのではないかと推定されます。選択肢は ① C'est bizarre. Il n'est pas là aujourd'hui.「変ですね。彼はきょうここには来ていませんけれど」、② D'accord. Il m'en a parlé.「了解しました、話は彼から聞いています」、③ Il vous attend dans son bureau.「彼は執務室であなたをお待ちです」となっています。状況に合致するのは ① だけですので、これが正答になります。得点率は 86％でした。代名動詞 se tromper はそのうしろに de ＋無冠詞名詞をしたがえることで、「〜をまちがえる」という意味になります。Nous nous sommes trompés de route.「私たちは道をまちがえた」（『仏検公式基本語辞典』、p.285）などの例文も参考にしてください。

(3) **A** が Comment tu as trouvé ce roman ?「その小説、どう思った」と尋ねたのに対し、**B** が何か言ったあと、**A** が Alors, ce n'est pas pour moi.「じゃあ、それは私にはむいていないね」と言っています。**A** の 2 つ目のせりふから、**B** は話題になっている小説に対して何かマイナスの評価をしたものと推定されます。選択肢は ① L'histoire est trop compliquée.「話の筋が複雑すぎます」、② Très intéressant. Tu devrais le lire.「とってもおもしろかった。君も読んだ方がいいよ」、③ Tu parles de quel roman ?「どの小説の話をしているの」となっています。状況に合致するのは ① だけですので、これが正答になります。得点率は 57％でした。

(4) **A** が Tu prends un dessert ?「デザートを食べるかい」と尋ねたのに対し、**B** が何か言ったあと、**A** が Bon, on va commander seulement un café.「じゃあ、コーヒーを一杯だけ注文しよう」と言っています。**A** の 2 つ目のせりふから、**B** はデザートを食べないという意思を表したものと推定されます。選択肢は ① Bien sûr. Passe-moi la carte.「もちろんだよ、メニューを見せて」、② J'hésite. Qu'est-ce que tu me recommandes ?「迷っちゃうな、君のおすすめは何だい」、③ Non merci. J'ai trop mangé.「いや、いらない。食べすぎちゃった」となっています。状況に合致するのは ③ だけですので、これが正答になります。得点率は 76％でした。

この問題の平均得点率は 71％でした。

解答 (1) ①　(2) ①　(3) ①　(4) ③

7

解説 各文の（　　）に入れるべき適切な単語を選択する問題です。

(1) Comme plat chaud, beaucoup d'enfants préfèrent la viande au (　　). 「あたたかい料理を食べるなら、多くの子どもたちは（　　）よりも肉のほうが好きだ」となっています。（　　）の前に前置詞 à と定冠詞 le の縮約形 au がありますので、単数の男性名詞で、かつあたたかく調理して食べることのできるものを選択肢のなかから選ばなければなりません。この条件にあてはまるのは、⑤ poisson 男「魚」になります。得点率は 72％でした。③ jus 男「ジュース」は「飲み物」であり、加熱して plat「料理」として出されるものではありませんので不適切です。

(2) Faites la (　　) et attendez votre tour.「（　　）を作って、あなたの順番を待ちなさい」となっています。（　　）の前に定冠詞 la がありますので、単数の女性名詞を選択肢のなかから選ばなければなりません。ここで tour は「順番」の意味で使われています。「順番を待つ」ために何を作らなければならないのかが問われています。選択肢のなかの女性名詞① chemise「シャツ」、② distance「距離」、⑦ queue「列」のうち、この条件にあてはまるものは⑦ queue だけです。得点率は 45％とやや低めでした。

(3) Je veux boire du (　　) d'orange, s'il vous plaît.「オレンジの（　　）を飲みたいのですが」となっています。（　　）の前に部分冠詞 du がありますので、男性名詞で、かつ boire「飲む」ことができ、orange「オレンジ」から作ることのできるものを選択肢のなかから選ばなければなりません。この条件にあてはまるものは③ jus 男「ジュース」になります。得点率は 90％と高い数値を示しました。

(4) Quelle est la (　　) entre la Terre et la Lune ?「地球と月の間の（　　）はどれくらいですか」となっています。文頭の疑問形容詞 Quelle や（　　）の前の定冠詞 la から判断して、単数の女性名詞で、「地球と月の間」に関わるものを選択肢のなかから選ばなければなりません。この条件にあてはまるものは② distance 囡「距離」になります。得点率は77%でした。なおここではla Terre、la LuneのようにTerreもLuneも最初の文字が大文字になっていますが、これは天文学の観点から見た地球や月を表現しています。同様に、La Terre tourne autour du Soleil.「地球は太陽のまわりをまわっている」のような例文もよく見かけますので記憶しておいてください。

(5) Tu as vu le (　　　) de ce sac ? C'est cher !「このバッグの（　　　）を見たかい。高いね！」となっています。（　　　）の前に定冠詞leがありますので、単数の男性名詞で、物の値段の高低に関わるものを選択肢のなかから選ばなければなりません。この条件にあてはまるものは⑥ prix 男「価格」になります。得点率は69%でした。

(6) Vous pouvez utiliser ce (　　　) pour vous laver les mains. 「この（　　　）で手を洗ってもいいよ」となっています。（　　　）の前に指示形容詞ceがありますので、単数の男性名詞で、手を洗うときに使うものを選択肢のなかから選ばなければなりません。この条件にあてはまるものは⑧ savon 男「せっけん」になります。得点率は74%でした。

正解とならなかった選択肢は、① chemise 囡「シャツ」と④ lit 男「ベッド」です。

この問題の平均得点率は71%でした。

解答 (1) ⑤　(2) ⑦　(3) ③　(4) ②　(5) ⑥　(6) ⑧

8

解説 長文の内容を読み取る問題です。

テレビ番組を見たのがきっかけとなって、急に泳ぐことができるようになった女子高校生アヤカのことが語られています。ポイントをおさえながら、正確に読んでいきましょう。

まず本文に出てくる単語と表現を見ておきます。
lycéenne japonaise 囡「日本の女子高生」、ville 囡「町」、au bord de「～の

ほとりにある」、été 男「夏」、souvent「しばしば」、plage 女「海岸」、avant「以前は」、peur 女「恐怖」、savait(savoir)「〜ができる」直説法半過去、nager「泳ぐ」、à dix ans「10歳のときに」、a vu(voir)「見る」直説法複合過去、à la télé「テレビで」、garçon 男「男の子」、du même âge「同じ年の」、se baignait (se baigner)「水浴びする」直説法半過去、dauphin 男「イルカ」、beau(bel), *belle*「美しい」、cette nuit-là「その夜」、a rêvé(rêver)「夢を見る」直説法複合過去、le lendemain「翌日」、a raconté(raconter)「お話をする」直説法複合過去、rêve 男「夢」、a emmenée(emmener)「連れていく」直説法複合過去（本文中 l'a emmenée と emmenée の語尾に e がついているのは、直接目的語の Ayaka が人称代名詞 l'(la) となって過去分詞 emmené の前に置かれたため性数一致したことによる）、tout de suite「すぐに」、là「そこで」、fille 女「娘」、a commencé(commencer)「始める」直説法複合過去、surprise 女「驚き」、l'année prochaine「来年」、quittera(quitter)「去る」直説法単純未来、études 女「勉強」（「勉強」の意味で使われるときは複数形になる）、oubliera(oublier)「忘れる」直説法単純未来、endroit 男「場所」、préféré, *e*「お気に入りの」

(1)「アヤカは中学生である」については、本文1〜2行目に Ayaka, une lycéenne japonaise, habite dans une ville au bord de la mer.「日本の女子高生であるアヤカは海辺の町に住んでいる」とありますから、本文の内容と一致しません。得点率は79％でした。ちなみに中学生は collégien, *ne* となります。また小学生は écolier, *ère*、大学生は étudiant, *e* となります。

(2)「アヤカは夏になると、しばしば友だちと浜辺に行く」については、本文2行目に L'été, elle va souvent à la plage avec ses amies.「夏、彼女はしばしば友だちと浜辺に行く」とありますから、本文の内容に一致します。得点率は95％でした。

(3)「アヤカが10歳のときテレビで見た少年は、アヤカより年下だった」については、本文4〜5行目に À dix ans, Ayaka a vu à la télé un garçon du même âge qu'elle.「10歳のとき、アヤカは自分と同じ年齢の少年をテレビで見た」とありますから、本文の内容と一致しません。得点率は88％でした。

(4) 「アヤカはイルカといっしょに泳ぐ夢を見た」については、本文5〜6行目にCette nuit-là, Ayaka a rêvé qu'elle nageait avec des dauphins.「その夜、アヤカはイルカといっしょに泳ぐ夢を見た」とありますから、本文の内容に一致します。得点率は95%でした。

(5) 「テレビでイルカと泳ぐ少年を見た翌日、アヤカはひとりで海に出かけた」については、本文6〜8行目にLe lendemain, elle a raconté son rêve à ses parents. Son père l'a emmenée tout de suite à la mer.「翌日、彼女は両親に夢の話をした。父親は彼女をすぐに海に連れて行った」とありますから、本文の内容と一致しません。得点率は97%でした。

(6) 「来年アヤカは進学のため町をはなれる」については、10行目にL'année prochaine, Ayaka quittera sa ville pour ses études.「来年アヤカは勉学のために町をはなれる」とあります。高校生のアヤカが、「勉学のために町をはなれる」とは、大学等への進学のために町をはなれるという意味ですので、本文の内容に一致します。得点率は97%でした。

この問題の平均得点率は92%でした。

解答 (1) ② (2) ① (3) ② (4) ① (5) ② (6) ①

9 **解説** 適切なフランス語の文を選んで（　　　）に入れ、会話を完成させる問題です。

(1) レアは1番目のせりふでGabriel, tu viens au cinéma ce soir ?「ガブリエル、今晩映画を観に行かない」とガブリエルを映画に誘っていますが、ガブリエルはNon「いいや行けない」と断り、（　1　）と答えたあと、Il faut que je me lève à quatre heures demain matin.「あしたの朝4時に起きなきゃならないんだ」と断った理由を述べています。以上の会話の流れを考慮しつつ、選択肢を見てみると、もっとも適切なのは③ impossible「無理だ」であることがわかります。得点率は90%でした。

(2) レアは2番目のせりふでMais demain, c'est dimanche.「でもあしたは日曜日よ」と、なぜガブリエルが日曜日の朝の4時に起きなければならないのか納得がいっていないようです。それで(　2　)?の質問をしますが、それに対してガブリエルはJe vais en Chine pour mon travail. Je dois être à l'aéroport avant sept heures.「ぼくは仕事で中国に行かなければならないんだ。7時前に空港に着いていないといけない」と答えます。以上の会話の流れから考えると、(　2　)?にはガブリエルの日曜日朝の行動を明らかにするような質問が入るはずです。選択肢のなかでもっとも適切なのは⑤ tu as quelque chose de spécial「何か特別な用事があるの」であることがわかります。得点率は62%でした。

(3)　ガブリエルの説明でどうして彼が今晩映画を観に行けず、翌日曜日の朝4時に起きなければならないか納得したレアは3番目のせりふでJe comprends.「そういうことだったのね」と応じます。そしてEt (　3　)?と新たな質問をしますが、それに対してガブリエルはDans trois jours.「3日後」と答えています。レアはガブリエルがいつ中国から帰国するのかを質問したものと推定できます。選択肢のなかでいちばん適切なのは⑦ tu reviens quand「いつもどってくるの」であることがわかります。得点率は83%でした。

(4)　レアはガブリエルが3日後に中国から帰国すると聞いて、C'est trop court comme voyage. Ça va être fatigant.「旅行としては短すぎるわね。疲れるわね」と反応します。それを聞いたガブリエルは4番目のせりふでOui「その通りなんだ」と答え、つづけて(　4　). と言います。さらに、Mais mon travail, c'est toujours comme ça.「でもぼくの仕事はいつもこんな感じなんだ」と、このような短期間のビジネス旅行が初めてではないという実情を明かしています。ここでは、ガブリエルがまずレアの反応に対してOui, (　4　). と答えたあとで、Maisで始まる文でこれまで言ったこととはちがうことを述べようとしているという点に注目しなければなりません。つまり、ガブリエルはOui, (　4　). でレアの意見をいったん受け入れたあとで、Mais以下で別の角度から自分の仕事を説明するという手つづきをとったものと推定できます。以上のことから、選択肢のなかでいちばん適切なのは⑥ tu as raison「君の言うとおりだ」であることがわかります。得点率は58%でした。

この問題の平均得点率は73%でした。

解答 (1) ③　(2) ⑤　(3) ⑦　(4) ⑥

聞き取り試験

解説・解答

1

(読まれる会話文)

Thomas : Camille, tu sais qu'il y a un nouveau dans la classe ?
Camille : Non. Tu l'as déjà vu ?
Thomas : Oui, je lui ai parlé un peu devant l'entrée de l'école.
Il viendra en classe tout à l'heure.
Camille : Il est comment ?
Thomas : Il est blond. Il porte des lunettes... Il sourit beaucoup.
Camille : Il a l'air sympa !

解説 部分書き取りの問題です。小学校のクラスメートのトマとカミーユの会話です。2 人のクラスに入ってくることになった転校生をめぐって会話がはずんでいます。

(1) トマが 1 番目のせりふでカミーユに Camille, tu sais qu'il y a un (nouveau) dans la classe ?「カミーユ、このクラスに転校生が来るのを知っているかい」と尋ねています。(　　　) の前に不定冠詞 un がありますので、(　　　) のなかには単数の男性名詞が入らなければなりませんが、*nouvelle*、*nouveaux* などの誤答がたくさん見られました。nouveau が「新しい」という意味の形容詞だけでなく、「新入り、新入生」などの名詞として使われることがあることに注意してください。得点率は 38%にとどまりました。

(2) カミーユが Non.「いいや」と答えたあと、Tu l'as déjà vu ?「君はもう彼に会ったのかい」とトマに質問します。それに対して、トマは 2 番目のせりふでOui, je lui ai parlé un peu (devant) l'entrée de l'école.「うん、学校の玄関の前ですこしだけ彼と話をした」と答えています。場所を表す前置詞のdevantを書き取る問題でしたが、*devont*、*devons*、*devon*などの誤答が見られました。得点率は50%でした。

(3)　トマはさらに、Il (viendra) en classe tout à l'heure.「彼はまもなく教室にやって来るよ」と言っています。venirを3人称単数の単純未来形に活用させる問題でしたが、*viendras*、*viendrai*、*viandra*などの誤答が見られました。得点率は44%でした。単純未来の活用の勉強に十分な時間が取られていないようにも思われますが、必須の学習事項ですのでがんばってください。

(4)　カミーユは2番目のせりふでIl est comment ?「彼はどんな感じ」と転校生のようすを尋ねています。それに対してトマは3番目のせりふでまずIl est (blond).「彼は金髪だ」と答えています。よく知られているはずの単語でしたが、*brond*、*blon*、*blanc*、*long*などの誤答がめだちました。得点率はきわめて低く25%でした。

(5)　トマはさらにIl porte (des lunettes)...「彼はめがねをかけている…」と転校生の様子を描写していきます。des lunettes「めがね」はdes chaussures「靴」やdes gants「手ぶくろ」と同様に複数形で使われることの多い名詞ですが（単数形のune lunetteは「望遠鏡」などの意味になる）、きちんとスペルを覚えておいてください。*des lunnettes*、*les lunettes*、*des lunettres*などの誤答がたくさん見られました。得点率は31%にとどまりました。

この問題の平均得点率は38%でした。

解答　(1) nouveau　(2) devant　(3) viendra　(4) blond
(5) des lunettes

2

(読まれる文)

(1)　Elle monte dans un avion avec un sac.

(2) Elle pèse sa valise avant de prendre l'avion.
(3) Elle prend son repas dans l'avion.
(4) Elle promène son enfant dans l'avion.
(5) Elle regarde dehors par la fenêtre de l'avion.

解説 聞き取ったフランス語の文にもっともふさわしい状況を表す絵を選ぶ問題です。今回の問題ではすべての絵に「女性」が登場し、「飛行機」(avion)や「空港」に関する情景が描かれています。「女性」がこうしたさまざまな情景のなかで何をしているかを聞き取ることがポイントになります。

(1)「彼女はバッグを手に飛行機に乗る」という意味です。女性がハンドバッグやキャリーバッグやスーツケースを手にしたり、側に置いたりしているのは①、③、⑤、⑥と4つありますが、飛行機に乗る姿が描かれているのは⑥だけですので、これが正答になります。得点率は75%でした。

(2)「彼女は飛行機に乗る前にスーツケースの重さを量る」という意味です。女性がスーツケースの重さを量っている姿は⑤だけですので、これが正答になります。得点率は42%にとどまりました。peser「重さを量る」という単語になじみがなかったためか、聞き取れなかったものと推定されます。

(3)「彼女は飛行機のなかで食事をしている」という意味です。⑨は空港内の施設でお茶のようなものを飲んでいる姿ですので正答ではありません。飛行機内で食事をしているのは④だけですので、これが正答になります。得点率は63%でした。

(4)「彼女は飛行機のなかで子どもを散歩させる」という意味です。子どもの姿は⑦と⑨に描かれていますが、女性が子どもを散歩させているのは⑦だけですので、これが正答になります。得点率は75%でした。

(5)「彼女は飛行機の窓から外を見ている」という意味です。女性が窓ごしに外を見ている姿は①、②、⑨に描かれていますが、飛行機のなかから外を見ているのは②だけですので、これが正答になります。得点率は60%でした。

この問題の平均得点率は62%でした。

解答　(1) ⑥　(2) ⑤　(3) ④　(4) ⑦　(5) ②

3

（読まれる会話文）

Claude : Alice, qu'est-ce qu'on va manger ce soir ?

Alice : Je ne sais pas, moi. Le frigo est vide.

Claude : Mais non, regarde, on a des légumes et des fruits. Je suis allé au marché ce matin.

Alice : Ah, très bien. Alors, on fait une salade ?

Claude : Pourquoi pas ? Il y a assez de jambon pour nous deux.

Alice : Alors, je vais chercher du pain.

Claude : Parfait. Alors, on pourra dîner à huit heures.

解説　会話文を聞き取り、日本語の文がその内容に一致しているかどうかを答える問題です。クロードとアリスは夕飯をどうするか話し合っています。2人の間でどのような会話がなされたのかを注意深く聞き取ってください。

(1)「アリスは最初、冷蔵庫がからっぽだと思っていた」については、クロードがAlice, qu'est-ce qu'on va manger ce soir ?「アリス、今夜何を食べる」と質問したのに対し、アリスがJe ne sais pas, moi. Le frigo est vide.「どうしようかな。冷蔵庫はからっぽよ」と答えていますので、アリスは最初、冷蔵庫がからっぽだと思っていたことになります。会話の内容に一致しています。得点率は90%でした。

(2)「クロードが市場で買い物をしたのはきのうのことである」については、冷蔵庫がからっぽだと思っていたアリスにむかって、クロードがMais non, regarde, on a des légumes et des fruits. Je suis allé au marché ce matin.「そんなことないよ、見てごらん、野菜もくだものもあるよ。けさ、ぼくは市場に行ってきたんだ」と言っていますので、クロードが市場に行ったのはきのうではなく、けさだったことがわかります。会話の内容に一致していません。得点率は91%でした。

(3)「ハムは2人で食べるのに十分な量がある」については、アリスが Alors, on fait une salade ?「じゃあ、サラダでも作ろうか」と提案したのに対し、クロードが Pourquoi pas ? Il y a assez de jambon pour nous deux.「いいね。ハムも2人で食べるのに十分な量があるし」と答えていますので、会話の内容に一致しています。得点率は86%でした。

(4)「パンを買いにいくのはクロードである」については、アリスが Alors, je vais chercher du pain.「じゃあ、私がパンを買いにいってくる」と言っていますので、会話の内容に一致していません。得点率は90%でした。

(5)「クロードとアリスは8時に夕食を始める予定だ」については、クロードが Alors, on pourra dîner à huit heures.「じゃあ、8時に夕食を始められるね」と言っていますので、会話の内容に一致しています。得点率は95%でした。

この問題の平均得点率は90%でした。

解答　(1) ①　(2) ②　(3) ①　(4) ②　(5) ①

配 点 表

問題番号	筆記試験	1	2	3	4	5	6	7	8	9	小計	聞き取り	1	2	3	小計	合計
点		8	10	8	8	8	8	6	6	8	70		10	10	10	30	100

2021年度春季
実用フランス語技能検定試験
試験問題冊子　〈 3 級 〉

問題冊子は試験開始の合図があるまで開いてはいけません。

筆 記 試 験	15 時 20 分 ～ 16 時 20 分 (休憩なし)
聞き取り試験	16 時 20 分から約 15 分間

◇問題冊子は表紙を含め 16 ページ、筆記試験が 9 問題、聞き取り試験が 3 問題です。

注　意　事　項

1　途中退出はいっさい認めません。

2　筆記用具は **HB または B の黒鉛筆** (シャープペンシルも可) を用いてください。ボールペンや万年筆等でマークした解答は機械による読み取りの対象とならないため、採点されません。

3　解答用紙の所定欄に、**受験番号**と**カナ氏名**が印刷されていますから、まちがいがないか、**確認**してください。

4　**マーク式の解答は、解答用紙の解答欄にマークしてください**。たとえば、3 の (1) に対して ③ と解答する場合は、次の例のように解答欄の ③ にマークしてください。

例　3

解答番号	解　答　欄
(1)	① ② ●

5　記述式の解答の場合、正しく判読できない文字で書かれたものは採点の対象となりません。

6　解答に関係のないことを書いた答案は無効にすることがあります。

7　解答用紙を折り曲げたり、破ったり、汚したりしないように注意してください。

8　問題内容に関する質問はいっさい受けつけません。

9　不正行為者はただちに退場、それ以降および来季以後の受験資格を失うことになります。

10　**携帯電話等の電子機器の電源はかならず切って、かばん等にしまってください。**通信機能のある時計は使用を禁じます。

11　**時計のアラームは使用しないでください。**

12　この試験問題の複製 (コピー) を禁じます。また、この試験問題の一部または全部を当協会の許可なく他に伝えたり、漏えいしたりすることを禁じます (インターネットや携帯サイト等に掲載することも含みます)。

筆記試験終了後、休憩なしに聞き取り試験にうつります。

1 　次の日本語の表現 (1) ～ (4) に対応するように、(　　) 内に入れるのにもっとも適切なフランス語 (各 1 語) を、**示されている最初の文字とともに**、解答欄に書いてください。(配点　8)

(1) 「空室なし」
« (C　　) »

(2) 少し静かにしてください。
Un peu de (s　　) !

(3) その眼鏡似合ってるね。
Ces lunettes te (v　　) très bien.

(4) どういたしまして。
De (r　　).

(解説・解答 ▶ p.73)

2　次の対話 (1) ～ (5) の (　　) 内の語を必要な形にして、解答欄に書いてください。(配点　10)

(1) — Comme il est joli, votre appartement !
— Merci, (faire) comme chez vous.

(2) — Excusez-moi, où est la poste ?
— Continuez tout droit. Vous la (trouver) dans dix minutes.

(3) — Faut-il dire la vérité ?
— Si j'étais toi, je ne la (dire) pas.

(4) — Pourquoi a-t-il sommeil ?
— Parce qu'il (se lever) très tôt ce matin.

(5) — Tout le monde est là ?
— Non, il (manquer) Inès et Alexandre.

(解説・解答 ▶ p.74)

3　次の (1) ～ (4) の (　　) 内に入れるのにもっとも適切なものを、それぞれ ① ～ ③ のなかから 1 つずつ選び、解答欄のその番号にマークしてください。(配点　8)

(1) Elle est heureuse et ses parents (　　) sont aussi.

① en　② le　③ y

(2) Je ne sais pas exactement ce (　　) lui est arrivé.

① que　② quelque chose　③ qui

(3) Parmi ces chansons françaises, (　　) préfères-tu ?

① laquelle　② lequel　③ quelle

(4) (　　) n'est venu me chercher à l'aéroport.

① Personne　② Quelqu'un　③ Tout

(解説・解答 ▶ p.76)

4　次の (1) ～ (4) の (　　) 内に入れるのにもっとも適切なものを、下の ① ～ ⑥ のなかから1つずつ選び、解答欄のその番号にマークしてください。ただし、同じものを複数回用いることはできません。(配点　8)

(1)　Ce pianiste est connu (　　) le monde entier.

(2)　Ces gâteaux sont vendus (　　) le pâtissier du coin.

(3)　Elle ne se sépare jamais (　　) son chien.

(4)　Ils sont forts (　　) géographie.

① chez　　② dans　　③ de

④ depuis　　⑤ en　　⑥ sur

(解説・解答 ▶ p.77)

5　例にならい、次の (1) ～ (4) において、それぞれ ① ～ ⑤ をすべて用いて文を完成したときに、(　　) 内に入るのはどれですか。① ～ ⑤ のなかから 1 つずつ選び、解答欄のその番号にマークしてください。なお、① ～ ⑤ では、文頭にくるものも小文字にしてあります。(配点　8)

例：Je finis ______ ______ (______) ______ ______ possible.

① le　② mon　③ plus　④ travail　⑤ vite

Je finis <u>mon</u> <u>travail</u> (<u>le</u>) <u>plus</u> <u>vite</u> possible.
　　　　②　④　①　③　⑤

となり、② ④ ① ③ ⑤ の順なので、(　　) 内に入るのは ①。

(1) C'est dans ______ ______ (______) ______ ______ rencontré Michel.

① avons　② ce　③ nous　④ que　⑤ restaurant

(2) Il ______ ______ (______) ______ ______ était allée.

① a　② demandé　③ elle　④ nous　⑤ où

(3) Le médecin ne ______ ______ (______) ______ ______ sortir.

① aux　② de　③ enfants　④ pas　⑤ permet

(4) ______ ______ (______) ______ ______ lait.

① de　② donnez　③ lui　④ ne　⑤ pas

(解説・解答 ▶ p.79)

6

次の (1) ～ (4) の **A** と **B** の対話を完成させてください。**B** の下線部に入れるのにもっとも適切なものを、それぞれ ① ～ ③ のなかから 1 つずつ選び、解答欄のその番号にマークしてください。（配点　8）

(1) **A** : Bonjour, madame. Je peux vous aider ?
B : ______________________
A : C'est au deuxième étage.

① Merci, vous pouvez porter ce paquet ?
② Non merci, c'est juste pour voir.
③ Oui, je cherche des chaussures pour l'été.

(2) **A** : Ça fait longtemps !
B : ______________________
A : Toi non plus.

① Quelle joie de te revoir !
② Tu es revenu de Paris ?
③ Tu n'as pas changé !

(3) **A** : Ce sac à main est à la mode, madame.
B : ______________________
A : Nous en avons un autre plus petit.

① En fait, je cherche un sac à dos.
② Il est trop grand pour moi.
③ Je n'aime pas la couleur.

(4) **A** : Ton fils, qu'est-ce qu'il fait ?
B : ______________________
A : Ah, il n'est plus étudiant ?

① Il travaille à la mairie.
② Je ne sais pas. Il est sorti.
③ Ma femme l'accompagne à l'hôpital.

（解説・解答 ▶ p.80）

7　次の (1) ～ (6) の (　　) 内に入れるのにもっとも適切なものを、下の ① ～ ⑧ のなかから 1 つずつ選び、解答欄のその番号にマークしてください。ただし、同じものを複数回用いることはできません。(配点 6)

(1) Cette (　　) de voitures emploie 1 200 personnes.

(2) Il y a une table en (　　) dans la cuisine.

(3) J'ai pris un billet de première (　　).

(4) La (　　) de cette montagne est de 875 mètres.

(5) Si on répète dix fois la même chose, cela deviendra une (　　).

(6) Vous avez le (　　) entre le café et le thé.

① bois　② bras　③ choix　④ classe
⑤ départ　⑥ habitude　⑦ hauteur　⑧ usine

(解説・解答 ▶ p.82)

8 次の文章を読み、下の (1) ～ (6) について、文章の内容に一致する場合は解答欄の ① に、一致しない場合は ② にマークしてください。(配点 6)

Annie élève huit chats, sept chiens, trois chevaux et même deux porcs dans son jardin. À l'origine* tous étaient des animaux abandonnés. C'est pourquoi ils avaient l'air tristes au début. Maintenant ils sont très heureux. Annie est ravie de regarder ces animaux jouer, manger et dormir ensemble.

Le plus grand problème pour Annie, c'est qu'ils font beaucoup de bruit. Certains voisins lui téléphonent pour dire qu'ils ne peuvent pas dormir à cause de cela. Elle fait tout ce qu'elle peut pour atténuer** le bruit. Mais elle sait que ce n'est pas assez. Parfois elle se sent seule parmi ces animaux pleins de vie.

Mais il y a heureusement d'autres voisins qui viennent l'aider : ils lui apportent de temps en temps quelque chose dont elle a besoin et s'occupent des animaux à sa place.

* à l'origine : もともとは
** atténuer : 弱める

(1) アニーが育てているすべての動物には、1度捨てられた経験がある。

(2) アニーは動物たちがいっしょに遊んだり、食べたり、寝たりしているのを見るのが好きである。

(3) 近所の人たちのなかには、アニーの動物の立てる音で眠れない人もいる。

(4) アニーは自分の騒音対策が十分だと思っている。

(5) アニーは元気な動物にかこまれているので、孤独を感じることはない。

(6) アニーに代わって動物の世話をしてくれる近所の人たちもいる。

(解説・解答 ▶ p.83)

9　次の会話を読み、(1) ～ (4) に入れるのにもっとも適切なものを、下の ① ～ ⑦ のなかから 1 つずつ選び、解答欄のその番号にマークしてください。ただし、同じものを複数回用いることはできません。なお、① ～ ⑦ では、文頭にくるものも小文字にしてあります。(配点　8)

Denis : Ta nouvelle maison (1) ?
Yoshiyuki : Oui, et elle est grande.
Denis : C'est bien ! Elle (2) ?
Yoshiyuki : Oui, beaucoup. Surtout à mes enfants. Ils sont contents d'avoir chacun leur chambre.
Denis : Et ta femme ?
Yoshiyuki : Elle aime le jardin : elle (3).
Denis : Alors, tout va très bien.
Yoshiyuki : Le seul problème, c'est que la maison est loin de mon bureau.
Denis : (4). Mais c'est pour ta famille.

① achète une autre
② avec plaisir
③ cultive des légumes
④ est confortable
⑤ garde ses vêtements
⑥ plaît à ta famille
⑦ tant pis

(解説・解答 ▶ p.85)

聞き取り試験問題

(部分的な書き取りを含む)

聞き取り試験時間は、 16時20分から約15分間

注意事項

1　聞き取り試験は、CD・テープでおこないますので、CD・テープの指示にしたがってください。

2　解答はすべて筆記試験と同じ解答用紙の解答欄に、**HBまたはBの黒鉛筆**（シャープペンシルも可）で記入またはマークしてください。ボールペンや万年筆等でマークした解答は機械による読み取りの対象とならないため、採点されません。

1　ルイと女性の会話を聞いてください

- 1 回目は全体を通して読みます。
- 2 回目は、ポーズをおいて読みますから、(1) ~ (5) の部分を解答欄に書き取ってください。それぞれの (　　) 内に入るのは 1 語とはかぎりません。
- 最後 (3 回目) に、もう 1 回全体を通して読みます。
- 読み終えてから 60 秒、見なおす時間があります。
- 数を記入する場合は、算用数字で書いてください。

(メモは自由にとってかまいません) (配点　10)

[音声を聞く順番]　08 → 09 → 08

Louis : Excusez-moi, pouvez-vous me (1) en photo, avec ce smartphone ?

La Dame : Bien sûr, monsieur... Voilà. Ça va comme ça ?

Louis : C'est (2). Merci madame.

La Dame : Vous (3) ici pour voir notre (4) ?

Louis : Non, plutôt par hasard. Je passais à côté de votre village en voiture et je me suis arrêté pour le (5).

(解説・解答 ▶ p.88)

2

- フランス語の文 (1) ～ (5) を、それぞれ3回ずつ聞いてください。
- それぞれの文にもっともふさわしい絵を、下の ① ～ ⑨ のなかから1つずつ選び、解答欄のその番号にマークしてください。ただし、同じものを複数回用いることはできません。

（メモは自由にとってかまいません）（配点　10）

［音声を聞く順番］ ❿ → ⓫

(1)

(2)

(3)

(4)

(5)

①

②

③

④

⑤

⑥

⑦

⑧

⑨

（解説・解答 ▶ p.90）

3

• マリアンヌとショウタの会話を3回聞いてください。
• 次の (1) ～ (5) について、会話の内容に一致する場合は解答欄の ① に、一致しない場合は ② にマークしてください。
(メモは自由にとってかまいません) (配点　10)

[音声を聞く順番]　⓬ → ⓭ → ⓮

(1)　ショウタはドイツ料理を食べたことがない。

(2)　新しいドイツ料理店が駅の中にできた。

(3)　マリアンヌは今晩カロリーヌと新しいドイツ料理店に行く予定だ。

(4)　ショウタはドイツ料理をおいしそうだと言っている。

(5)　ショウタはマリアンヌたちと新しいドイツ料理店に行くことにした。

(解説・解答 ▶ p.92)

2021 年度春季 3 級

今季の出願者数は 2,164 名（うち受験者は 1,929 名）でした。合格者数は 1,079 名、対実受験者合格率は 56％でした。なお平均点は 62 点（筆記得点率 60％、聞き取り得点率 66％）、合格基準点は 60 点でした。

出題内容のあらまし

[筆記]

1 語彙（記述）
2 動詞活用（対話文・記述）
3 代名詞（穴うめ・選択）
4 前置詞（穴うめ・選択）
5 語順（語の並べかえによる仏文完成）
6 対話文（仏文選択）
7 短文（穴うめ・選択）
8 説明文（内容一致・和文選択）
9 会話文（穴うめ・仏文選択）

[聞き取り]

1 会話文の部分書き取り（穴うめ・記述）
2 短文聞き取り（仏文に一致する絵の選択）
3 会話文聞き取り（内容一致・和文選択）

筆記試験

解説・解答

1

解説 日常的な慣用表現で使われている単語を記述する問題です。

(**1**) 「『空室なし』」は « (Complet) » となります。complet は「完全な、すべてそろった」という意味の形容詞ですが、C'est complet. で「満員（満席、満室）です」の意味になります。C'est がはぶかれているのは、掲示などで表示される場合の表記です。誤答には *complète* と女性形にしたものが見られました。はぶかれてはいるけれども、c'est につづける場合に形容詞は男性単数形にするという規則にしたがうわけです。ちなみに「席」はフランス語で place ですね。Cette place est libre / occupée.「この席はあいている（あいていない）」のように使います。得点率は23%でした。

(**2**) 「少し静かにしてください」は Un peu de (silence) ! となります。誤答には *silent* という英語の形容詞を書いたものが多く見られましたが、そもそもフランス語では silence の形容詞形は silencieux です。また、問題では「少し」がついていましたが、Silence ! だけで「静粛に」という表現にすることも可能です。また逆に、「もっと大きな声で」は Parlez plus fort !、または Plus fort ! です。得点率は30%でした。

(**3**) 「その眼鏡似合ってるね」は Ces lunettes te (vont) très bien. となります。服などが「似合う」という意味での aller の用法を問う問題でしたが、主語が ces lunettes と複数形なので aller を複数形に活用させる必要があります。教科書などでよく見る例文は Cette robe te va très bien.「そのワンピース似合ってるね」と主語が単数形になっているからでしょう、*va* のように aller の単数形を書いた誤答が多く見られました。lunettes「眼鏡」は左右一対のレンズでひとつなので、ふつう複数形で使う語です。身に着けるものとしては、chaussures「靴」や gants「手袋」なども同様です。得点率は23%でした。

(4) 「どういたしまして」は De (rien). となります。Merci. とお礼を言われたときに返すあいさつの表現ですね。「どういたしまして」の表現としては他にも Je vous en prie. / Je t'en prie. などがあります。3級[1]の問題では、フランス語を学びはじめてすぐに習うようなあいさつの表現も出題されます。とりこぼしのないよう確認しておきましょう。得点率は76%でした。

この問題の平均得点率は38%でした。

解答 (1) Complet　(2) silence　(3) vont　(4) rien

2 **解説** フランス語の応答文を読み、意味をとらえて動詞の法と時制をきめ、その活用を記述する問題です。

(1) — Comme il est joli, votre appartement !「あなたのアパルトマン、なんてきれいなの」— Merci, (faites) comme chez vous.「ありがとう、どうぞ楽になさってください」となります。慣用表現ですので、知っていればすんなり答えることができたでしょう。知らなかったとしても、動詞の前に主語がないので、命令法になるのだろうと見当をつけることができます。ここで会話は vous でかわされていることに注意して faire を活用させます。faire の命令法は直説法現在と同じ形ですが、*faitez* や *faisez* などといった誤答が多く見られました。faire はもっとも基本的な動詞のひとつですので、活用形は確実にしておきましょう。得点率は23%でした。

(2) — Excusez-moi, où est la poste ?「すみません、郵便局はどちらですか」— Continuez tout droit. Vous la (trouverez) dans dix minutes.「このまままっすぐ行ってください。10分で着きます」となります。道案内の表現として、trouver「みつける」を用い、「あなたはそれをみつけるでしょう」という言い方をします。案内の指示にしたがった結果として「みつける、見いだす」わけですから、trouver は単純未来形にします。問題文にはさらに dans dix minutes「10分後に」という未来の時を表わす表現もつけられていて、動詞の時制を判断するための決定的な手がかりといえます。誤答には *trouvez* と現在形にしてしまったものが多かったほか、*trouvrez* と未来形の活用をまちがえたものも少なからずありました。得点率は33%でした。

(**3**) — Faut-il dire la vérité ?「本当のことを言うべきかな」— Si j'étais toi, je ne la (dirais) pas.「ぼくが君なら言わないね」となります。〈Si ＋直説法半過去、条件法現在の主節〉で表わす、反実仮想の構文です。前半の半過去に合わせて *disais* とした誤答が見られましたが、条件法の基本ですのでしっかり習得しましょう。もちろん、過去のことについて反実仮想の文を作るときには〈Si ＋直説法大過去、条件法過去の主節〉となります。また、仮定を導く箇所には、必ずしも si がついているとはかぎりません。たとえば、問題文の条件節の部分を À ta place「君の立場だったら」と言い換えても後半部分は同じようにつづけることになります。得点率は39%でした。

(**4**) — Pourquoi a-t-il sommeil ?「彼が眠いのはどうして」— Parce qu'il (s'est levé) très tôt ce matin.「けさすごく早起きしたから」となります。「彼」が眠いのは現在のことですが、その原因は ce matin「けさ」の早起きであって過去のことなので、se lever を複合過去形にします。代名動詞の複合過去形は se と動詞の過去分詞の間に être の現在形の活用を入れることで作ります。このことがおさえられていない誤答として、*se levé* や *se a levé* といったものが見られました。代名動詞を複合過去形にする場合、過去分詞に先立つ部分はすべての代名動詞に共通ですので、je me suis, tu t'es, il s'est... というように音と視覚の両方で定着させましょう。得点率は39%でした。

(**5**) — Tout le monde est là ?「みんないますか」— Non, il (manque) Inès et Alexandre.「いいえ、イネスとアレクサンドルがいません」となります。il manque...「～が欠けている」という、非人称の il を用いた表現です。問題文で「いない」のは複数の人物ですが、動詞はあくまで il に合わせて活用させます。これを、欠けている人物たちに合わせて *manquent* と三人称複数の活用形にした誤答がめだちました。似たような非人称の文としては rester を使った il reste...「～が残っている」があります。この場合も、「残っている」ものの数にかかわらず rester は il に合わせて活用させるので、たとえば Il reste trois gâteaux.「ケーキが3つ残っている」のようになります。得点率は56%でした。

この問題の平均得点率は38%でした。

解答 (1) faites　(2) trouverez　(3) dirais

(4) s'est levé　(5) manque

3 **解説** 適切な代名詞を選ぶ問題です。

(1) Elle est heureuse et ses parents (le) sont aussi.「彼女は幸せで、彼女の両親もそうだ」となります。選択肢はいずれも中性代名詞ですが、ここでは属詞を受けることのできる② le を用います。つまり、Elle est heureuse. のあとに Ses parents sont heureux aussi. とつづく場合、あとの文の heureux を le で受けて動詞の前に出します。中性代名詞には性数がないので、主語になっている elle や ses parents の性数にかかわらず le の形は変わりません。フランス語の 3 つの中性代名詞については、ほかの事項にもまして、説明よりもなるべくたくさんの例文にふれることが大事です。手持ちの教科書に出ている例文をおさらいして、パターンを身につけましょう。得点率は 52%でした。

(2) Je ne sais pas exactement ce (qui) lui est arrivé.「彼（女）の身に何が起こったのか、正確には知らない」となります。関係代名詞の③ qui を選んで ce qui「～するもの、こと」という形を作る問題ですが、arriver à「（人）に起こる」という表現と組み合わされています。問題文では à +〈人〉のところが間接目的語の補語人称代名詞 lui になっていて、複合過去形になった est arrivé の前に出されています。ce qui のあとには動詞がきて「～するもの、こと」となるのに対し、③ que を入れて ce que とするとそのあとには主語と動詞がきて、ce que の部分は動詞の直接目的語になるという区別をしっかりしましょう。得点率は 52%でした。

(3) Parmi ces chansons françaises, (laquelle) préfères-tu ?「これらのフランスの歌のなかではどれがとくに好き」となります。選択肢はすべて「どれ」という意味を持つ疑問代名詞なので、それらをどう使い分けるかという問題です。問題文では Parmi ces chansons françaises と、どこから選ぶのかが明確にされているので、そういう場合には lequel をそれが指す対象と性数一致させたものを使います。ここで ces chansons françaises は女性なので、① laquelle を選びます。もし選択肢に lesquelles があればそれを入れても文法的に正しい文となります。一方、③ quelle は性数は chanson と一致しますが、どのなかから選ぶかという文脈では適切ではありません。quelle は、とくに選択肢の提示されていない「どんな歌が好きですか」のような疑問文で、Quelle chanson aimes-tu ? や、Quelle est ta chanson préférée ? のように用います。得点率は52%でした。

(4) (Personne) n'est venu me chercher à l'aéroport.「だれも私を空港まで迎えに来なかった」となります。不定代名詞 personne の用法を問う問題です。personne は、否定の pas のかわりに使って否定文を作る語として ne...personne の形で出てきます。不定代名詞として用いる場合も、否定の ne とともに否定文を作り、pas は使いません。逆に、② Quelqu'un、③ Tout を用いて否定文を作るときには、pas が必要になります。得点率は75%でした。

この問題の平均得点率は58%でした。

解答　(1) ②　(2) ③　(3) ①　(4) ①

4　**解説**　適切な前置詞を選ぶ問題です。

(1) Ce pianiste est connu (dans) le monde entier.「そのピアニストは世界中で知られている」となります。問題文のような受動態の文では、動作主「～によって」を示す場合には par が用いられるのが一般的です。ところが、問題文の「知られている」のように、状態を表わす受動態の文の場合には par のかわりに de を用います。しかしながら、③ de を選んでしまうと、そのあとに定冠詞 le があるため、縮約しない形のままでは使うことができません。そこで、ここでは動作主が明確にされないまま、「どこで」知られているかが示されているのだと考えて、「世界中で」とするために② dans を選びます。得点率は46%でした。

(2) Ces gâteaux sont vendus (chez) le pâtissier du coin.「このお菓子は角のお菓子やさんで売られている」となります。前の問題とつづけて、受動態の文の動作主ではなく場所を示す前置詞を問う問題となりました。この問題文では、もし選択肢にparがあればそれを入れても文として成立しますが、① chezを入れた方がより自然です。chezは「(人) の家で」という意味の前置詞としてよく用いますが、このように、プライベートな家ではなくお店などにも用います。ただし、問題文で、chezのあとがpâtisserieではなくle pâtissierと人を表わす語になっていることに注意しましょう。同様の用法としては、aller chez le médecin「医者にかかる」などがあります。得点率は41%でした。

(3) Elle ne se sépare jamais (de) son chien.「彼女はけっして自分の犬と離れない」となります。se séparer de「～と別れる」という表現を問う問題です。この表現を知っていればすぐ答えられますが、少なくともséparer「へだてる」を知っていれば、それを代名動詞にしたse séparerの意味の見当がつくでしょうし、そこから、「～から」の意味を表わす前置詞③ deを選ぶのはそれほどむずかしくはありません。ちなみに、「別れる」という動詞としてはquitterも知っておくべき語です。こちらは他動詞なので、J'ai quitté mon ami.「私は彼氏と別れた」のように使います。得点率は42%でした。

(4) Ils sont forts (en) géographie.「彼らは地理が得意だ」となります。〈être fort en＋無冠詞の科目名〉で「～が得意科目である」という表現です。これと関連する、より基本的な表現として、〈étudiant(e) en＋無冠詞の科目名〉で、大学生の所属学部や専攻を表わします。たとえば、Je suis étudiant en maths.「私は数学科の学生です」となります。ただし、先生にはenではなくdeを用い、やはり無冠詞で科目名を示します。たとえば、Il est professeur de maths.「彼は数学の先生です」のようになります。少しこまかいですが、身近な基礎表現なのでぜひ区別して覚えましょう。得点率は61%でした。

この問題の平均得点率は48%でした。

解答　(1) ②　(2) ①　(3) ③　(4) ⑤

5　**解説**　5 つの単語を並びかえて文を完成させる問題です。

(1)　文は C’est で始まっていますが、そのあとには dans と前置詞がつづいており、ふつうの「それは〜です」という文ではないだろうということがわかります。さらに空欄のあとには rencontré と動詞の過去分詞がきていること、また選択肢に④ que があることから、強調構文を作るのだと見抜くことができます。さて、その方針で組み立てるとすると、dans のあとには場所を表わす語がくるでしょうから、⑤ restaurant に目がいき、これに② ce をつけることができます。C’est... que の強調構文は que のあとに主語と動詞がくるので、③ nous を主語とする複合過去の主述を作り、C’est dans ce restaurant (que) nous avons rencontré Michel.「私たちがミシェルに出会ったのはそのレストランでのことだ」という文が完成します。正答は④になります。得点率は 89％でした。

(2)　手がかりとなるのは② demandé で、これを使って間接疑問文を作ります。選択肢のなかには人称代名詞が 2 つ、③ elle と④ nous がありますが、空欄のあとの était allée の主語になりうるのは③のほうなので、④ nous は「尋ねた」の間接目的語（だれに尋ねたのか）に使います。一番の問題は⑤ où の位置をどうするかですが、間接疑問文では、従属節を〈疑問詞＋主語＋動詞〉の順にするのが基本です。そうすると Il nous a (demandé) où elle était allée.「彼は私たちに彼女がどこへ行っていたのか尋ねた」という文が完成します。正答は②になります。得点率は 69％でした。

(3)　空欄の前には否定の ne があるので、その次には動詞がくるのだろうということは容易に推定できます。代名詞や準動詞があればそれらが先にきますが、選択肢のなかには見あたらないので、単純に ne permet pas と動詞の現在形を否定にできます。さらに、空欄のあとに sortir と動詞の不定詞がきていることから、その直前に de を置くということも自然にできますね。このようにして Le médecin ne permet pas (aux) enfants de sortir.「医者は子どもたちが外出することを許可しない」という文が完成します。正答は①となります。これは、〈permettre à 人 de 不定詞〉「人に〜することをゆるす」という、permettre の使い方を問う問題でしたが、上述のとおり、仮にそれを知らなくても一般的な統語の規則からも文を組み立てることはできます。もちろん permettre という動詞の使い方もひじょうに重要で、しばしば、たとえば Ce jeu nous permet de parler avec beaucoup de gens.「そのゲームのおかげで私たちはたくさんの人たちと話すことができる」のように、無生物主語の構文を作ります。得点率は65%でした。

(4)　ほとんどすべてが空欄になっていて、どこから手をつければいいか悩んでしまう問題です。それでも、主語となるべき語が選択肢にないということに気づけば、命令法の文を作るということがわかり、突破口となります。ただし注意するべきなのは④ ne と⑤ pas を使って否定の命令文にしなければならないということ、また③ lui の人称代名詞をどの位置に入れるかということです。否定の命令文は、平叙文の主語をはぶいた形になるので、Ne lui (donnez) pas de lait.「彼（彼女）に牛乳を与えないで」という文を作ることになります。正答は②となります。① de は否定の de ですね。命令文であっても、平叙文の場合と同じように否定文のなかでは否定の de を用います。得点率は58%でした。

この問題の平均得点率は70%でした。

解答　(1) ④　　(2) ②　　(3) ①　　(4) ②

6　**解説**　適切な文を選択して対話を完成させる問題です。

(1)　**A** が Bonjour, madame. Je peux vous aider ?「いらっしゃいませ、ご案内いたしましょうか」と言ったのに対して、**B** が何か言ったあと、**A** が C'est au deuxième étage.「3階です」と応じています。**A** の1つ目のせりふは直訳すれば「お手伝いしてよろしいですか」となりますが、お店の店員が客に対して使う決まり文句です。ほかに Vous désirez ? という言い方もあります。**A** が店員、**B** が客として、ふたりがなんらかのお店にいるということはこのようにはじめから明らかです。選択肢は① Merci, vous pouvez porter ce paquet ?「ありがとうございます、この小包を運んでいただけますか」、② Non merci, c'est juste pour voir.「どうも、見ているだけですので」、③ Oui, je cherche des chaussures pour l'été.「あのう、夏ものの靴はどこでしょう」

となっています。**A** の 2 つ目のせりふは具体的な場所を示す発言ですから（フランスでは 1 階を rez-de-chaussée というので、2 階が premier étage というように日本とはひとつずつずれるのでしたね）、**B** のせりふとしては③を選ぶのが適当です。得点率は 75%でした。

(2)　**A** が Ça fait longtemps !「久しぶり！」と言ったのに対して、**B** が何か言ったあと、**A** が Toi non plus.「あなたもね」と応じています。選択肢は① Quelle joie de te revoir !「また会えて本当にうれしい」、② Tu es revenu de Paris ?「パリから帰ったの？」、③ Tu n'as pas changé !「変わってないね」となっていますが、日本語訳がどうなるかということ以前に、**A** の 2 つ目のせりふ、Toi non plus. は、その前の相手の発言が否定文であることを前提としたものです。否定文は③だけであり、文意から状況に合致するので、これが正答になります。肯定文の発言を受けて「あなたもね」と言う場合には Toi aussi. となりますね。得点率は 83%でした。

(3)　**A** が Ce sac à main est à la mode, madame.「こちらのハンドバッグが流行のものです」と言ったのに対して、**B** が何か言ったあと、**A** が Nous en avons un autre plus petit.「もっと小さいサイズのものもございます」と応じています。これもまたお店でのやりとりだということがわかります。選択肢は① En fait, je cherche un sac à dos.「じつはリュックサックをさがしているんです」、② Il est trop grand pour moi.「私には大きすぎます」、③ Je n'aime pas la couleur.「色がちょっと」となっています。話が通じるのは②だけですので、これが正答となります。**A** の 2 つ目のせりふは中性代名詞 en を用いた文になっています。ある特定のハンドバッグを指すのならば le と人称代名詞で受けますが、別の任意のハンドバッグのことを指しているので en が用いられています。得点率は 90%でした。

(4)　**A** が Ton fils, qu'est-ce qu'il fait ?「息子さんはどうしてるの」と言ったのに対して、**B** が何か言ったあと、**A** が Ah, il n'est plus étudiant ?「ああ、もう学生ではないのね」と返しています。**A** のふたつのせりふから、**B** は自分の息子の近況について話していると推測されます。選択肢は① Il travaille à la mairie.「市役所で働いています」、② Je ne sais pas. Il est sorti.「知りません。出かけました」、③ Ma femme l'accompagne à l'hôpital.「妻が病院までついていきます」となっています。状況に合致するのは①だけですので、これが正答になります。Qu'est-ce qu'il fait ? という疑問文は、文脈によって、いまどういう行為をしているかを問うこともあれば、職業を尋ねる質問にもなります。得点率は85%でした。

この問題の平均得点率は84%でした。

解答　(1) ③　(2) ③　(3) ②　(4) ①

7　**解説**　各文の（　　）に入れるべき適切な単語を選択する問題です。

(1)　Cette (　　) de voitures emploie 1 200 personnes.「この自動車（　　）は1200人を雇っている」となっています。（　　）の直前には cette がありますので、女性名詞で、かつ人を雇う主体となるようなものを選択肢のなかから選ばなければなりません。この条件にあてはまるのは、⑧ usine [女]「工場」になります。得点率は47%でした。

(2)　Il y a une table en (　　) dans la cuisine.「キッチンには（　　）のテーブルがある」となっています。en は table「テーブル」と隣接しており、素材を表わす用法で用いられていると考えられます。実際、選択肢には① bois [男]「木」があり、une table en bois「木製のテーブル」となります。得点率は38%でした。

(3)　J'ai pris un billet de première (　　).「私は1番目の（　　）の切符を買った」となっています。première の意味は「最初の、1番目の」ですが、（　　）を残したままでは正確な意味は決められません。ただ、premier ではなく première と女性形になっていることから、（　　）には女性名詞が入るとわかります。そのうち、意味をなすものは④ classe [女]「階級、クラス」で、これを入れると première classe「1等の席」となって文意が通じます。得点率は54%でした。

(4)　La (　　) de cette montagne est de 875 mètres.「この山の（　　）は875メートルだ」となっています。定冠詞 la がついていますから、

（　　　）には女性名詞が入るとわかります。意味のある文をなす選択肢は ⑦ hauteur 囡「高さ」ですね。形容詞 haut の名詞形です。名詞、形容詞ともに有音の h で始まる語だということも合わせて覚えておきましょう。前の語とのリエゾン、エリズィオン、アンシェヌマンをしません。ここでも la hauteur と、エリズィオンをしない形になっていますね。得点率は 66%でした。

(5) Si on répète dix fois la même chose, cela deviendra une (　　　).「10回同じことを繰り返せば、それは（　　　）となる」となっています。やはり冠詞 une があることが手がかりとなります。選択肢のなかで、女性名詞で（　　　）を埋めて文意をなすのは ⑥ habitude 囡「習慣」だけです。現実的な仮定とその帰結を表わす基本構文、〈Si ＋直説法現在、直説法未来の主節〉も身につけておきましょう。得点率は 50%でした。

(6) Vous avez le (　　　) entre le café et le thé.「あなたはコーヒーと紅茶のあいだの（　　　）を持っています」となっています。前置詞 entre の意味としてはじめにうかぶのは「あいだ」ですが、選択肢を示して「～から」の意味で用いることもあります。そのことに思いあたれば、③ choix 男「選択」を入れて、「コーヒーか紅茶から選べます」という文を作ることができます。得点率は 49%でした。

この問題の平均得点率は 51%でした。

解答　(1) ⑧　(2) ①　(3) ④　(4) ⑦　(5) ⑥　(6) ③

8　解説　長文の内容を読み取る問題です。

たくさんの動物を飼っているアニーのことが語られています。ポイントをきちんとおさえながら、正確に読み解いていきましょう。

まず本文に出てくる単語と表現を見ておきます。

élève (élever)「育てる」直説法現在、abandonné, *e*「遺棄された」、c'est pourquoi「それゆえに」、avoir l'air ＋形容詞「～なようすをしている」（本

文ではavaientとavoirの直説法半過去)、au début「はじめは」、être ravi, *e* de「～を喜んでいる」(本文ではest ravieと直説法現在で、ravieと主語のAnnieに性数一致しています)、regarder ... jouer「～が遊ぶのを見る」(regarderによる知覚動詞の表現です。本文ではjouerのあとさらにmanger et dormir ensembleとつづきます)、faire du bruit「うるさくする」(本文ではfontと直説法現在)、voisin, *e*「近所の人」、à cause de「～のせいで」、se sentir seul「ひとりぼっちだと感じる」(本文ではse sentと直説法現在、seuleと主語のelleに性数一致しています)、plein, *e* de「～でいっぱいの、～のさかりの」、apportent (apporter)「持っていく、持ってくる」直説法現在、de temps en temps「ときどき」、avoir besoin de「～が必要である」(本文ではaと直説法現在、またdeのかわりにdontが使われています)、s'occupent (s'occuper) de「～の世話をする」直説法現在、à sa place「～のかわりに」

(**1**)「アニーが育てているすべての動物には、1度捨てられた経験がある」については、第1段落2～3行目にÀ l'origine tous étaient des animaux abandonnés.「もともとは、みんな捨てられた動物だった」とありますから、本文の内容と一致します。得点率は93%でした。

(**2**)「アニーは動物たちがいっしょに遊んだり、食べたり、寝たりしているのを見るのが好きである」については、第1段落4～5行目にAnnie est ravie de regarder ces animaux jouer, manger et dormir ensemble.「アニーはそれらの動物たちがいっしょに遊んだり、食べたり寝たりするのを見てうれしくなる」とありますから、本文の内容と一致します。知覚動詞を用いると、このように、直接目的語がそのあとにつづく動詞の不定詞の意味上の主語となる構文を作ることができます。知覚動詞はregarderのほかにも、たとえばécouterやsentirなどがあります。得点率は93%でした。

(**3**)「近所の人たちのなかには、アニーの動物の立てる音で眠れない人もいる」については、第2段落2～3行目にCertains voisins lui téléphonent pour dire qu'ils ne peuvent pas dormir à cause de cela.「近所の人たちのなかには、そのせいで眠れないといって電話をかけてくる人もいる」とあります。「そのせいで」については、その前の文にils font beaucoup de bruit「彼らがたくさん音を立てる」とありますから、本文の内容に一致しています。得点率は95%でした。

(4)「アニーは自分の騒音対策が十分だと思っている」については、第2段落3～4行目に、Elle fait tout ce qu'elle peut pour atténuer le bruit. Mais elle sait que ce n'est pas assez.「彼女は音を弱めるためにできるかぎりのことをしている。しかし彼女はそれが十分ではないと知っている」とありますから、本文の内容に一致しません。得点率は96%でした。

(5)「アニーは元気な動物にかこまれているので、孤独を感じることはない」については、第2段落4～5行目に、Parfois elle se sent seule parmi ces animaux pleins de vie.「ときどき、彼女は元気いっぱいの動物たちのなかでひとりぼっちだと感じる」とありますので、本文の内容に一致しません。得点率は74%でした。

(6)「アニーに代わって動物の世話をしてくれる近所の人たちもいる」については、第3段落2～3行目に、ils lui apportent de temps en temps quelque chose dont elle a besoin et s'occupent des animaux à sa place.「彼らはときどき彼女が必要としているものを持ってきてくれるし、彼女のかわりに動物たちの世話をしてくれる」とあります。ils が指しているのはその前の文の d'autres voisins「ほかの近所の人たち」です。これは、第2段落2行目にある certains voisins、苦情を言う人たちとは別の近所の人たちのことを指しています。したがって本文の内容に一致します。得点率は87%でした。

この問題の平均得点率は89%でした。

解答 (1) ① (2) ① (3) ① (4) ② (5) ② (6) ①

9

解説 適切なフランス語の文を選んで（　　）に入れ、会話を完成させる問題です。

(1) ドニの1番目のせりふは Ta nouvelle maison (1) ?「君の新しい家は」と始まっています。これに対するヨシユキのせりふが、Oui, et elle est grande.「うん、それに大きいよ」というものです。elle が指しているのはもちろん nouvelle maison「新しい家」です。ヨシユキは Oui と答えて、さらに et「それに」とつづけて自分の新しい家のことについて話していますから、ドニの質問も、ヨシユキの新しい家のようすを尋ねるものであったはずです。このように考えると、選択肢のなかでもっとも適切なものは④ est confortable「快適である」となります。得点率は 79%でした。

(2) ヨシユキから、新しい家が大きいと聞いたあと、ドニは C'est bien !「いいね」と応じています。それにつづけて、Elle (2) とあるわけですが、ここでも elle が指しているのがヨシユキの新しい家であることは明らかです。会話はそのあと、ヨシユキのせりふ Oui, beaucoup. Surtout à mes enfants. Ils sont contents d'avoir chacun leur chambre.「うん、とても。とくに子どもたちがね。自分の部屋が持てて満足してるよ」とつづいています。目をつけるべきところは、à mes enfants と、「子どもたち」に前置詞 à がつけられている点です。選択肢には⑥ plaît à ta famille とこちらも à をふくんだものがあります。これは、動詞 plaire「喜ばせる」が、plaire à「(人の) 気にいる」の形をとったものです。実際、⑥ plaît à ta famille を (　　) に入れると、Elle plaît à ta famille ?「新しい家は君の家族の気にいっているの」となり、そのあとにヨシユキが自分の子どもたちの反応について話していることとつながりますので、これが正答となります。得点率は 72%でした。

(3) ドニの 3 番目のせりふは Et ta femme ?「奥さんは？」という質問になっており、ヨシユキが Elle aime le jardin : elle (3).「庭が気にいっているよ」と答えています。ヨシユキのせりふにある elle はここでは自分の妻のことです。(　　) は、彼女が、新しい家の庭が気にいっているという話につづいていますから、選択肢のなかでもっとも適切なのは③ cultive des légumes「野菜を育てている」です。得点率は 78%でした。先に、ドニが plaire à を使って「(人の) 気にいる」という表現をしていましたが、今度はヨシユキのせりふに aimer で同じく「気にいる」という意味の表現が出ています。この文脈でこれらふたつは同じ意味になりますが、plaire à の場合は物が主語となり、だれの気にいるかということは à が導く間接目的語として示されているのに対し、aimer を使う場合は言うまでもなく人が主語となって、気にいる対象が aimer の直接目的語となります。

(4) ドニの 4 番目のせりふは Alors, tout va très bien.「じゃあ、すべて順調だね」で、それに対してヨシユキがLe seul problème, c'est que la maison est loin de mon bureau.「唯一の問題は、家がぼくの職場から遠いことだよ」と言っています。それに対してドニは何か言ったあと、さらにMais c'est pour ta famille.「でも家族のためだから」と付け加えています。これまでヨシユキの新しい家についてはプラス評価ばかりがあげられていましたが、ここではじめて「問題」がヨシユキの口から語られるわけです。こうした流れのなかでは、⑦ tant pis「しかたない」がもっとも適切な選択肢となります。得点率は86%でした。tant pis「しかたない」にくわえて、反対語のtant mieux「よかったね」も覚えておきましょう。

この問題の平均得点率は78%でした。

解答　(1) ④　(2) ⑥　(3) ③　(4) ⑦

聞き取り試験

解説・解答

1

(読まれる会話文)

Louis : Excusez-moi, pouvez-vous me prendre en photo, avec ce smartphone ?

La Dame : Bien sûr, monsieur... Voilà. Ça va comme ça ?

Louis : C'est parfait. Merci madame.

La Dame : Vous êtes venu ici pour voir notre église ?

Louis : Non, plutôt par hasard. Je passais à côté de votre village en voiture et je me suis arrêté pour le déjeuner.

解説 部分書き取りの問題です。ルイと、ルイから写真を撮ってくれるよう頼まれた女性との会話です。

(1) ルイが女性に Excusez-moi, pouvez-vous me (prendre) en photo ?「すみません、私を写真に撮っていただけませんか」と頼んでいます。〈prendre + (人、物) + en photo〉「〜を写真に撮る」を知っていれば答えやすかったでしょう。また、pouvez-vous と pouvoir が使われていることから、(　　) には動詞の不定詞が入るということがわかります。正答できなかった人にとって、多くの場合、問題は prendre を正しくつづることにあったようです。*prandre*、*prendres*、*pondre* のような誤答が見られました。言うまでもなく prendre は基本的な動詞です。不定詞にかぎらず、活用形の正しいつづりと発音は必須事項です。得点率は58%でした。

(2) ルイが C'est (parfait).「それで完璧です」と発言しています。これはその前の女性のせりふ、Ça va comme ça ?「これでだいじょうぶ？」への応答です。実は、2018年度春季3級筆記試験の[1]で、同じく parfait を書く問題が出題されています。その時と同様、やはりめだつのは *perfect* と英語のつづりを書いてしまう誤答、また *perfait* とそれにひきずられた誤答です。フランス語では、« par » と « per » では発音が異なります。既知の英単語と近いつづりの語は、覚えやすいという利点はありますが、このように干渉を起こしてしまうということに注意して、むしろいっそう意識的に正しいつづりを覚えましょう。得点率は52%でした。

(3)(4) Vous (êtes venu) ici pour voir notre (église) ?「私たちのところの教会を見にここに来たのですか」という発言です。問題の指示文にあるとおり、(　　) 内に入るのは1語とはかぎらないので注意しましょう。

さて（ 3 ）には venir の複合過去形が入るわけですが、誤答には être の部分のつづりまちがいがひじょうに多く、*êtez*、*etes* などとしたものが見られました。また、être で複合過去を作るときにはそのあとの過去分詞は主語と性数一致させる必要があります。いま、vous が指しているのはルイで、ひとりの男性です（女性がルイにむかって monsieur と言っています）。したがって過去分詞は venu となりますが、vous が二人称複数の主語と考えたのか *venus* としてしまった誤答が見られました。vous が指している対象は、男性、女性さらに単数、複数のすべての場合があるので注意が必要です。

次に（ 4 ）は、notre のあとにあることから名詞が入ることがわかります。とはいえ、église「教会」という語を知らなければ、音を聞いて正しいつづりを書くことはむずかしいでしょう。「教会」の意味になる名詞にはさまざまなものがありますが、église [女] がもっとも一般的に使える語です。日本人にはあまりなじみがないかもしれませんが、フランス人にとっては生活のなかの基本的語彙です。誤答には *eglise* とアクサン記号がつけられていないものなどが見られました。

(3)の得点率は31%、(4)の得点率は27%でした。

(5) Je passais à côté de votre village en voiture et je me suis arrêté pour le (déjeuner).「あなたの村のそばを車で通っていたところ、昼食に寄ったんです」というルイの発言です。これも名詞を問う問題でした。déjeuner [男] は「昼食」という意味の名詞のほか、そのままの形で「昼食をとる」という動詞にもなります。あるいは、「昼食をとる」はprendreを使ってprendre le déjeunerという言い方もします。le petit déjeuner「朝食」、le dîner「夕食」の語彙もセットで覚えておきましょう。誤答には*déjouner*や*dejeuner*などのつづりまちがいが見られました。得点率は24%でした。

この問題の平均得点率は38%でした。

解答　(1) prendre　(2) parfait　(3) êtes venu
(4) église　(5) déjeuner

2

(読まれる文)

(1) Elle achète du poisson au marché.
(2) Elle donne quelque chose à manger aux poissons.
(3) Elle mange du poisson avec des baguettes.
(4) Elle prépare un plat de poisson.
(5) Elle regarde des poissons avec ses enfants.

解説　聞き取ったフランス語の文にもっともふさわしい状況を表わす絵を選ぶ問題です。今回の問題ではすべての絵に「女性」と「魚」poisson(s)が描かれています。「彼女」が「魚」をどうしているかを聞き取れるかが問われます。

(1)「彼女は市場で魚を買う」という意味です。acheter「買う」の活用形や、marché「市場」が聞き取れているかということにくわえ、poissonにつけられているのが部分冠詞duで、食材として扱われているということも聴解のポイントです。そのような様子が描かれているのは⑤で、これが正答です。得点率は91%でした。

(2)「彼女は魚に食べ物を与えている」という意味です。quelque chose「何か」のあとにà＋不定詞でつづけると、「〜する（ための）もの」という表現になります。aux poissons「魚に」のところの、auxの音もしっかり聞き取れたでしょうか。donner「与える」という動詞のあとにàがつづくと、だれに与えるかを導きます。発音の上では、au poissonとaux poissonsはまったく同じで、区別することはできません。それでも、「魚に」ということが聞き取れていれば、文の内容と合致する絵が⑨であるということがわかるはずで、これが正答です。得点率は71%でした。

(3) 「彼女は箸で魚を食べている」という意味です。manger「食べる」という語にくわえて、(1)と同じく、poissonにduと部分冠詞がついていることから、「魚」が食材として扱われているということがわかります。baguetteは「棒」という意味ですが、複数形で使われており、また「食べる」という動詞がある文のなかに出てきますから、2つペアで使う棒、すなわち「箸」だとわかります。baguetteは複数形になっても同じ発音ですが、複数形の名詞につける不定冠詞desがついているので、複数として聞き取ることができます。以上から、ふさわしい絵は④となります。得点率は52%でした。

(4) 「彼女は魚料理を作っている」という意味になります。préparerは「準備する」という意味の動詞ですが、「料理を作る」という意味もあります。ここではplat「料理」があることからそちらの意味でとります。「料理をする」という表現にはfaire la cuisineもありますが、これがどちらかというと家事のひとつとして料理をする行為一般を表わすのに対し、préparer un platとすると具体的に何かの品を作る行為を表わします。以上から、読まれた文に合致する絵は⑥です。得点率は67%でした。

(5) 「彼女は子どもたちと魚を見ている」という意味になります。avec ses enfants「子どもたちと」という点にくわえ、Elle regarde「彼女は見ている」という主述関係でも、③と⑧の絵のいずれも合致していることになります。ところが、poissonsに不定冠詞desがついていることから、ここで「魚」が単数か複数かを聞き分けることとなります。複数の魚を子どもたちといっしょに見ているところを描いたのは⑧のほうで、これが正答となります。得点率は96%でした。

この問題の平均得点率は75%でした。

解答　(1) ⑤　(2) ⑨　(3) ④　(4) ⑥　(5) ⑧

3

(読まれる会話文)

Marianne : Shota, tu aimes la cuisine allemande ?

Shota : Euh, je ne sais pas. Je n'en ai jamais mangé. Pourquoi ?

Marianne : Parce qu'un restaurant allemand vient d'ouvrir en face de la gare. J'y vais avec Caroline demain soir. Tu viens avec nous ?

Shota : C'est comment, la cuisine allemande ?

Marianne : Il y a beaucoup de plats avec du porc, des pommes de terre et du chou.

Shota : Ça a l'air très bon.

Marianne : Oui, j'aime bien en manger de temps en temps.

Shota : Bon, d'accord. J'y vais avec vous.

解説　会話文を聞き取り、日本語の文がその内容に一致しているかどうかを答える問題です。マリアンヌがショウタに、ドイツ料理が好きかどうかを尋ねますが、ショウタはドイツ料理がどのようなものかよく知りません。ふたりの間でどのような会話がなされたのかを注意深く聞き取ってください。

(1)「ショウタはドイツ料理を食べたことがない」については、マリアンヌの Shota, tu aimes la cuisine allemande ?「ショウタ、ドイツ料理は好き？」に対し、ショウタが Euh, je ne sais pas. Je n'en ai jamais mangé.「さあ、わからない。食べたことないよ」と答えていますので、対話の内容に一致します。得点率は92%でした。

(**2**) 「新しいドイツ料理店が駅の中にできた」については、マリアンヌがParce qu'un restaurant allemand vient d'ouvrir en face de la gare.「それというのも駅の前にドイツ料理店が開いたところなのよ」と話しているので、対話の内容に合致しません。en face de「～の前に」が聞き取れているかどうかがポイントですが、それにくわえて、「開いたところ」という近接過去の表現で、このドイツ料理店が「新しい」ということを理解できるかどうかも問われます。得点率は74％でした。

(**3**) 「マリアンヌは今晩カロリーヌと新しいドイツ料理店に行く予定だ」については、マリアンヌがJ'y vais avec Caroline demain soir.「明日の夜カロリーヌとそこに行くの」と話しており、中性代名詞のyが指しているのは文脈から新しいドイツ料理店のことですから、対話の内容に一致しません。得点率は66％でした。

(**4**) 「ショウタはドイツ料理をおいしそうだと言っている」については、ショウタがÇa a l'air très bon.「とてもおいしそうだね」と言っていますので、対話の内容に一致します。avoir l'air＋形容詞「～なようすをしている」の表現です。得点率は92％でした。

(**5**) 「ショウタはマリアンヌたちと新しいドイツ料理店に行くことにした」については、ショウタがJ'y vais avec vous.「君たちといっしょに行くよ」と言っていますので、対話の内容に一致します。マリアンヌはカロリーヌとドイツ料理店に行くつもりだと話していましたが、そのあとTu viens avec nous ?「私たちといっしょに来る？」とショウタを誘っています。ただ、仮にこのマリアンヌの発言を聞き取れていなくても、ショウタのJ'y vais avec vous.という発言のなかに、vousが用いられていることから、ショウタが「マリアンヌたち」といっしょに行こうとしているということがわかります。ショウタとマリアンヌはここでお互いをtuで呼びあっていますから、vousはマリアンヌをふくめた複数の人物たちのことを指すとわかるからです。得点率は98％でした。

この問題の平均得点率は84％でした。

解答 (1) ① (2) ② (3) ② (4) ① (5) ①

配 点 表

問題番号	筆記試験	1	2	3	4	5	6	7	8	9	小計	聞き取り	1	2	3	小計	合計
点		8	10	8	8	8	8	6	6	8	70		10	10	10	30	100

2021年度秋季
実用フランス語技能検定試験
試験問題冊子　〈3級〉

問題冊子は試験開始の合図があるまで開いてはいけません。

筆記試験	15時20分～16時20分 (休憩なし)
聞き取り試験	16時20分から約15分間

◇問題冊子は表紙を含め16ページ、筆記試験が9問題、聞き取り試験が3問題です。

注　意　事　項

1　途中退出はいっさい認めません。

2　筆記用具は**HBまたはBの黒鉛筆**(シャープペンシルも可)を用いてください。ボールペンや万年筆等でマークした解答は機械による読み取りの対象とならないため、採点されません。

3　解答用紙の所定欄に、**受験番号**と**カナ氏名**が印刷されていますから、まちがいがないか、**確認**してください。

4　**マーク式の解答は、解答用紙の解答欄にマークしてください。**たとえば、3の(1)に対して③と解答する場合は、次の例のように解答欄の③にマークしてください。

例　3

解答番号	解答欄
(1)	① ② ●

5　記述式の解答の場合、正しく判読できない文字で書かれたものは採点の対象となりません。

6　解答に関係のないことを書いた答案は無効にすることがあります。

7　解答用紙を折り曲げたり、破ったり、汚したりしないように注意してください。

8　問題内容に関する質問はいっさい受けつけません。

9　不正行為者はただちに退場、それ以降および来季以後の受験資格を失うことになります。

10　**携帯電話等の電子機器の電源はかならず切って、かばん等にしまってください。**通信機能のある時計は使用を禁じます。

11　**時計のアラームは使用しないでください。**

12　この試験問題の複製(コピー)を禁じます。また、この試験問題の一部または全部を当協会の許可なく他に伝えたり、漏えいしたりすることを禁じます(インターネットや携帯サイト等に掲載することも含みます)。

筆記試験終了後、休憩なしに聞き取り試験にうつります。

1　次の日本語の表現 (1) ～ (4) に対応するように、(　　) 内に入れるのにもっとも適切なフランス語(各1語)を、**示されている最初の文字とともに**、解答欄に書いてください。(配点　8)

(1)　あなたのお話をうかがいましょう。

Je vous (é　　).

(2)　いいえ、だいじょうぶです。

Ça va. Ce n'est pas (g　　).

(3)　君はまちがっているよ。

Tu as (t　　).

(4)　なんていい眺めでしょう。

(Q　　) belle vue !

(解説・解答 ▶ p.111)

2 次の対話 (1) ～ (5) の (　　) 内の語を必要な形にして、解答欄に書いてください。(配点　10)

(1) — Il n'y a plus d'oiseaux sur le lac ?
— Non. Mais avant, ils (venir) en hiver.

(2) — Ils doivent rester jusqu'à quelle heure ?
— Ils (pouvoir) rentrer chez eux dès maintenant.

(3) — Il y a quelque chose à voir dans ce village ?
— Ah oui ! Il faut que vous (visiter) le château du 16e siècle.

(4) — Ton fils est toujours à l'étranger ?
— Oui, malheureusement. S'il était chez moi, je (être) moins triste.

(5) — Tu connais mon oncle depuis longtemps ?
— Non, nous (se rencontrer) il y a un mois seulement.

(解説・解答 ▶ p.112)

3　次の (1) ～ (4) の (　　) 内に入れるのにもっとも適切なものを、それぞれ ① ～ ③ のなかから 1 つずつ選び、解答欄のその番号にマークしてください。(配点　8)

(1) Ce parc n'est pas loin d'ici. Tu peux (　　) aller à pied.

① en　　② l'　　③ y

(2) Ma nouvelle montre est beaucoup mieux que (　　) que j'ai perdue.

① ce　　② celle　　③ celui

(3) Voilà le livre (　　) je t'ai parlé.

① dont　　② que　　③ qui

(4) (　　) me fait plaisir de vous voir.

① Ça　　② Ce　　③ Celui

(解説・解答 ▶ p.115)

4 次の (1) ～ (4) の (　　) 内に入れるのにもっとも適切なものを、下の ① ～ ⑥ のなかから1つずつ選び、解答欄のその番号にマークしてください。ただし、同じものを複数回用いることはできません。(配点　8)

(1) Elle n'est pas d'accord (　　) vous.

(2) Il a payé (　　) euros.

(3) Je ne veux pas marcher (　　) la pluie.

(4) Patrice va à l'hôpital deux fois (　　) mois.

① avec　② de　③ en
④ par　⑤ sous　⑥ sur

(解説・解答 ▶ p.118)

5　例にならい、次の (1) ～ (4) において、それぞれ ① ～ ⑤ をすべて用いて文を完成したときに、(　　) 内に入るのはどれですか。 ① ～ ⑤ のなかから 1 つずつ選び、解答欄のその番号にマークしてください。(配点　8)

例 ：Je ＿＿＿＿ ＿＿＿＿ (＿＿＿＿) ＿＿＿＿ ＿＿＿＿ ma fille.

① de　② le　③ parapluie　④ prête　⑤ te

Je ＿te＿ ＿prête＿ (＿le＿) ＿parapluie＿ ＿de＿ ma fille.

　　⑤　④　②　③　①

となり、⑤ ④ ② ③ ① の順なので、(　　) 内に入るのは ②。

(1) Ce livre n'est pas ＿＿＿ ＿＿＿ (＿＿＿) ＿＿＿ ＿＿＿ .

① aussi　② crois　③ difficile　④ que　⑤ tu

(2) Il ＿＿＿ ＿＿＿ (＿＿＿) ＿＿＿ ＿＿＿ notre présidente.

① avoir　② confiance　③ en　④ mieux　⑤ vaut

(3) Je l'ai ＿＿＿ ＿＿＿ (＿＿＿) ＿＿＿ ＿＿＿ le parc.

① chien　② dans　③ promener　④ son　⑤ vu

(4) Nous n'avons pas ＿＿＿ ＿＿＿ (＿＿＿) ＿＿＿ ＿＿＿ le moment.

① aide　② besoin　③ de　④ pour　⑤ ton

(解説・解答 ▶ p.119)

6

次の (1) ～ (4) の **A** と **B** の対話を完成させてください。**B** の下線部に入れるのにもっとも適切なものを、それぞれ ① ～ ③ のなかから 1 つずつ選び、解答欄のその番号にマークしてください。(配点　8)

(1) **A** : Je ne trouve plus mon chapeau.
B : ____________________
A : Dans un restaurant.

① Il est comment ?
② Le voilà !
③ Vous étiez où tout à l'heure ?

(2) **A** : Je vais chercher Émilie à l'aéroport.
B : ____________________
A : Alors, on part dans une demi-heure.

① Émilie, c'est qui ?
② Je viens avec toi.
③ Tu veux utiliser ma voiture ?

(3) **A** : Qu'est-ce que tu vas faire pour Noël ?
B : ____________________
A : Tu ne prends pas de vacances ? Tant pis pour toi.

① Je vais aller faire du ski avec ma copine.
② Je vais me reposer chez mon grand-père.
③ Je vais travailler dans un magasin.

(4) **A** : Tu te souviens de Léo ?
B : ____________________
A : Non. Il n'a pas d'enfant.

① Ce n'est pas le père de Paul ?
② C'est un beau garçon qui est devenu avocat ?
③ Quel Léo ? Je connais beaucoup de Léo.

(解説・解答 ▶ p.121)

7　次の (1) ～ (6) の (　　) 内に入れるのにもっとも適切なものを、下の ① ～ ⑧ のなかから1つずつ選び、解答欄のその番号にマークしてください。ただし、同じものを複数回用いることはできません。(配点　6)

(1) Chaque (　　) de France a sa propre cuisine.

(2) J'ai mal à la tête, j'ai peut-être de la (　　).

(3) Nous n'avons pas la (　　) d'entrer dans ce bâtiment.

(4) Nous sommes invités au (　　) de ma cousine.

(5) On fait la queue au (　　) du théâtre.

(6) Qui est le (　　) à la cravate verte ?

① face　② fièvre　③ guichet　④ jus
⑤ mariage　⑥ monsieur　⑦ permission　⑧ région

(解説・解答 ▶ p.122)

8

次の文章を読み、下の (1) ～ (6) について、文章の内容に一致する場合は解答欄の ① に、一致しない場合は ② にマークしてください。(配点　6)

Jacques a 40 ans. Il travaille depuis l'âge de 22 ans pour une société spécialisée* dans les pelouses**. Le plus souvent, elle en met dans les jardins ou les parcs. Ce travail demande beaucoup d'expérience. Au début, Jacques le trouvait dur et difficile. Mais il l'aime de plus en plus. Maintenant il sait tout faire : il est devenu chef d'une équipe de neuf personnes.

L'année dernière, sa société a commencé à travailler dans des stades***. Jacques joue lui-même au football depuis son enfance et il était heureux de devenir le responsable de ce projet. Le premier stade où il s'est occupé de la pelouse se trouve à Lyon. Ce soir, il va y voir un match avec son fils, qui rêve de devenir joueur de football.

* spécialisé : (～を) 専門とする
** pelouse : 芝生《しばふ》
*** stade : 競技場、スタジアム

(1)　ジャックは芝生をあつかう会社で22年間働いている。

(2)　ジャックの会社は庭園や公園に芝生を敷《し》くことが多い。

(3)　ジャックは会社で9人チームのリーダーである。

(4)　ジャックの会社はサッカースタジアムでの仕事にはまだ携《たずさ》わっていない。

(5)　ジャック自身はサッカーをしない。

(6)　ジャックの息子の将来の夢は、父と同じ仕事をすることである。

(解説・解答 ▶ p.124)

9　次の会話を読み、(1) ~ (4) に入れるのにもっとも適切なものを、下の ① ~ ⑦ のなかから 1 つずつ選び、解答欄のその番号にマークしてください。ただし、同じものを複数回用いることはできません。なお、① ~ ⑦ では、文頭にくるものも小文字にしてあります。(配点 8)

Pauline : Cette table en bois est très belle. (1)?
Gilles : Non, j'ai payé seulement pour le bois.
Pauline : Tu as fait ça toi-même ?
Gilles : (2).
Pauline : C'est magnifique ! Pourrais-tu en faire une autre pour moi ?
Gilles : (3). Mais je n'ai plus de bois.
Pauline : On peut en acheter (4)?
Gilles : Je connais un magasin tout près d'ici.

① avec plaisir

② c'est incroyable

③ elle était chère

④ où

⑤ quand

⑥ tout à fait

⑦ tout droit

(解説・解答 ▶ p.126)

聞き取り試験問題

(部分的な書き取りを含む)

聞き取り試験時間は、 16時20分から約15分間

注意事項

1 聞き取り試験は、CD・テープでおこないますので、CD・テープの指示にしたがってください。

2 解答はすべて筆記試験と同じ解答用紙の解答欄に、**HBまたはBの黒鉛筆**(シャープペンシルも可)で記入またはマークしてください。ボールペンや万年筆等でマークした解答は機械による読み取りの対象とならないため、採点されません。

1

テオとレアの会話を聞いてください。

- 1 回目は全体を通して読みます。
- 2 回目は、ポーズをおいて読みますから、(1) ～ (5) の部分を解答欄に書き取ってください。それぞれの (　　) 内に入るのは 1 語とはかぎりません。
- 最後 (3 回目) に、もう 1 回全体を通して読みます。
- 読み終えてから 60 秒、見なおす時間があります。
- 数を記入する場合は、算用数字で書いてください。

(メモは自由にとってかまいません) (配点　10)

[音声を聞く順番] ⑮ → ⑯ → ⑮

Théo : Aujourd'hui, j'ai vu Marine à la (1).
Léa : Ce n'est pas (2) ! Elle vient de partir pour le Japon.
Théo : Ah bon ? C'était quand, son (3) ?
Léa : Hier. Tu sais, elle a une sœur qui lui (4). La fille que tu as vue, elle avait les cheveux courts ?
Théo : Non, elle avait les cheveux (5).
Léa : C'était sa sœur, alors.

(解説・解答 ▶ p.128)

2

- フランス語の文 (1) ～ (5) を、それぞれ 3 回ずつ聞いてください。
- それぞれの文にもっともふさわしい絵を、下の ① ～ ⑨ のなかから 1 つずつ選び、解答欄のその番号にマークしてください。ただし、同じものを複数回用いることはできません。

（メモは自由にとってかまいません）（配点　10）

［ 音声を聞く順番 ］ ⓱ → ⓲

(1)

(2)

(3)

(4)

(5)

①

②

③

④

⑤

⑥

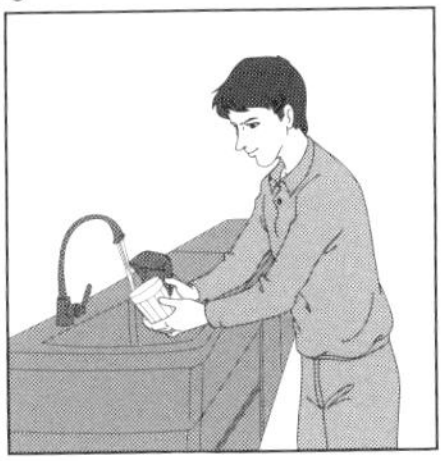

⑦

⑧

⑨

(解説・解答 ▶ p.129)

3

- ピエールとゾエの会話を 3 回聞いてください。
- 次の (1) ～ (5) について、会話の内容に一致する場合は解答欄の ① に、一致しない場合は ② にマークしてください。
（メモは自由にとってかまいません）（配点　10）

［音声を聞く順番］ ⓳→⓴→㉑

(1)　ピエールはきょう歴史の授業を受けた。

(2)　ピエールは歴史が得意ではない。

(3)　ピエールは歴史の教科書をきのうなくした。

(4)　ピエールはゾエに歴史の教科書を借りる。

(5)　もうすぐ歴史の試験がある。

（解説・解答 ▶ p.131）

2021 年度秋季 3 級

今季の出願者数は 2,811 名（うち受験者は 2,520 名）でした。合格者数は 1,414 名、対実受験者合格率は 56％でした。なお平均点は 61 点（筆記得点率 60％、聞き取り得点率 62％）、合格基準点は 59 点でした。

出題内容のあらまし

[筆記]

1 語彙（記述）
2 動詞活用（対話文・記述）
3 代名詞（穴うめ・選択）
4 前置詞（穴うめ・選択）
5 語順（語の並べかえによる仏文完成）
6 対話文（仏文選択）
7 短文（穴うめ・選択）
8 説明文（内容一致・和文選択）
9 会話文（穴うめ・仏文選択）

[聞き取り]

1 会話文の部分書き取り（穴うめ・記述）
2 短文聞き取り（仏文に一致する絵の選択）
3 会話文聞き取り（内容一致・和文選択）

筆記試験

解説・解答

1

解説 日常的な慣用表現で使われている単語を記述する問題です。

(1) 「あなたのお話をうかがいましょう」は Je vous (écoute). となります。得点率は59%でした。これは、医者や弁護士など、相談をもちかけられる職業についているかたがよく口にする表現です。「今日はどうしました、さあ、お話しください」といったニュアンスです。動詞 écouter を使った表現としては、J'écoute de la musique.「私は音楽を聴きます」とか、Nous avons écouté les informations à la radio.「私たちはラジオでニュースを聞きました」といった écouter の基本的な用法はすでに習得しているものと思います。ここでは、さらにフランス語のレベルアップをはかるために、相手の注意をひくときによく使われる Écoute !「いいかい」や Écoutez !「いいですか」（ともに命令法ですね）も覚えておきましょう。Écoute, maintenant, ça suffit !「ねえ、もういいかげんにして」のように使います。

(2) 「いいえ、だいじょうぶです」は Ça va. Ce n'est pas (grave). となります。得点率は52%でした。これは、たとえば相手から Excusez-moi.「ごめんなさい」とか Je suis désolé(e).「すみません」などとあやまられたときに使う表現です。同じような状況で、Ce n'est rien.「たいしたことではありません」と答えることも可能です。また、Ce n'est pas (grand-chose). や Ce n'est pas (gravissime). も正解としました。

(3) 「君はまちがっているよ」は Tu as (tort). となります。得点率は20%でした。tort の語にあまりなじみがなかったのか、*tord*、*tombé*、*tard*、*tout*、*tant* など、さまざまな誤答がありました。avoir chaud「熱い」、avoir froid「寒い」、avoir faim「おなかがすいた」、avoir soif「のどがかわいた」、avoir sommeil「眠い」など avoir を使ったいくつかの表現とともに、きちんと覚えておいてください。また、代名動詞 se tromper を使って、Tu te trompes.

とすると、Tu as tort. とおなじような意味になります。また、「君はただしい」はTu as raison. です。こちらもよく使われる表現ですので、確認しておいてください。

(4) 「なんていい眺めでしょう」は(Quelle) belle vue ! となります。得点率は81%でした。ここでは疑問形容詞 quel を使った一種の感嘆文が問題になっています。ここでは主語と動詞がはぶかれて、〈疑問形容詞 + 形容詞 + 名詞〉の形になっていますが、疑問形容詞も形容詞も名詞の性と数に一致しなければなりません。vue「眺め」は単数の女性名詞ですので、疑問形容詞もQuelleの形にする必要があります。もしvueが男性名詞か女性名詞かわからなかったとしても、belleが単数の女性形容詞であることに気づけば、Quelleという正答にたどりつくことができたはずです。*Quel* とした誤答がたくさんありました。疑問形容詞を使った感嘆文の用例を以下にいくつか書いておきますので、確認してください。Quel beau paysage !「なんて美しい風景なんだろう」、Quelle jolie robe !「なんてきれいなドレスなんでしょう」、Quelle bonne surprise !「何てうれしい驚きでしょう！」（『仏検公式基本語辞典』、p.270）。

この問題の平均得点率は53%でした。

解答　(1) écoute　(2) grave（grand-chose、gravissime も可）
(3) tort　(4) Quelle

2　**解説**　フランス語の応答文を読み、意味をとらえて動詞の法と時制をきめ、その活用を記述する問題です。

(1) — Il n'y a plus d'oiseaux sur le lac ?「この湖にはもう鳥はいないのですか」— Non. Mais avant, ils (venaient) en hiver.「ええ、いません。でも以前は、冬になると、来ていました」となります。得点率はきわめて低く14%にとどまりました。誤答のなかでいちばん多かったのはMais avant, ils *sont venus* en hiver. と複合過去で答えたものでした。しかし、これだと、「鳥たちが湖に来た」のが一回だけの行為と考えられてしまいますので、不適切です。「以前は毎年冬になると来ていたけれど、今はもう来なくなった」という、すでに失われてしまった過去の習慣的な行為や動作や状態の表現には半過去を使わなければなりません。理解を深めるために、べつの文で考えてみましょう。たとえば、Quand il faisait beau, mes parents **se promenaient** souvent dans ce jardin.「天気がいいと、私の両親はその公園をよく散歩していた」の場合、「私の両親」は、かつては「その公園をよく散歩をしていた」けれど、今はもうその散歩の習慣はなくなってしまっているのです。ところが、たとえば、Ce matin, mes parents **se sont promenés** dans ce jardin.「けさ、私の両親はその公園を散歩しました」と se promener を複合過去にすると、私の両親がけさはじめてその公園を散歩したのか、すでに何度も散歩しているのか、ひょっとしたらあすもまた散歩するかといったことに関係なく、すくなくとも「けさ」、「私の両親はその公園を散歩した」と一回かぎりの行為が表現されているわけです。複合過去と半過去のちがいはきわめてだいじなことですので、しっかりと区別して覚えておいてください。

(**2**) Ils doivent rester jusqu'à quelle heure ?「彼らは何時まで残っていないといけないのですか」— Ils (peuvent) rentrer chez eux dès maintenant.「今すぐにでも帰宅できます」となります。得点率は23%でした。まず、どんな時制で pouvoir を活用させなければならないのかを判断しなければなりません。ヒントになるのは、dès maintenant「今すぐに」という副詞句です。「帰宅する」行為はたしかに、未来におこなわれるものではありますが、「帰宅できる」のは「今すぐ」ですので、pouvoir は直説法現在で活用させなければなりません。単純未来の *pourront* はまちがいです。さて、せっかくここまで推論できたにもかかわらず、残念ながら pouvoir を3人称で複数の主語 ils に合わせて活用できない受験者が多く見られました。言うまでもなく、pouvoir は基本中の基本ともいうべき単語ですので、きちんと活用を覚えておいてください。

(**3**) — Il y a quelque chose à voir dans ce village ?「この村には何か見るべきものはありますか」— Ah oui ! Il faut que vous (visitiez) le château du 16e siècle.「ええ、もちろんです。16世紀の城がありますので、そこを訪ねるべきです」となります。得点率は37%でした。Il faut que とありますので、従属節の動詞 visiter を接続法現在に活用させなければなりません。visiter は第1群規則動詞ですので、活用形は直説法半過去のときと同じ形で、Il faut que vous (visitiez)... となります。学習時間がすくないせいか、接続法の問題は毎回、得点率が低いですが、3級をクリアするにはどうしても必要な文法事項ですので、きちんと勉強しておいてください。以下、いくつか例文をあげておきますので、確認してください。Il faut qu'ils **viennent**.「彼らは来なければなりません」、Il faut que nous **partions** tout de suite.「私たちはすぐに出発しなければなりません」、Il faut que tu **ailles** la voir.「君は彼女に会いに行くべきだ」(『仏検公式基本語辞典』、p.114)。

(4) — Ton fils est toujours à l'étranger ?「息子さんはまだ外国にいるのですか」— Oui, malheureusement. S'il était chez moi, je (serais) moins triste.「残念ながらそうなんです。もし彼が家にいれば、私もすこしはさみしさがやわらぐのですが」となります。得点率は31%でした。〈Si＋半過去、条件法現在の主節〉という典型的な条件法現在の文でしたが、接続法と同様に、学習時間が不十分なためか、適切な反応ができなかったようです。ここでも、例文をあげておきますので、よく確認してください。Si elle **venait**, il **viendrait** aussi.「もし彼女が来るなら、彼も来るでしょう」、Si j'**étais** riche, j'**achèterais** cette voiture.「もし私が金持ちだったら、この車を買うでしょう」。動詞の形にとくに注意してください。

(5) — Tu connais mon oncle depuis longtemps ?「私のおじのことをむかしから知っているのですか」— Non, nous (nous sommes rencontrés) il y a un mois seulement.「いいえ。ほんの1カ月前に出会いました」となります。得点率はきわめて低く15%でした。代名動詞 se rencontrer をどのような時制で活用させなければならないか、まず考えてみましょう。il y a un mois seulement「ほんの1カ月前に」と過去のある瞬間を明示する副詞句がありますので、複合過去に活用させなければなりません。代名動詞の複合過去は〈再帰代名詞＋助動詞 être の直説法現在＋過去分詞〉という形となりますが、ここで忘れてならないことは、**再帰代名詞が直接目的語の場合、過去分詞は再帰代名詞の性数に一致させなければならない**という点です。ここで、se rencontrer の rencontrer は他動詞で、se はその直接目的語です。以上の点をすべて考えあわせると正答をみちびき出せます。なお、ここでは tu と呼ばれている人物が男性か女性かの判断はできませんが、mon oncle「私のおじ」は男性ですので、nous は文法的には男性の複数と判断されます。そのため、過去分詞 rencontré は再帰代名詞の nous に性数一致して rencontrés

となります。*nous rencontré*、*se rencontrons*、*sommes rencontrons*、*nous rencontriez* などさまざまな誤答が見られました。

この問題の平均得点率は24％でした。

解答 (1) venaient　(2) peuvent　(3) visitiez
(4) serais　(5) nous sommes rencontrés

3 解説

適切な代名詞を選ぶ問題です。

(**1**) Ce parc n'est pas loin d'ici. Tu peux (y) aller à pied.「その公園はここから遠くありません。歩いて行けますよ」となります。選択肢① enは前置詞のときも中性代名詞のときもありますが、まず前置詞でないことはすぐにわかります。なぜなら前置詞のenが（　　）のなかに入ったなら、そのうしろに名詞や代名詞がくるはずですが、そうなっていないからです。それでは、中性代名詞としてのenはどうでしょう。中性代名詞としてのenの用法を確認すると、たとえば、Paul a acheté de la viande ?「ポールは肉を買ったのですか」— Oui, il **en** a acheté.「ええ、買いました」やTu as des frères ?「兄弟はいますか」— Oui, j'**en** ai deux.「ええ、ふたりいます」のように、部分冠詞や不定冠詞のついた名詞、または数や分量を表す語をつけて名詞を繰り返すかわりに使われます。また、Elle est revenue de Paris ?「彼女はパリからもどってきたのですか」— Oui, elle **en** est revenue.「ええ、もどってきました」や、Vous avez besoin de ce dictionnaire ?「その辞書は必要ですか」— Non, je n'**en** ai pas besoin.「いいえ、必要ありません」のように〈de＋名詞〉をうけることもあります。上のいずれのenの用法も、問題文の動詞allerとはうまくつながらないことがわかります。② l' はどうでしょうか。自動詞allerの前にl' がくる可能性は、l' が定冠詞（le、la）であれ、中性代名詞leであれ、ありません。なぜなら、定冠詞であれば、うしろに名詞がきていなければなりませんし、中性代名詞であれば、属詞（主格補語）や、動詞の不定詞、句、節、文などをうけますが、ここではそうなっていません。ということで、③ yが残ります。中性代名詞のyは、「場所を表す前置詞（à、dans、en、chezなど）＋名詞」をうけたり、「à＋名詞」をうけたりします。ここでは、Tu peux aller à ce parc à pied. のà ce parc

の部分をyでうけて、Tu peux **y** aller à pied. になったと考えられますので、③ y が正答になります。得点率は76%でした。

(2) Ma nouvelle montre est beaucoup mieux que (celle) que j'ai perdue.「私の新しい時計はなくした時計よりずっといい」となります。比較級の文です。比較されているのは、ma nouvelle montre「私の新しい時計」と「なくした時計」ということになります。① ce は性や数によって変化しない指示代名詞なので、montre のかわりになることはできません。たとえば、ce que j'ai perdu は「私がなくしたもの」という意味になりますが、これでは何をなくしたのか、具体的なことはわかりません。ということで① ce は不適切です。さて、「なくした時計」を代名詞を使わずに表現すれば la montre que j'ai perdue となるはずです。その montre「時計」は単数の女性名詞ですので、これを指示代名詞の celle にかえることができます。その結果、celle que j'ai perdue で「なくした時計」の意味になります。この② celle が正答です。得点率は71%でした。③ celui は celle とおなじく指示代名詞ですが、男性単数名詞をうけるものですので、montre のかわりになることはできません。ところで、celle que j'ai perdu**e** の過去分詞の最後の e はなんでしょう。これは関係代名詞 que の前に置かれた perdre の直接目的語でかつ先行詞の celle と性数一致して過去分詞 perdu に e がついたものです。同様に、たとえば、J'ai acheté cette montre hier.「私はきのうその時計を買った」の cette montre を強調する強調構文を作ると、C'est cette montre que j'ai acheté**e** hier. と、やはり過去分詞 acheté は cette montre に性数一致して acheté**e** となります。どちらの場合も、**他動詞の過去分詞の前にその直接目的語が置かれているとき、過去分詞は直接目的語と性数一致しなければならない**という規則にしたがっています。

(3) Voilà le livre (dont) je t'ai parlé.「ほらこれが君に話した本だよ」となります。まず文の前半 Voilà le livre だけを見ると、これは「ここ（そこ）に本があります」という意味になります。また文の後半 je t'ai parlé は同様に「私が君に話をした」という意味になります。このふたつの部分をどう結びつけたらいいでしょう。選択肢を見ると① dont、② que、③ qui ともに、関係代名詞として使うことができるものばかりです。ここでもし② que を（　　）のなかに入れたとすると、parler は他動詞で、le livre はその直接目的語と見なされてしまいます。ところが parler が他動詞として使われる用例はそれほど多くはありません。たとえば、Je parle japonais.「私は日本語を話す」のように言語を直接目的語とするときとか、Ils parlent toujours politique.「彼らはいつも政治の話をする」のように、かなり限定された無冠詞名詞を直接目的語とするときだけです。ということで、② que は不適切です。同様に ③ qui を（　　　）のなかに入れたとすると、qui の次には動詞がこなければならないはずですが、je がきていますので、③ qui もまた不適切なことがわかります。① dont が残りましたが、ここで dont は前置詞 de をふくむ関係代名詞であることを確認しましょう。ここでは、たとえば、Voilà un livre. Je t'ai parlé **de** ce livre. の 2 文をひとつにまとめたのが Voilà le livre (dont) je t'ai parlé. だと考えられます。① dont が正答です。得点率は 56%でした。

(4) (Ça) me fait plaisir de vous voir.「あなたに会えてうれしい」となります。（　　　）のなかには動詞 faire の主語となる名詞が入らなければなりません。ところで、② Ce を指示代名詞と考えた場合、Ce の次にくることのできる動詞はかなり限定されていて、たとえば être や sembler などです。Ce は faire の主語になることはできません。ということで、② Ce は不適切です。また ③ Celui はおもに前置詞 de をともなって、すでに言及された名詞のかわりとなるか、関係代名詞（qui、que、dont など）にみちびかれる節を作りますが、ここで文頭に Celui がきた場合には、Celui の内容がなんのことかわかりません。この問題ではさらにもうひとつ考察しなければならない点があります。それは（　　　）のなかに入るべき語は、形式上の主語で、de vous voir「あなたに会うこと」が意味上の主語となっているという点です。つまり、「あなたに会うこと」、「それ」が「私を喜ばせる」という構造になっています。こうした役割をはたすことができるのは ① Ça だけです。① Ça が正答です。得点率は 77%でした。① Ça と ② Ce は一見すると似ていますが、その用法には大きなちがいがありますので、辞書などで確認しておいてください。

この問題の平均得点率は 70%でした。

解答　(1) ③　　(2) ②　　(3) ①　　(4) ①

4 解説 適切な前置詞を選ぶ問題です。

(1) Elle n'est pas d'accord (avec) vous.「彼女はあなたに賛成ではありません」となります。〈être d'accord avec + 人〉で「(人に) 賛成する、同意する」という意味になります。よく知られている表現ということもあってか、① avec を正しく選ぶことができたようです。得点率は72%でした。Je suis d'accord.「私は賛成です」は、主語と動詞をはぶいて、D'accord. と使うこともできます（これを短縮して D'ac[dak]. と言うこともできます）。また、すこしレベルが上がりますが、être d'accord のうしろに pour + 不定詞がつづくこともあります。たとえば、Elles sont d'accord pour aller au théâtre ce soir.「彼女たちは今晩劇場に行くのに賛成している」などとなります。

(2) Il a payé (en) euros.「彼はユーロで払った」となります。「通貨」で支払いを行うときには、③ en が使われます。得点率は60%でした。同様に、payer **en** dollars「ドルで払う」、payer **en** yen(s)「円で払う」となります。いずれも前置詞は en です。ただし、「カードで払う」の場合は、payer **avec** une carte de crédit と言います。さらに具体的なカードの名前とともに、たとえば、Vous pouvez payer **avec** votre carte [de crédit] Visa ou Mastercard.「Visa カードでもマスターカードでもお支払い可能です」とも言えます。また、このごろはスマホ決済がさかんにおこなわれるようになってきていますが、J'ai payé **avec** mon smartphone. と言えば、「私はスマホ決済をした」となります。ちなみに、最近はすくなくなってきているようですが、「小切手で支払う」は payer **par** chèques となります。支払い方法や手段によって payer につづく前置詞にちがいが出てきますので、注意して覚えておきましょう。

(3) Je ne veux pas marcher (sous) la pluie.「雨のなかを歩きたくありません」となります。「なか」というと、dans と考えがちですが、「雨のなかを歩く」は marcher sous la pluie といいます。⑤ sous が正答です。得点率は51%でした。同じように、se promener **sous** la pluie「雨のなかを散歩する」、nager **sous** l'eau「水中を泳ぐ」、passer **sous** la douche「シャワーをあびる」のように sous を使います。

(4) Patrice va à l'hôpital deux fois (par) mois.「パトリスは月に2回、病院に行く」となります。この④ par は配分や基準を表します。得点率は70%でした。Il va au cinéma une fois **par** semaine.「彼は週に1度映画を見に行く」(『仏検公式基本語辞典』、p.202)、Ma fille ne mange que deux fois **par** jour.「私の娘は1日に2回しか食事をしません」のように使います。

この問題の平均得点率は63%でした。

解答　(1) ①　(2) ③　(3) ⑤　(4) ④

5　**解説**　5つの単語を並べかえて文を完成させる問題です。

(1) 主語と否定形の動詞の部分 Ce livre n'est pas があたえられています。このあと文がどうつづくのかを考えながら選択肢を見ていきましょう。すると① aussi と④ que から、これが同等比較級の文であることが容易に推定されます。さらに③ difficile がありますので、これを① aussi と④ que ではさめばいいことがわかります。これで Ce livre n'est pas aussi difficile que までできました。あと残っている選択肢は② crois と⑤ tu です。これを主語⑤ tu、動詞② crois の順にならべて、これまでできあがった部分に付け加えると、Ce livre n'est pas aussi difficile (que) tu crois.「その本は君が思っているほどむずかしくはありません」という文が完成します。正答は④ que です。得点率は68%でした。同等比較級の文が否定文になると、「～ほど～ではない」という意味になります。また、ここでは、aussi のかわりに si を使うこともできます。この文では que 以下に比較対象の名詞ではなく、文がきています。このような例は、たとえばほかに、Ce n'est pas aussi simple que tu le dis.「それは君が言うほど単純ではないよ」(le は中性代名詞です)、Courez aussi vite que vous pourrez.「できるだけ速く走りなさい」などがあります。

(2) 主語の Il があたえられています。選択肢のなかに⑤ vaut と④ mieux がありますので、これらをつなぐと Il vaut mieux「～したほうがいい」という非人称構文ができそうです。Il vaut mieux のあとには、不定詞か「que + 接続法」の従属節がつづく可能性がありますが、選択肢に que がないので、不定詞をさがします。① avoir がそれです。これで Il vaut mieux avoir までできあがりました。残った選択肢は ② confiance と ③ en です。ここで、〈avoir confiance en + 人〉で「(人を) 信頼する」という表現になることがわかればしめたものです。以上から、Il vaut mieux (avoir) confiance en notre présidente.「私たちの大統領（議長、社長）を信じたほうがいいですよ」という文が完成します。正答は ① avoir です。得点率は 21%にとどまりました。なお、ここで présidente は女性形になっています。

(3) 文頭の部分 Je l'ai があたえられています。このあとにつづくことができるのは、選択肢 ⑤ vu しかありません。これで Je l'ai vu までできました。この l' の内容はまだなんのことかわかりませんが、とにかく「私は彼 (それ) を見た」というところまではわかります。そして、ここでもう一度、選択肢をみわたすと、③ promener という動詞の不定詞があることに気づきます。ここでこの文の動詞 voir のあとに、さらにまたべつの動詞 promener がくるという文の構造はどのようなものなのか想像します。この段階で、voir が知覚動詞なので、うしろに不定詞をしたがえることによって、「～するのを見る」という構造になっていると見抜く必要があります。さらに promener は他動詞ですので、promener の目的語は何かを選択肢からさがすと、④ son、① chien がありますので、son chien であることがわかります。以上から、Je l'ai vu promener (son) chien dans le parc.「私は彼が公園で犬を散歩させているのを見た」という文が完成します。正答は ④ son です。得点率は 50%でした。

(4) 文頭の部分 Nous n'avons pas があたえられています。動詞 avoir がなんらかの名詞を目的語としてとるのか、あるいは動詞の過去分詞がきて複合過去の文をつくるのかと考えながら選択肢を見てみると、過去分詞はありませんが、② besoin が目に飛びこんできます。ここで〈avoir besoin de + 名詞〉「(～を) 必要としている」という表現が思いうかんだはずです。これで、Nous n'avons pas besoin de までできました。de につづく名詞は何かと考えつつ選択肢をもういちど見ると、⑤ ton と ① aide があります。さらに残った選択肢 ④ pour と文末の le moment を組み合わせた pour le moment で「さしあたり」という表現になります。以上から、Nous n'avons pas besoin de (ton) aide pour le moment.「私たちはさしあたり君に助けてもらう必要はありません」という文が完成します。正答は⑤ ton です。得点率は64%でした。

この問題の平均得点率は51%でした。

解答 (1) ④ (2) ① (3) ④ (4) ⑤

6 **解説** 適切な文を選択して対話を完成させる問題です。

(**1**) **A** が Je ne trouve plus mon chapeau.「帽子がみつかりません」と言ったのに対し、**B** が何か言ったあと、**A** が Dans un restaurant.「レストランのなかです」と応じています。**B** は何か場所に関する質問を **A** にしたのではないかと推定されます。選択肢は① Il est comment ?「それはどんな帽子ですか」、② Le voilà !「ほら、ここにあります」、③ Vous étiez où tout à l'heure ?「先ほどまであなたはどこにいたのですか」となっています。状況に合致するのは③だけですので、これが正答になります。得点率は84%でした。

(**2**) **A** が Je vais chercher Émilie à l'aéroport.「空港までエミリーをむかえに行ってきます」と言ったのに対し、**B** が何か言ったあと、**A** が Alors, on part dans une demi-heure ?「じゃあ、30分後に出発しよう」と言っています。**A** の2つ目のせりふから、**A** と **B** はいっしょにエミリーを空港までむかえに行くことになったのではないかと推定されます。選択肢は① Émilie, c'est qui ?「エミリーって、だれですか」、② Je viens avec toi.「ぼくも君といっしょに行くよ」、③ Tu veux utiliser ma voiture ?「君はぼくの車を使いたいのかな」となっています。状況に合致するのは②だけですので、これが正答になります。得点率は71%でした。

(**3**) **A** が Qu'est-ce que tu vas faire pour Noël ?「クリスマスの予定は何かある」と尋ねたのに対し、**B** が何か言ったあと、**A** が Tu ne prends pas de vacances ? Tant pis pour toi.「休みをとらないのかい。かわいそうに」と言っています。**A** の2つ目のせりふから、**B** はクリスマスの休暇どころではないと答えたものと推定されます。選択肢は① Je vais aller faire du ski avec ma copine.「ガールフレンドとスキーをしに行きます」、② Je vais me reposer chez mon grand-père.「おじいさんのところで休息するつもりだ」、③ Je vais travailler dans un magasin.「店で働くつもりだ」となっています。状況に合致するのは③だけですので、これが正答になります。得点率は 89%でした。

(4) **A** が Tu te souviens de Léo ?「レオのことを覚えてる？」と尋ねたのに対し、**B** が何か言ったあと、**A** が Non. Il n'a pas d'enfant.「いいや。彼には子どもはいないよ」と言っています。**A** の 2 つ目のせりふから、**B** は A に子どもがいるかのような発言をしたと推定できます。選択肢は① Ce n'est pas le père de Paul ?「レオって、ポールのお父さんのことじゃないのかな」、② C'est un beau garçon qui est devenu avocat ?「レオって、弁護士になった美男子のことかい」、③ Quel Léo ? Je connais beaucoup de Léo.「どのレオのことだい。ぼくはレオという名前の人物をたくさん知っているから」となっています。状況に合致するのは①だけですので、これが正答になります。得点率は 61%でした。

この問題の平均得点率は 76%でした。

解答　(1) ③　(2) ②　(3) ③　(4) ①

7　解説

各文の（　　）に入れるべき適切な単語を選択する問題です。

(1) Chaque (　　) de France a sa propre cuisine.「フランスのどの（　　）にも独自の料理がある」となっています。不定形容詞 chaque のうしろには男性名詞も女性名詞もくることができますので、選択肢の名詞が男性か女性かでは答えを判別できません。選択肢の意味から最適なものを選ばなければなりません。答えをみつけるうえでいちばんのヒントになるのは「独自の料理」という表現でしょう。フランスにかかわるもので、かつ「独自の料理」をもっているものは何かと考えつつ選択肢を見わたすと⑧ région 囡「地域」だということがわかります。得点率は 60%でした。sa propre cuisine の sa は région をうけています。

(2) J'ai mal à la tête, j'ai peut-être de la (　　).「頭痛がします、おそらく（　　）があると思います」となっています。（　　）の前に部分冠詞 de la がありますので、「頭痛」にかんするもので、かつ数えることのできない女性名詞を選択肢のなかから選ばなければなりません。この条件にあてはまるものは② fièvre 囡「熱」だけです。得点率は76%でした。

(**3**) Nous n'avons pas la (　　　) d'entrer dans ce bâtiment.「私たちはその建物のなかに入る（　　　）がありません」となっています。（　　　）の前に定冠詞 la がありますので、女性名詞で、かつ「建物のなかに入る」ために必要なものを選択肢のなかから選ばなければなりません。この条件にあてはまるものは⑦ permission 囡「許可」になります。得点率は65%でした。

(**4**) Nous sommes invités au (　　　) de ma cousine.「私たちは私のいとこの（　　　）に招待されています」となっています。（　　　）の前に縮約形の au がありますので、男性名詞で、かつ人々を「招待する」ことにかんするものを選択肢のなかから選ばなければなりません。この条件にあてはまるものは⑤ mariage [男]「結婚式」だけです。得点率は68%でした。

(**5**) On fait la queue au (　　　) du théâtre.「劇場の（　　　）で人々が列を作っています」となっています。（　　　）の前に縮約形の au がありますので、男性名詞で、かつ「劇場」にあって、「人々が列を作る」ところを選択肢のなかから選ばなければなりません。この条件にあてはまるものは③ guichet [男]「窓口」になります。得点率はきわめて低く32%でした。guichet という単語そのものが知られていなかったものと推定されますが、日常的によく使われる単語ですので、ぜひ覚えておいてください。Où est le guichet, s'il vous plaît.「窓口はどこですか」（『仏検公式基本語辞典』、129ページ）のような文も参考にしてください。また、faire la queue「列を作る」の表現もよく見かけます。こちらも、Faites la queue comme tout le monde.「みんなと同じように並んでください」（同、235ページ）のような文といっしょに覚えておきましょう。

(**6**) Qui est le (　　　) à la cravate verte ?「緑のネクタイをしめた（　　　）はだれですか」となっています。（　　　）の前に定冠詞 le がありますので、単数の男性名詞で、かつ「ネクタイ」をしめることにかかわるものを選択肢のなかから選ばなければなりません。この条件にあてはまるものは⑥ monsieur [男]「男の人」になります。得点率は69%でした。

正解とならなかった選択肢は、① face 女「顔」と ④ jus 男「ジュース」です。

この問題の平均得点率は62%でした。

解答　(1) ⑧　(2) ②　(3) ⑦　(4) ⑤　(5) ③　(6) ⑥

8　解説　長文の内容を読み取る問題です。

芝生を専門にあつかう会社で働いているジャックのことが語られています。ポイントをおさえながら、正確に読んでいきましょう。

まず本文に出てくる単語と表現を見ておきます。

travaille(travailler)「働く」直説法現在、depuis「〜以来」、âge 男「年齢」、société 女「会社」、spécialisé, *e*「専門とする」、pelouse 女「芝生」、le plus souvent「ひんぱんに」、met(mettre)「置く、設置する」直説法現在、jardin 男「庭園、公園」、parc 男「公園、大庭園」、travail 男「仕事」、demande(demander)「必要とする」直説法現在、expérience 女「経験」、au début「最初のうちは」、trouvait(trouver)「〜だと思う」直説法半過去、dur, *e*「きつい、つらい」、difficile「むずかしい」、de plus en plus「ますます多く」、maintenant「今は」、sait(savoir)「できる」直説法現在、tout「すべて」不定代名詞、faire「おこなう、なす」不定形、est devenu(devenir)「なる」直説法複合過去、chef 男「チーフ、指導者」、équipe 女「チーム」、neuf「9」、personne 女「人」、l'année dernière「昨年」、a commencé(commencer) à「〜し始める」直説法複合過去、stade 男「競技場、スタジアム」、joue(jouer) à「(スポーツなどを) する、プレーする」直説法現在、lui-même「彼自身」、football 男「サッカー」、enfance 女「子ども時代」、heureux, *se*「幸せな」、responsable 男·女「責任者」、projet 男「計画」、premier, *ère*「最初の」、où「〜するところの」関係代名詞、s'est occupé(s'occuper) de「(〜に) たずさわる、かかわる」直説法複合過去、se trouve(se trouver)「(〜に) いる、ある」直説法現在、ce soir「今晩」、va(aller)「(〜を) しに行く；しようとしている」直説法現在、match 男「試合」、fils 男「むすこ」、rêve(rêver) de「(〜を) 夢見る」直説法現在、joueur de football 男「サッカー選手」

(1)「ジャックは芝生をあつかう会社で 22 年間働いている」については、本文 1〜2 行目に Il travaille depuis l'âge de 22 ans pour une société spécialisée dans les pelouses.「彼は 22 歳のときから芝生を専門とする会社で働いている」とありますから、本文の内容と一致しません。現在 40 歳のジャックは 22 歳のときから働いているのであって、22 年間働いているわけではありません。得点率は 82%でした。

(2)「ジャックの会社は庭園や公園に芝生を敷くことが多い」については、本文 2〜3 行目に Le plus souvent, elle en met dans les jardins ou les parcs.「ジャックの会社はひんぱんに庭園や公園に芝生を敷く」とありますから、本文の内容に一致します。ここで en は中性代名詞です。Le plus souvent, elle met des pelouses dans les jardins ou les parcs. の不定冠詞のついた直接目的語 des pelouses が en に変化したものです。得点率は 96%でした。

(3)「ジャックは会社で 9 人チームのリーダーである」については、本文 5〜6 行目に Maintenant il sait tout faire : il est devenu chef d'une équipe de neuf personnes.「今、彼はなんでもすることができる。そのため、彼は 9 人チームのリーダーになりました」とありますから、本文の内容と一致します。得点率は 95%でした。

(4)「ジャックの会社はサッカースタジアムでの仕事にはまだ携わっていない」については、本文 7〜8 行目に L'année dernière, sa société a commencé à travailler dans des stades.「昨年、ジャックの会社はスタジアムでの仕事を始めた」とありますから、本文の内容と一致しません。得点率は 92%でした。

(5)「ジャック自身はサッカーをしない」については、本文 8 行目に Jacques joue lui-même au football depuis son enfance「ジャック自身、子どものころからサッカーをしている」とありますから、本文の内容と一致しません。得点率は 88%でした。

(6)「ジャックの息子の将来の夢は、父と同じ仕事をすることである」については、10〜11 行目に Ce soir, il va y voir un match avec son fils, qui rêve de devenir joueur de football.「今晩、ジャックは息子とそこに試合を見に行く、息子はサッカー選手になることを夢見ている」とありますので、本文の内容と一致しません。得点率は96％でした。

この問題の平均得点率は91％でした。

解答 (1) ② (2) ① (3) ① (4) ② (5) ② (6) ②

9 **解説** 適切なフランス語の文を選んで（　　　）に入れ、会話を完成させる問題です。

(1) ポリーヌは最初のせりふでCette table en bois est très belle.「この木製のテーブルはとってもきれいね」と言ったあと、(　1　)?とジルに質問しています。ジルはそれに対して、Non, j'ai payé seulement pour le bois.「いいや、木材の料金を払っただけだよ」と答えています。ここからポリーヌの質問は木製テーブルの料金にかかわるものであることが推測されます。以上の会話の流れを考慮しつつ、選択肢を見てみると、もっとも適切なのは③ elle était chère「高かったでしょう」であることがわかります。得点率は64％でした。

(2) ジルの返答を受けて、ポリーヌは2番目のせりふでTu as fait ça toi-même ?「このテーブルを自分で作ったの？」と、驚いたように尋ねています。それに対して、ジルが(　2　).と答えています。そのジルの2番目のせりふに感動したように、ポリーヌはC'est magnifique !「すごい！」と反応しています。会話の流れから、ジルは自分自身で木製のテーブルを作ったことを肯定するような返答をしたものと思われます。選択肢のなかで、Ouiとほぼ同じ意味になるようなものをさがすと、もっとも適切なのは⑥ tout à fait「まったく、そのとおり」であることがわかります。得点率は60％でした。

(3) ポリーヌは3番目のせりふのつづきでPourrais-tu en faire une autre pour moi ?「私のためにもうひとつべつのテーブルを作ってくれないかな」とジルに依頼しています。ここで、pouvoirの条件法現在pourraisを使った〈Pourrais-tu ~?〉はていねいに相手に何かを依頼するときの定型表現です。ここでenは中性代名詞ですが、une autre table「もうひとつべつのテーブル」のtableがenに変化したものと考えられます。さて、このポリーヌの依頼に対してジルはどう答えたのでしょうか。(　3　). と答えたあと、つづけて、Mais je n'ai plus de bois.「でも、もう木材がないんだ」と言っています。ジルは今すぐには木材がないのでテーブルを作ることはできないが、ポリーヌの依頼を受ける用意はあると考えることができます。以上のことから、選択肢のなかでいちばん適切なのは① avec plaisir「喜んで」であることがわかります。得点率は67%でした。

(4)　するとポリーヌは4番目のせりふでOn peut en acheter (　4　) ? と尋ねています。この中性代名詞のenはジルの3番目のせりふにあったbois「木材」をうけていると判断できます。ポリーヌは「木材を買う」ことを話題にしていると推測することができます。これに対して、ジルは4番目のせりふで、Je connais un magasin tout près d'ici.「ここからとても近いところにある店を知っている」と答えています。ポリーヌが木材を買うための店についてジルに質問していることが推測できます。以上のことから、選択肢のなかでいちばん適切なのは④ où「どこで」であることがわかります。On peut en acheter (où) ?「木材はどこで買えますか」と尋ねていたことがわかります。得点率は86%でした。

この問題の平均得点率は69%でした。

解答　(1) ③　(2) ⑥　(3) ①　(4) ④

聞き取り試験

解説・解答

1

(読まれる会話文)

Théo : Aujourd'hui, j'ai vu Marine à la gare.

Léa : Ce n'est pas possible ! Elle vient de partir pour le Japon.

Théo : Ah bon ? C'était quand, son départ ?

Léa : Hier. Tu sais, elle a une sœur qui lui ressemble. La fille que tu as vue, elle avait les cheveux courts ?

Théo : Non, elle avait les cheveux longs.

Léa : C'était sa sœur, alors.

解説 部分書き取りの問題です。テオとレアの会話です。共通の友人マリーヌをめぐって会話がかわされています。

(1) テオが1番目のせりふでレアにAujourd'hui, j'ai vu Marine à la (gare).「きょう、駅でマリーヌを見かけたよ」と報告しています。(　　　)の前にà laとありますので、(　　　)のなかには単数の女性名詞が入らなければなりません。また、場所を示す単語が入るのではないかと推測できます。得点率は70%でした。

(2) テオの1番目のせりふに対して、レアがCe n'est pas (possible) !「そんなこと、ありえない」と答えています。そのあとで、Elle vient de partir pour le Japon.「彼女は日本に出発したばかりよ」と、その理由を説明しています。得点率はきわめて高く85%でした。

3級 秋
3級 春
3級 秋
4級 秋
4級 春
4級 秋
5級 秋
5級 春
5級 秋

(3) マリーヌが日本に出発したことを知らなかったテオは、2番目のせりふで、Ah bon ? C'était quand, son (départ) ?「ああ、そうなの。彼女はいつ出発したの」とレアに尋ねています。départ「出発」の単語を知らなかったのか、得点率は27%にとどまりました。またアクサン記号を忘れてしまった *depart* をはじめ、*des par*、*des partes*、*depare* など、さまざまな誤答がありました。

(4) テオの質問に対して、レアは Hier.「きのう」と答えたあと、つづけて、Tu sais, elle a une sœur qui lui (ressemble). La fille que tu as vue, elle avait les cheveux courts ?「あのね、マリーヌには彼女にそっくりの妹（姉）がいるのよ。あんたが見かけた女の子だけど、髪の毛は短かった？」、とどうしてテオが勘ちがいをしたのか、その理由を推測します。ressembler「似ている」はよく見かける動詞のはずでしたが、*ensemble*、*resemble*、*ensamble*、*emsemble* などの誤答がありました。得点率は9%にとどまりました。

(5) レアの質問に対してテオは Non, elle avait les cheveux (longs).「いいや、長い髪の毛をしていた」、と答えています。これもまたよく見かける単語のはずでしたが、複数形にすることを忘れた *long* をはじめ、*longu*、*lon*、*longe* などの誤答がありました。得点率は24%でした。テオの返答を聞いたレアは C'était sa sœur, alors.「じゃあ、あんたが見たのは妹（姉）だったのよ」と自分の推測が正しかったことを確認しています。

この問題の平均得点率は43%でした。

解答　(1) gare　(2) possible　(3) départ
(4) ressemble　(5) longs

2

(読まれる文)

(1) Il boit du vin dans un verre.

(2) Il donne un verre d'eau à sa femme.

(3) Il fait tomber un verre.

(4) Il lave un verre dans la cuisine.

(5) Il met des verres sur la table.

解説 聞き取ったフランス語の文にもっともふさわしい状況を表す絵を選ぶ問題です。今回の問題ではすべての絵に「グラス、コップ」(verre(s)) が登場します。これがどのような場面や情景のなかで使われているのかを聞き取ることがポイントになります。

(1)「彼はグラスのなかのワインを飲む」という意味です。男性がグラスを手にしている絵はいくつかありますが、ワインを飲んでいるのは④だけですので、これが正答になります。得点率は76%でした。

(2)「彼はグラスいっぱいの水を妻にあげる」という意味です。男性と女性が描かれている絵はいくつかありますが、男性が水の入ったグラスを女性に手わたしているのは⑦だけですので、これが正答になります。得点率は41%にとどまりました。男性が女性のグラスにワインを注いでいる①とのちがいを即座に判断することが必要でした。

(3)「彼はグラスを落とす」という意味です。グラスが落ちて、あわてたようすをしている⑧が正答になります。faire tomber という表現は、ここでは意図的にグラスを落とすのではなく、うっかり落としてしまうというニュアンスで使われています。得点率は79%でした。

(4)「彼は台所でグラスを洗っている」という意味です。台所の蛇口から水を流してグラスを洗っている⑥が正答になります。得点率は81%でした。

(5)「彼はテーブルの上にグラスをならべる」という意味です。ここで mettre という動詞は「きちんとならべる」という意味で使われています。また、des verres と、複数のグラスが問題になっていることもヒントになったはずです。②が正答になります。得点率は92%でした。

この問題の平均得点率は74%でした。

解答 (1) ④　(2) ⑦　(3) ⑧　(4) ⑥　(5) ②

3

(読まれる会話文)

Pierre : Zoé, je n'ai pas bien compris le cours d'aujourd'hui.
Zoé : Tu parles de quel cours ?
Pierre : Du cours d'histoire de monsieur Dubois.
Zoé : Ah bon ? Je croyais que tu étais fort en histoire.
Pierre : Oui, mais, en fait, j'ai perdu mon livre d'histoire avant-hier.
Zoé : Oh là là !
Pierre : Oui... Tu pourrais me prêter le tien jusqu'à demain ?
Zoé : D'accord. Mais il faut absolument que tu me le rendes. L'examen approche !

解説 会話文を聞き取り、日本語の文がその内容に一致しているかどうかを答える問題です。ピエールとゾエは歴史の授業について話し合っています。2人の間でどのような会話がなされたのかを注意深く聞き取ってください。

(**1**) 「ピエールはきょう歴史の授業を受けた」については、ピエールが最初のせりふでZoé, je n'ai pas bien compris le cours d'aujourd'hui.「ゾエ、ぼくはきょうの授業がよく理解できなかった」と言ったのに対し、ゾエがTu parles de quel cours ?「どの授業のこと」と質問しています。それに対してピエールは2番目のせりふでDu cours d'histoire de monsieur Dubois.「デュボワ先生の歴史の授業のことだよ」と答えています。以上のやりとりから、ピエールはきょうデュボワ先生の歴史の授業を受けていたことがわかりますので、会話の内容に一致しています。得点率は54%でした。

(2) 「ピエールは歴史が得意ではない」については、ゾエが2番目のせりふでAh bon ? Je croyais que tu étais fort en histoire.「ああ、そうなんだ。君は歴史が得意だと思っていたけど」と言ったのに対し、ピエールは3番目のせりふの冒頭で、Oui「そうだね」と言っていますので、会話の内容に一致していません。得点率は71%でした。〈être fort(e) en +（学科・分野を表す）無冠詞名詞〉で「（～が）よくできる、得意である」の意味になります。

(3) 「ピエールは歴史の教科書をきのうなくした」については、3番目のせりふで、Oui「そうだね」と言ったピエールは、つづけて、mais, en fait, j'ai perdu mon livre d'histoire avant-hier「でも、じつは、おととい歴史の教科書をなくしちゃったんだ」と言っています。教科書をなくしたのはきのうではなく、おとといですので会話の内容に一致していません。得点率は45%でした。avant-hier「おととい」が理解できなかったものと思われます。また、en fait は「ところが実際には」の意味で使われます。「実際そのとおり」を表す de fait とはきちんと区別してください。

(4) 「ピエールはゾエに歴史の教科書を借りる」については、ピエールは4番目のせりふで、Oui... Tu pourrais me prêter le tien jusqu'à demain ?「そういうことなんだ……。君の教科書をあしたまで貸してくれる」とゾエにお願いしています。それに対して、ゾエは4番目のせりふの冒頭でD'accord.「わかった」と答えていますので、ゾエはピエールに歴史の教科書を貸すことに同意したことがわかりますので、会話の内容に一致します。得点率は91%でした。ここで所有代名詞 le tien は ton livre d'histoire のことです。

(5) 「もうすぐ歴史の試験がある」については、ゾエが4番目のせりふのつづきで、Mais il faut absolument que tu me le rendes. L'examen approche !「でも、絶対また返してよ。試験が近いんだから」と言っていますので、会話の内容に一致しています。得点率は90%でした。また、il faut absolument que「絶対に～しなければならない」とありますので、従属節の動詞は接続法になります。ここで rendes は rendre の接続法現在の活用形になっています。

この問題の平均得点率は70%でした。

解答 (1) ① (2) ② (3) ② (4) ① (5) ①

配 点 表

問題番号	筆記試験	1	2	3	4	5	6	7	8	9	小計	聞き取り	1	2	3	小計	合計
点		8	10	8	8	8	8	6	6	8	70		10	10	10	30	100

4級

4 級の内容と程度

● 程 度

日常の基礎的なフランス語を理解し、読み、聞き、書くことができる。

標準学習時間：100 時間（大学で週 1 回の授業なら 2 年間、週 2 回の授業なら 1 年間の学習に相当）。

● 試験内容

読　む	基礎的な文の構成と文意の理解。基礎的な対話の理解。
聞　く	基礎的な文の聞き分け、日常使われる基礎的な応答表現の理解、数の聞き取り。
文法知識	日常使われる基礎的な文を構成するのに必要な文法知識。動詞としては、直説法（現在、近接未来、近接過去、複合過去、半過去、単純未来）、命令法等。

語彙：約 920 語

● 試験形式

1 次試験のみ（100 点）

筆　記	問題数 8 問、配点 66 点。試験時間 45 分。マークシート方式。
聞き取り	問題数 4 問、配点 34 点。試験時間 15 分。マークシート方式。

4 級の傾向と対策

4 級では、合格の基準を「日常の基礎的なフランス語を理解し、読み、聞き、書くことができる」と定めています。書くといっても、4 級では記述式の問題は出題されません。解答の方法は各問とも選択肢から番号を選ぶマークシート方式です（聞き取り試験2では、聞き取った数に対応する数字の番号を選択）。

試験は筆記試験と聞き取り試験からなり、次のように構成されています。

　　筆記試験：8 問／配点 66 点／試験時間 45 分
聞き取り試験：4 問／配点 34 点／試験時間 15 分

4 級を受験するための目安とされている標準学習時間は 100 時間程度です。大学の授業に置きかえると、週 2 回の授業であれば 1 年間、週 1 回であれば 2 年間程度の学習時間に相当します。

4 級で出題される文法事項は、「日常使われる基礎的な文を構成するのに必要な文法知識」となっています。名詞を限定する**冠詞**（不定冠詞、定冠詞、部分冠詞）、**指示形容詞**、**所有形容詞**の形と基本的な用法だけでなく、名詞のかわりとなる代名詞の知識も必要となります。**人称代名詞**（**直接目的語**、**間接目的語**、**強勢形**）、**中性代名詞**および**指示代名詞**の使い分けや、基本的な**前置詞**の用法に慣れておきましょう。

動詞の時制では**近接未来**、**近接過去**、**直説法**（**現在**、**複合過去**、**半過去**、**単純未来**）、**命令法**を中心とした活用形と用法が 4 級の範囲となります。

「読む」力では、日常的な場面を伝える文を理解したり、短い会話文の内容を読み取る力が問われます。

「聞く」力では、日常生活で使われる簡単なやりとりを聞き取ったり、平易な会話文の内容を聞き取る力がためされます。また 5 級と同じく数の聞き取りがあり、2 桁の数が中心になります。

4級では、5級に出題されない代名詞（筆記2）と前置詞（筆記6）の問題があり、動詞の時制と活用形の範囲も広くなります。また対話文を完成する問題（筆記3）では語彙力、表現力がためされます。とくに代名詞、前置詞の知識は、4級レベルをクリアするためのポイントの1つになります。

語彙数は『仏検　公式基本語辞典3級・4級・5級新訂版』（フランス語教育振興協会編、朝日出版社、2020）で選定されているように、5級レベルの560語に4級レベルではさらに400語が加わりますので、960語の語彙知識が求められています。本文中では『仏検公式基本語辞典』と略し、例文を引用する際には辞典の見出し語を併記しています。

以下に、2020年度秋季および2021年度春季・秋季の問題冊子と解説・解答を掲載しています。

発音の仮名表記については以下のようにしてあります。

1. 注意すべき個別の発音表記は、→　の右の[　]のとおりです。

[b] → [ブ]　　[l] → [ル]　　[ɔ̃] → [オン]

[v] → [ヴ]　　[r] → [る]

2. リエゾンやアンシェヌマンがおきるところは下線が引かれています。

trois heures [trwɑzœːr トろワズーる]

douze heures [duzœːr ドゥズーる]

解答用紙（雛型）（67%縮小）

2021 年度　秋季　実用フランス語技能検定試験（4 級）　解答用紙

会　場　名

氏　名

会場コード					
⓪	⓪	⓪	⓪	⓪	⓪
①	①	①	①	①	①
②	②	②	②	②	②
③	③	③	③	③	③
④	④	④	④	④	④
⑤	⑤	⑤	⑤	⑤	⑤
⑥	⑥	⑥	⑥	⑥	⑥
⑦	⑦	⑦	⑦	⑦	⑦
⑧	⑧	⑧	⑧	⑧	⑧
⑨	⑨	⑨	⑨	⑨	⑨

受験番号							
⓪	⓪	⓪	⓪	⓪	⓪	⓪	⓪
①	①	①	①	①	①	①	①
②	②	②	②	②	②	②	②
③	③	③	③	③	③	③	③
④	④	④	④	④	④	④	④
⑤	⑤	⑤	⑤	⑤	⑤	⑤	⑤
⑥	⑥	⑥	⑥	⑥	⑥	⑥	⑥
⑦	⑦	⑦	⑦	⑦	⑦	⑦	⑦
⑧	⑧	⑧	⑧	⑧	⑧	⑧	⑧
⑨	⑨	⑨	⑨	⑨	⑨	⑨	⑨

マークについての注意事項

1. マークはかならずHBまたはBの黒鉛筆（シャープペンシル可）で◯の中を**正確に塗りつぶしてください**（下記マーク例参照）。ボールペンや万年筆等でマークした解答は機械による読み取りの対象とならないため、採点されません。
2. 訂正の場合は、プラスチック製消しゴムできれいに消してください。
3. **解答用紙を折り曲げたり、破ったり、汚したりしないでください。**

マーク例

良い例	悪い例
●	◌ ⊠ ⊙ ⊘ ◑ ◍

筆記

1

解答番号	解答欄
(1)	① ② ③ ④ ⑤ ⑥
(2)	① ② ③ ④ ⑤ ⑥
(3)	① ② ③ ④ ⑤ ⑥
(4)	① ② ③ ④ ⑤ ⑥

2

解答番号	解答欄
(1)	① ② ③
(2)	① ② ③
(3)	① ② ③
(4)	① ② ③
(5)	① ② ③

3

解答番号	解答欄
(1)	① ② ③
(2)	① ② ③
(3)	① ② ③
(4)	① ② ③

4

解答番号	解答欄
(1)	① ② ③
(2)	① ② ③
(3)	① ② ③
(4)	① ② ③
(5)	① ② ③

5

解答番号	解答欄
(1)	① ② ③ ④
(2)	① ② ③ ④
(3)	① ② ③ ④
(4)	① ② ③ ④
(5)	① ② ③ ④

6

解答番号	解答欄
(1)	① ② ③
(2)	① ② ③
(3)	① ② ③
(4)	① ② ③

7

解答番号	解答欄
(1)	① ② ③ ④ ⑤ ⑥ ⑦ ⑧ ⑨
(2)	① ② ③ ④ ⑤ ⑥ ⑦ ⑧ ⑨
(3)	① ② ③ ④ ⑤ ⑥ ⑦ ⑧ ⑨
(4)	① ② ③ ④ ⑤ ⑥ ⑦ ⑧ ⑨
(5)	① ② ③ ④ ⑤ ⑥ ⑦ ⑧ ⑨
(6)	① ② ③ ④ ⑤ ⑥ ⑦ ⑧ ⑨

8

解答番号	解答欄
(1)	① ②
(2)	① ②
(3)	① ②
(4)	① ②
(5)	① ②
(6)	① ②

聞き取り

1

解答番号	解答欄
(1)	① ② ③ ④ ⑤ ⑥
(2)	① ② ③ ④ ⑤ ⑥
(3)	① ② ③ ④ ⑤ ⑥
(4)	① ② ③ ④ ⑤ ⑥

2

解答番号	解答欄
(1)	① ②
(2)	① ②
(3)	① ②
(4)	① ②

3

解答番号	解答欄
(1)	⓪ ① ② ③ ④ ⑤ ⑥ ⑦ ⑧ ⑨
	⓪ ① ② ③ ④ ⑤ ⑥ ⑦ ⑧ ⑨
(2)	⓪ ① ② ③ ④ ⑤ ⑥ ⑦ ⑧ ⑨
	⓪ ① ② ③ ④ ⑤ ⑥ ⑦ ⑧ ⑨
(3)	⓪ ① ② ③ ④ ⑤ ⑥ ⑦ ⑧ ⑨
	⓪ ① ② ③ ④ ⑤ ⑥ ⑦ ⑧ ⑨
(4)	⓪ ① ② ③ ④ ⑤ ⑥ ⑦ ⑧ ⑨
	⓪ ① ② ③ ④ ⑤ ⑥ ⑦ ⑧ ⑨

4

解答番号	解答欄
(1)	① ②
(2)	① ②
(3)	① ②
(4)	① ②
(5)	① ②

2020年度秋季
実用フランス語技能検定試験
試験問題冊子 〈4級〉

問題冊子は試験開始の合図があるまで開いてはいけません。

筆記試験	12時20分～13時05分 (休憩なし)
聞き取り試験	13時05分から約15分間

◇問題冊子は表紙を含め16ページ、筆記試験が8問題、聞き取り試験が4問題です。

注意事項

1 途中退出はいっさい認めません。

2 筆記用具は**HBまたはBの黒鉛筆**(シャープペンシルも可)を用いてください。ボールペンや万年筆等でマークした解答は機械による読み取りの対象とならないため、採点されません。

3 解答用紙の所定欄に、**受験番号**と**カナ氏名**が印刷されていますから、まちがいがないか、**確認**してください。

4 **解答は、解答用紙の解答欄にマークしてください。**たとえば、1の(1)に対して③と解答する場合は、次の例のように解答欄の③にマークしてください。

例 1

解答番号	解答欄
(1)	① ② ● ④ ⑤ ⑥

5 解答に関係のないことを書いた答案は無効にすることがあります。

6 解答用紙を折り曲げたり、破ったり、汚したりしないように注意してください。

7 問題内容に関する質問はいっさい受けつけません。

8 不正行為者はただちに退場、それ以降および来季以後の受験資格を失うことになります。

9 **携帯電話等の電子機器の電源はかならず切って、かばん等にしまってください。**通信機能のある時計は使用を禁じます。

10 **時計のアラームは使用しないでください。**

11 この試験問題の複製(コピー)を禁じます。また、この試験問題の一部または全部を当協会の許可なく他に伝えたり、漏えいしたりすることを禁じます(インターネットや携帯サイト等に掲載することも含みます)。

筆記試験終了後、休憩なしに聞き取り試験にうつります。

1

次の (1) ～ (4) の (　　) 内に入れるのにもっとも適切なものを、下の ① ～ ⑥ のなかから 1 つずつ選び、解答欄のその番号にマークしてください。ただし、同じものを複数回用いることはできません。(配点　8)

(1) Elle adore (　　) café au lait.

(2) Nagoya est une grande ville (　　) Japon.

(3) Tu fais (　　) soupe froide ?

(4) Vous avez (　　) pommes de terre ?

① aux　　② de la　　③ des
④ du　　⑤ le　　⑥ un

(解説・解答 ▶ p.158)

2

次の対話 (1) ～ (5) の (　　) 内に入れるのにもっとも適切なものを、それぞれ ① ～ ③ のなかから1つずつ選び、解答欄のその番号にマークしてください。(配点　10)

(1)　— Ce sont tes livres ?
　　— Non, ce sont (　　) de mon frère.

① celle　　② celui　　③ ceux

(2)　— Il y a encore du vin ?
　　— Oui, il y (　　) a encore.

① en　　② l'　　③ lui

(3)　— Julien a l'air très jeune.
　　— Mais il est plus âgé que (　　).

① te　　② toi　　③ tu

(4)　— Regarde ! Anne a de nouvelles lunettes.
　　— Oui, elles (　　) vont bien !

① lui　　② me　　③ te

(5)　— Vos grands-parents arrivent ce soir ?
　　— Oui, je vais (　　) chercher à l'aéroport.

① la　　② le　　③ les

(解説・解答 ▶ p.159)

3　次の (1) ～ (4) の **A** と **B** の対話を完成させてください。**B** の下線部に入れるのにもっとも適切なものを、それぞれ ① ～ ③ のなかから 1 つずつ選び、解答欄のその番号にマークしてください。(配点　8)

(1) **A** : De quoi parlez-vous ?
B : ____________________
A : Ah bon. C'est grave ?

① De l'accident de ce matin.
② De nos vacances. Tu pars où ?
③ Je parle anglais et français.

(2) **A** : J'ai changé de montre !
B : ____________________
A : Elle coûte cher.

① Elle est bien !
② Quand ?
③ Tu dors bien.

(3) **A** : J'ai sommeil.
B : ____________________
A : À quatre heures du matin.

① Nous sommes le combien ?
② Tu es fatigué ?
③ Tu t'es couché à quelle heure ?

(4) **A** : Tu connais un bon restaurant ?
B : ____________________
A : Il s'appelle comment, ce café ?

① Non. Je ne prends pas de café.
② Non, mais au café devant la gare, on mange bien.
③ Oui, tu aimes quelle cuisine ?

(解説・解答 ▶ p.162)

4

次の日本語の文 (1) ～ (5) の下には、それぞれ対応するフランス語の文が記されています。(　　) 内に入れるのにもっとも適切なものを、それぞれ ① ～ ③ のなかから 1 つずつ選び、解答欄のその番号にマークしてください。(配点　10)

(1)　その日はとても暑かった。

Ce jour-là, il (　　) très chaud.

① faisait　　② fait　　③ fera

(2)　父は、あしたの夕方に着きます。

Mon père (　　) demain soir.

① arrivait　　② arrivera　　③ est arrivé

(3)　来週までにこの本を読んでおきなさい。

(　　) ce livre pour la semaine prochaine.

① Lisent　　② Lisez　　③ Lisons

(4)　旅行中、彼女たちはたくさんの写真をとりました。

Elles (　　) beaucoup de photos pendant leur voyage.

① ont pris　　② prendront　　③ prennent

(5)　私の子どもたちは、毎朝 6 時に目ざめます。

Mes enfants (　　) à six heures tous les matins.

① me réveille　　② se réveillent　　③ vous réveillez

(解説・解答 ▶ p.164)

5　例にならい、次の (1) ～ (5) において、それぞれ ① ～ ④ をすべて用いて文を完成したときに、(　　) 内に入るのはどれですか。① ～ ④ のなかから 1 つずつ選び、解答欄のその番号にマークしてください。(配点　10)

例：L'hôtel ______ ______ (______) ______ de la gare.

① à　② dix　③ est　④ minutes

L'hôtel est(③) à(①) (dix)(②) minutes(④) de la gare.

となり、③①②④ の順なので、(　　) 内に入るのは ②。

(1) Elle ______ ______ (______) ______ chat chaque jour.

① avec　② jouer　③ mon　④ vient

(2) Ils ne ______ ______ (______) ______ hier.

① pas　② promenés　③ se　④ sont

(3) La chambre n'est ______ ______ (______) ______ moi.

① assez　② grande　③ pas　④ pour

(4) Tu ______ ______ (______) ______ adresse, s'il te plaît ?

① donner　② nous　③ peux　④ ton

(5) Voilà ______ ______ (______) ______ France pour vos parents.

① cadeau　② de　③ petit　④ un

(解説・解答 ▶ p.166)

6 次の (1) ～ (4) の (　　) 内に入れるのにもっとも適切なものを、それぞれ ① ～ ③ のなかから1つずつ選び、解答欄のその番号にマークしてください。(配点　8)

(1) Je te téléphonerai (　　) deux jours.

① dans　② en　③ sur

(2) Lave-toi les mains (　　) de manger.

① après　② avant　③ devant

(3) Le film finit (　　) huit heures.

① derrière　② sous　③ vers

(4) Vous tournez (　　) gauche.

① à　② de　③ sous

(解説・解答 ▶ p.169)

7

次の (1) ～ (6) にもっともふさわしい絵を、下の ① ～ ⑨ のなかから 1 つずつ選び、解答欄のその番号にマークしてください。ただし、同じものを複数回用いることはできません。(配点　6)

(1) Jérôme aime chanter.
(2) Jérôme casse un verre.
(3) Jérôme est dans son lit.
(4) Jérôme lit un journal.
(5) Jérôme met sa veste.
(6) Jérôme porte une valise.

①

②

③

④

⑤

⑥

⑦

⑧

⑨

(解説・解答 ▶ p.171)

8

次の会話を読み、下の (1) ～ (6) について、会話の内容に一致する場合は解答欄の ① に、一致しない場合は ② にマークしてください。(配点　6)

Julien : Qu'est-ce que tu fais, Céline, cet été ?
Céline : Je vais passer deux semaines à Lyon.
Julien : Tu y vas toute seule ?
Céline : Non, avec mon mari.
Julien : Vous allez rester où ?
Céline : On ne sait pas encore.
Julien : Tu sais, j'ai un copain. En août, il part en Italie. Il pourra peut-être vous prêter sa maison.
Céline : C'est gentil. Sa maison est où à Lyon ?
Julien : Elle est au centre de Lyon.

(1) セリーヌは、3 週間リヨンでバカンスを過ごす予定である。

(2) セリーヌは、友人といっしょにリヨンに行く予定である。

(3) セリーヌは、宿泊先をすでに決めている。

(4) ジュリアンには、8 月にイタリアに行く友人がいる。

(5) ジュリアンの友人は、セリーヌたちに家を貸してくれるかもしれない。

(6) ジュリアンの友人の家は、リヨンの中心部にある。

(解説・解答 ▶ p.172)

聞き取り試験問題

聞 き 取 り 試 験 時 間 は、 13 時 05 分 か ら 約 15 分 間

注 意 事 項

1　聞き取り試験は、CD・テープでおこないますので、CD・テープの指示にしたがってください。

2　解答はすべて筆記試験と同じ解答用紙の解答欄に、**HB または B の黒鉛筆**（シャープペンシルも可）でマークしてください。ボールペンや万年筆等でマークした解答は機械による読み取りの対象とならないため、採点されません。

1

- フランス語の文 (1) ～ (4) を、それぞれ3回ずつ聞いてください。
- それぞれの文にもっともふさわしい絵を、下の ① ～ ⑥ のなかから1つずつ選び、解答欄のその番号にマークしてください。ただし、同じものを複数回用いることはできません。
(メモは自由にとってかまいません)(配点　8)

［音声を聞く順番］ ㉒ → ㉓

(1)

(2)

(3)

(4)

①

②

③

④

⑤

⑥

(解説・解答 ▶ p.175)

2

- フランス語の質問 (1) ～ (4) を、それぞれ3回ずつ聞いてください。
- (1) ～ (4) の質問に対する応答として適切なものを、それぞれ ①、② から選び、解答欄のその番号にマークしてください。

(メモは自由にとってかまいません)(配点 8)

[音声を聞く順番] ㉔ → ㉕

(1) ① Des billets.
　　② Mes amis.

(2) ① J'ai mal aux dents.
　　② Je travaille dans une boulangerie.

(3) ① L'automne.
　　② Les fleurs.

(4) ① Oui, de la guitare.
　　② Oui, de la viande.

(解説・解答 ▶ p.176)

3

• フランス語の文 (1) ～ (4) を、それぞれ 3 回ずつ聞いてください。
• どの文にもかならず数が含まれています。例にならって、その数を解答欄にマークしてください。
（メモは自由にとってかまいません）（配点　8）

［ 音声を聞く順番 ］ ㉖ → ㉗

(例)

• 「7」と解答したい場合には、

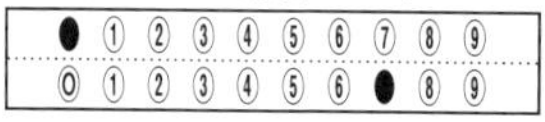

とマークしてください。

• 「15」と解答したい場合には、

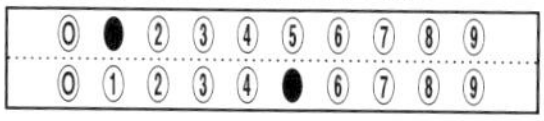

とマークしてください。

(1)

(2)

(3)

(4)

(解説・解答 ▶ p.178)

3級 秋
3級 春
3級 秋
4級 秋
4級 春
4級 秋
5級 秋
5級 春
5級 秋

4

- マリーヌとジャンの会話を3回聞いてください。
- 次の (1) ～ (5) について、会話の内容に一致する場合は解答欄の ① に、一致しない場合は ② にマークしてください。

(メモは自由にとってかまいません) (配点　10)

[音声を聞く順番] ㉘→㉙→㉚

(1)　マリーヌはとてもお腹がすいている。

(2)　いま夕方の6時である。

(3)　マリーヌはきょう昼ごはんを食べていない。

(4)　マリーヌは日本語の試験勉強をしなければならない。

(5)　マリーヌの試験はあすおこなわれる。

(解説・解答 ▶ p.180)

2020 年度秋季 4 級

今季の出願者 2,300 名のうち受験者は 2,111 名。合格者は 1,690 名で、実受験者に対する合格率は 80%でした。最近の合格率は、2019 年秋季 75%、2019 年春季 81%、2018 年秋季 82%です。前回はやや落ち込んだのですが、今回は例年の水準に戻りました。また今季の平均得点率は、筆記試験が 72%、聞き取り試験が 77%、全体では 74%でした。全体の平均得点率についても、2019 年秋季 71%、2019 年度春季 75%、2018 年秋季 73%ですから、こちらもほぼ例年通りの数字を回復したといえます。なお今回は、聞き取り試験の平均得点率が筆記試験を上まわりました。

出題内容のあらまし

[筆記]

1 冠詞、前置詞＋冠詞（穴うめ・選択）
2 代名詞（穴うめ・選択）
3 対話文（仏文選択）
4 動詞活用（穴うめ・選択）
5 語順（語句の並べかえによる仏文完成・選択）
6 前置詞（穴うめ・選択）
7 短文（仏文に対応する絵の選択）
8 会話文（内容一致・和文選択）

[聞き取り]

1 短文（仏文に対応する絵の選択）
2 応答文（仏文選択）
3 数（マーク式による記入）
4 会話文（内容一致・和文選択）

筆記試験

解説・解答

1　**解説** 不定冠詞、定冠詞、部分冠詞の用法のほか、前置詞と定冠詞の縮約に関する知識が問われます。

(1)　Elle adore (le) café au lait.「彼女はカフェオレが大好きだ」

設問文の文意は、café au lait「カフェオレ」という飲みものであればすべて好きだということです。このとき「カフェオレ」は、ひとつの種類の全体としてとらえられています。adorer「～が大好きである」や aimer「～を好む」、préférer「～のほうを好む」といった動詞の目的語が、この文の「カフェオレ」のように、あるカテゴリーの全体を表わす場合には、定冠詞をともないます。選択肢から、定冠詞をさがすと単数の男性名詞につく⑤ le しかありません。正解は⑤ le になります。

得点率は42％でした。

(2)　Nagoya est une grande ville (du) Japon.「名古屋は日本の大都市だ」

設問文の文意から、空欄には「～の」という限定を示す前置詞 de が入ることが想定されます。しかしフランス語の国名はかならず定冠詞をともないます。Japon「日本」は男性名詞なので、男性単数の定冠詞 le がつき、le Japon となります。このとき、前置詞 de と定冠詞 le が縮約され du Japon となります。したがって正解は④ du です。

得点率は56％でした。

なお、前置詞 de と定冠詞の間で縮約がおこるのは、定冠詞が男性単数の le か複数の les のときだけです。女性単数の la や、母音で始まる単数名詞の前につく l' との間では縮約はおこりませんので注意してください。

New York n'est pas la capitale **des** États-Unis.（← **de** + **les** États-Unis）
「ニューヨークは合衆国の首都ではありません」
Paris est la capitale **de la** France.
「パリはフランスの首都です」
Londres est la capitale **de l'**Angleterre.

「ロンドンはイギリスの首都です」

(3) Tu fais (de la) soupe froide ?「冷たいスープを作るの？」

ここでsoupe「スープ」は、動詞faire「作る」の直接目的語となっていますが、不特定で数えられないものと見なされています。このように名詞を数えられない「ある程度の量」としてとらえるときには、部分冠詞がつきます。部分冠詞は、男性単数名詞の前ではdu、女性単数名詞の前ではde la、男性であれ女性であれ母音で始まる単数名詞の前ではde l' という形になります。なお、部分冠詞は数えられない名詞の前につくので、複数形はありません。

さて設問文では、soupeのあとにくる形容詞froid**e**「冷たい」の語尾にeがついていることから、soupeが単数の女性名詞であると判断できます。したがって、空欄に入るのは単数の女性名詞につく部分冠詞de laです。正解は② de laになります。

得点率は73％でした。

(4) Vous avez (des) pommes de terre ?「ジャガイモはありますか」

pommeは果物の「リンゴ」を意味する女性名詞ですが、これにterre「大地、地球」が前置詞deを介してつながりpomme de terreとなると「ジャガイモ(←大地のリンゴ)」という意味になります。

さて設問文では、pommesにsがついていることから、それが複数形であるとわかります。選択肢のなかで複数名詞の前にくる可能性があるのは① auxか③ desです。auxは前置詞àと定冠詞lesの縮約形です。問題文のpommes de terrreは動詞avoir「もつ」の直接目的語になっているのですから、前置詞は必要ありません。したがって、空欄には不特定の複数名詞の前につく不定冠詞desが入ります。正解は③ desです。

得点率は83％でした。

問題1全体の得点率は63％でした。

解答　(1) ⑤　(2) ④　(3) ②　(4) ③

2　**解説**　対話文で用いられる代名詞についての問題です。人称代名詞（直接目的・間接目的・強勢形）のほか、指示代名詞やen、yといった中性代名詞も出題されます。

(1) — Ce sont tes livres ?「これらは君の本ですか」— Non, ce sont (ceux) de mon frère.「いいえ、私の兄（弟）のものです」

質問文中の livres「本」を応答文でうける際に、繰り返しを避けるため、それにかわる指示代名詞が用いられています。選択肢 ① celle は単数の女性名詞、② celui は単数の男性名詞、③ ceux は複数の男性名詞をうける指示代名詞です。livres は語尾の s から複数の名詞であることがわかりますから、空欄には ceux が入ります。したがって正解は ③ ceux です。もし複数の女性名詞をうけるならば、celles の形の指示代名詞を用います。

代名詞のあとに何らかの形で限定する要素がくるとき（この応答文では、de mon frère「私の兄（弟）の」)、このタイプの指示代名詞が使われます。

得点率は 76%でした。

(2) — Il y a encore du vin ?「ワインはまだありますか」— Oui, il y (en) a encore.「ええ、まだありますよ」

Il y a「〜がある」の構文は、〈主語 (il) + y + 動詞 (avoir) + 直接目的語〉という形をとります。この設問では、直接目的語となっている部分冠詞 du のついた名詞 vin「ワイン」をどのような代名詞でうけるのかが焦点になっています。

定冠詞のついた名詞など（つまり特定化された名詞）を直接目的語としてうけるときには、le、la、les という人称代名詞を用いますが、男性、女性にかかわらず部分冠詞のついた名詞や不定冠詞複数 des のついた名詞、あるいは beaucoup de「たくさんの〜」のような数量副詞をともなう名詞を直接目的語として代名詞でうけるときには、中性代名詞の en を用います。正解は ① en になります。② l'「それ（彼、彼女）を」(3 人称単数・直接目的の代名詞 le または la がエリジヨンされた形)、③ lui「彼（彼女）に／彼」(3 人称単数・間接目的の代名詞／3 人称単数男性の強勢形）は、いずれも不適切です。

得点率は 73%でした。

なお、il y a 構文で中性代名詞の en をうけるときには、il **y en** a という語順になります。il *en y* a とはなりませんので、注意してください。

(3) — Julien a l'air très jeune.「ジュリアンはとても若々しいね」— Mais il est plus âgé que (toi).「でも、彼は君より年上だよ」

〈avoir l'air ＋形容詞〉は、「〜のように見える」という意味の定型表現です。このときのairは「空気」ではなく「外見」や「様子」の意味です。またあとにくる形容詞は一般に主語の性・数に一致します。jeune「若い」は男女同形の形容詞ですが、この場合は主語のJulienに一致しており、男性単数形です。

さて、空欄には「君」を表わす人称代名詞が入りますが、比較級の構文で「〜よりも」という意味を表わすqueのあとに「人」がくる場合、主語や目的語の代名詞ではなく、強勢形のtoiがきます。選択肢の① te「君を（に）」は2人称単数の直接目的または間接目的の人称代名詞、③ tu「君は」は2人称単数の主語人称代名詞です。したがって正解は、② toiです。

人称代名詞の強勢形は、主語や目的語を強調するほかに、前置詞のあとやC'estの表現のあとなどに使われますが、比較の対象をみちびくqueのあとにも用いられることを覚えておいてください。

得点率は89%でした。

(4)　— Regarde ! Anne a de nouvelles lunettes.「みてごらん！アンヌが新しいメガネをかけてるよ」— Oui, elles (lui) vont bien !「ほんとだ、よく似合ってるね」

Regardeは、動詞regarder「見る、見つめる」の2人称単数主語tuに対する命令形です。またde nouvelles lunettes「新しいメガネ」の頭についているdeは、複数の不定冠詞desが変化したものです。このように複数名詞(lunettes)の**前に**複数形の形容詞(nouvelles)がきている場合、それにつく不定冠詞は原則としてdeになります。

さて応答文では、このde nouvelles lunettesという複数の女性名詞がelles「それらは」でうけられ、主語となっています。動詞はallerです。allerにはさまざまな用法がありますが、ものが主語になり、人を間接目的語にして「〜（もの）が〜（人）に似合う」という表現を作ります。したがって空欄に入るのは、「彼女に」という間接目的の人称代名詞です。② me「私を（に）」は1人称単数の直接目的あるいは間接目的の代名詞、③ te「君を（に）」は2人称単数の直接目的あるいは間接目的の代名詞ですから、ともに不適切です。空欄には、3人称単数・間接目的のluiが入ります。正解は① luiです。

得点率は74%でした。

(5)　― Vos grands-parents arrivent ce soir ?「あなたの祖父母は今夜着くのですか」― Oui, je vais (les) chercher à l'aéroport.「ええ、これから（彼らを）空港まで迎えにいきます」

応答文の空欄に入るのは vos grands-parents「あなたの祖父母」をうける人称代名詞で、動詞 chercher「迎える（←さがす）」の直接目的語「彼らを」になります。選択肢① la「彼女（それ）を」は3人称単数女性・直接目的の人称代名詞、② le「彼（それ）を」は3人称単数男性・直接目的の人称代名詞ですから、いずれもあてはまりません。「彼らを」に相当するのは、3人称複数で直接目的の人称代名詞 les です。正解は③ les になります。

得点率は80%でした。

応答文では、〈aller ＋不定詞〉「〜しにいく」という形が用いられています。このとき「彼らを」という直接目的語の代名詞 les は、va (< aller) ではなく、意味的につながる不定詞 chercher「迎える（←さがす）」の直前に置かれます。

問題2全体の得点率は78%でした。

解答　(1) ③　(2) ①　(3) ②　(4) ①　(5) ③

3

解説　3つの選択肢から適切な文を選び、対話文を完成する問題です。

(1)　**A** が、De quoi parlez-vous?「君たちは何について話しているの」と尋ねています。それに対する **B** の応答として、① De l'accident de ce matin.「けさの事故について」と、② De nos vacances. Tu pars où?「私たちのバカンスについて。君はどこに出かけるの」はいずれも可能です。しかし、③ Je parle anglais et français.「私は英語とフランス語を話します」では対話がかみ合いません。さらに、**B** の応答に対して **A** は、Ah bon. C'est grave ?「そうなんだ。ひどかったの？」と言っているのですから、② も排除されます（grave は事態が「深刻な、重大な」という意味です）。正解は① De l'accident de ce matin. になります。

得点率は47%でした。

なお、quoi「何」は疑問代名詞 que の強勢形で、前置詞のあとや動詞のあとに使われます。最初の文では、parler de「〜について話題にする」にふくまれる前置詞 de と強勢形の quoi が結びつき、de quoi となって文頭に倒置されています。これを平叙文の語順にすると、Vous parlez de quoi ? となります。正解の De l’accident de ce matin. はこの de quoi に対応しています。

(**2**)　**A** が、J’ai changé de montre !「時計をかえたんだ」といっています。それに応答する **B** の選択肢のうち、① Elle est bien !「それ、いいね」、および ② Quand ?「いつ」はありえます。しかし、③ Tu dors bien.「君はよく眠るね」は不適切です。また、**B** の応答に **A** は Elle coûte cher.「これ、高いんだよ」と言っているのですから、② Quand ?「いつ」では応答が成立しません。正解は ① Elle est bien ! になります。

得点率は 48％でした。

動詞 changer を用いて「〜をかえる」というとき、同じ種類で別のものに移行する場合、たとえば電車を乗りかえたり、この問題文のように同じものを取りかえる場合には、〈changer de ＋単数の無冠詞名詞〉という形をとります。

(**3**)　**A** はまず、J’ai sommeil.「眠い」と言っています。avoir sommeil「眠い」の定型表現です。これへの応答として、**B** の選択肢のうち ① Nous sommes le combien ?「きょうは何日ですか」はまず排除されます。つぎに、**B** の応答に対して **A** は、À quatre heures du matin.「午前 4 時に」と応じているのですから、② Tue es fatigué ?「疲れてるの？」という問いかけではつながりません。したがって正解は ③ Tu t’es couché à quelle heure ?「何時に寝たの」になります。

得点率は 94％でした。

さて、最後の文では、se coucher「寝る」という代名動詞が複合過去の時制に置かれています。ここでは、男性単数形の過去分詞 couché は t’(= te) という再帰代名詞（主語の tu を指す）に一致しています。そこから、tu という主語が男性であることがわかります。これについて詳しくは、5 (2)の解説を参照してください。

(**4**)　**A** は、Tu connais un bon restaurant ?「いいレストラン知っている？」と聞いています。ここで使われている動詞は connaître です。知識や情報を前提として「〜であることを知っている」という意味を表わす savoir と異なり、connaître は何らかの経験をもとに「知っている」ということを意味します。savoir のあとには多くの場合〈que + 節〉がくるのに対し、connaître のあとには名詞がきます。

これに応答する **B** の選択肢のうち、① Non. Je ne prends pas de café.「いいえ。私はコーヒーを飲みません」では不自然な対話になります。① の café は具体的な飲みものとしての café「コーヒー」であって、お店としての「カフェ」でありません。肯定文であれば、Je prends **du** café. のように、café の前には部分冠詞の du がつくところですが、この文は否定文なので、du が de に変化しています。

さらに、**B** の応答に対して **A** は、Il s'appelle comment, ce café ?「何ていう名前なの、そのカフェ」とき返しています。Il s'appelle comment ? は代名動詞の s'appeler を用いた、名前をきく表現です。また主語の Il は、あとにくる ce café をうけています。さてこのとき、③ Oui, tu aimes quelle cuisine ?「ええ、どんな料理が好き」では受け答えになりません。正解は ② Non, mais au café devant la gare, on mange bien.「いや、でも駅前のカフェならおいしく食べられるよ」になります。なお、au café「カフェで」の au は、café につく定冠詞 le（この場合、カフェは特定化されているので定冠詞がつきます）と場所を表わす前置詞 à が縮約された形です。

得点率は 90%でした。

問題3全体の得点率は 70%でした。

解答　(1) ①　(2) ①　(3) ③　(4) ②

4　**解説**　あたえられた日本語の意味になるように、適切な動詞の活用形を選択する問題です。

(1)「その日はとても暑かった」

焦点は、Ce jour-là「その日」という副詞句で示される**過去のある時点の状態**を表わす直説法半過去です。設問文は、il を主語にした天候を表わす非人称表現になっています。問題となっている動詞は faire です。選択肢はすべて直説法における活用形で、3 人称単数の形になっていますが、時制が異なります。① faisait は半過去、② fait は現在、③ fera は単純未来の形です。したがって正解は ① faisait です。

得点率は 68%でした。

半過去の語幹は、直説法現在1人称複数の活用形から作ります。たとえば faire ならば、nous faisons から活用語尾の -ons をとった fais となります。また語尾〈-ais、-ais、-ait、-ions、-iez、-aient〉はすべての動詞に共通です。したがって動詞 faire の半過去の活用は、語幹 fais のあとにこの語尾をつけて、〈je faisais、tu faisais、il / elle / on faisait、nous faisions、vous faisiez、ils / elles faisaient〉となります。

(2)「父は、あしたの夕方に着きます」

demain soir「あしたの夕方」という未来の時点をはっきりと示す副詞句があるので、動詞は直説法単純未来形になることがわかります。選択肢はいずれも動詞 arriver「着く」の直説法の活用形で、3人称単数の形に置かれています。① arrivait は半過去、② arrivera は単純未来、③ est arrivé は複合過去の形です。したがって正解は② arrivera になります。

得点率は74%でした。

単純未来の語尾はすべての動詞に共通で〈-rai、-ras、-ra、-rons、-rez、-ront〉です。arriver の単純未来の活用は、語幹の arrive にこの語尾がついて、〈j'arriverai、tu arriveras、il / elle / on arrivera、nous arriverons、vous arriverez、ils / elles arriveront〉となります。語尾にふくまれる r の文字と音が単純未来形の特徴です。

(3)「来週までにこの本を読んでおきなさい」

日本語の文意のみならず、フランス語文が主語ではなく動詞で始まっているところからも、命令形が使われていると判断できます。使われている動詞は lire「読む」です。① Lisent「読みます」は直説法現在3人称複数の活用形なので、主語が必要です。また疑問文以外で文頭にくることはありません。② Lisez「読んでください、読みなさい」は主語 vous「あなた（たち）、君たち」に対する命令形、③ Lisons「読みましょう」は、主語 nous「私たち」に対する命令形です。正解は② Lisez です。なお、2人称単数の主語 tu「君」に対する命令であれば、Lis「読みなさい」となります。

得点率は79%でした。

(4)「旅行中、彼女たちはたくさんの写真をとりました」

過去においてすでに完了した行為が述べられているのですから、複合過去が用いられます。このとき、pendant leur voyage「旅行中」は、このことばを語っている現在の時点からみて、すでに完了した過去の1つの点とみなされています。

さて、使われている動詞はprendreで、選択肢は3つともその直説法3人称複数の活用形です。それぞれ、① ont prisは複合過去、② prendrontは単純未来、③ prennentは現在の活用形です。正解は① ont prisになります。

得点率は76%でした。

複合過去は助動詞avoirまたはêtreの直説法現在と過去分詞を組み合わせて作ります。この設問のprendreなど、他動詞（直接目的語をとる動詞）や多くの自動詞では助動詞はavoirを用いますが、aller「行く」、venir「来る」、naître「生まれる」など、場所の移動や状態の変化を表わす一部の自動詞では助動詞にêtreを用い、その場合、過去分詞は主語に性数一致します。

(5)「私の子どもたちは、毎朝6時に目ざめます」

問われているのは、代名動詞の活用形です。代名動詞は、主語と同じものを指す再帰代名詞（自分を、自分に）をともないます。この再帰代名詞は、1人称および2人称では、目的語の人称代名詞と同じ形（me、nous、te、vous）ですが、3人称および不定詞ではseになりますので、注意してください。選択肢はいずれも代名動詞se réveiller「目がさめる」の直説法現在の活用形です。① me réveilleは1人称単数の主語je、② se réveillentは3人称複数の主語ils / elles、③ vous réveillezは2人称複数の主語vousに対応する現在形の活用です。主語のMes enfants「私の子どもたち」は3人称複数ですから、正解は② se réveillentです。

得点率は87%でした。

なお、se réveiller「起きる」の直説法現在の活用は、〈je me réveille、tu te réveilles、il / elle / on se réveille、nous nous réveillons、vous vous réveillez、ils / elles se réveillent〉となります。

問題4全体の得点率は77%でした。

解答　(1) ①　(2) ②　(3) ②　(4) ①　(5) ②

5　**解説**　選択肢①～④の語を並べかえて文を完成させる問題です。

(1) 選択肢③ mon「私の」が chat「猫」と結びつき mon chat「私の猫」、これに①の前置詞 avec がついて、avec mon chat「私の猫といっしょに」となります。動詞は、② jouer と④ vient の2つがありますが、主語の Elle「彼女は」に続くのは、venir「くる」の直説法現在・3人称単数の活用形④ vient です。ここで、〈venir＋不定詞〉「〜しにくる」の表現を思い出しましょう。Elle vient jouer で「彼女は遊びにくる」という主語と動詞の形ができます。こうして Elle vient jouer (avec) mon chat chaque jour.「彼女は毎日私の猫と遊びにきます」という文が完成します。正解は① avec です。

得点率は80％でした。

なお、ここで用いられている〈venir＋不定詞〉「〜しにくる」と〈venir＋de＋不定詞〉「〜したところだ」という近接過去の表現を混同しないようにしましょう。

(2) 冒頭の Ils ne から、この文が否定文であることがわかります。つぎに選択肢をみると、否定の ne と連関する① pas のほかは、代名動詞 se promener「散歩をする」の複合過去形を形作るものであることがわかります。すなわち、Ils ③ se ④ sont ② promenés「(彼らは) 散歩をした」という意味のまとまりが見えてきます。問題はまず否定の① pas をどこに置くかです。フランス語の否定文は、動詞の前後を ne と pas ではさんで作られますが、この設問文のように複合過去の時制で「助動詞＋過去分詞」の形になっているような場合は、助動詞の部分を ne と pas ではさみます。さらに代名詞がふくまれるときには、助動詞とその直前に置かれる代名詞をひとまとめにして ne と pas でくくります。この設問文では、助動詞 être の活用形④ sont とその直前の再帰代名詞③ se、つまり se sont を ne と pas ではさむことになるので、ne se sont pas という語順になります。こうして、Ils ne se sont (pas) promenés hier.「彼らはきのう散歩をしなかった」という文が完成します。正解は① pas です。

得点率は38％でした。

代名動詞は、主語自身を指し示す再帰代名詞（1人称と2人称では目的語の人称代名詞と同じ形、3人称と不定詞では se の形）をともなう動詞です。その複合過去は、助動詞としてつねに être を用います。

以下は基本的に3級以上の学習内容になりますが、複合過去のように「助動詞＋過去分詞」で作られる複合時制において、再帰代名詞が直接目的（「自分を」）として機能しているとき、過去分詞は再帰代名詞（＝主語）の性数に一致します。se promener は「**自分を**散歩させる→散歩する」という形になっており、再帰代名詞 se は直接目的ですから、複合過去にする際には、本設問のように過去分詞の性数一致がおこります（promené**s**）。それに対し、se laver (les mains)「（手を）洗う」のように再帰代名詞が間接目的の場合には、性数一致は生じません（Elles se sont lavé les mains.「彼女たちは手を洗った」）。

(3)　この文も否定文なので、まず動詞 être の活用形 est の前後が ne と③ pas ではさまれ、La chambre n'est pas となることがわかるでしょう。また文末の moi「私」は強勢形ですから、選択肢のなかでつながるのは前置詞の④ pour だけです。pour moi「私にとって」というまとまりができます。副詞の① assez「十分に」は、形容詞② grande「大きい、広い」を修飾しているので、その直前に置かれ assez grande「十分に広い」となります。こうして、La chambre n'est pas assez (grande) pour moi.「この部屋は私にとって十分に広くない」という文が完成します。正解は② grande です。副詞 assez の位置に注意しましょう。

得点率は49％でした。

(4)　まず下線部のあとの adresse が④の所有形容詞 ton とつながり、ton adresse「君の住所（メールアドレス）」ができあがります。主語の Tu「君は」に続くのは、動詞 pouvoir「できる」の活用形③ peux です。そのつぎには動詞の不定詞① donner「与える、教える」がきて「君の住所（メールアドレス）を教えることができますか→教えてくれますか」となるはずです。ここでポイントは、② nous「私に」をどこに置くかです。動詞 donner は「～（人）に～（もの）を与える」という形をとります。「もの」にあたるのは直接目的語でこの設問文では ton adresse です。そして「人」に相当するのが、② nous なのです。この nous は動詞 donner の間接目的語であり、代名詞なので、peux ではなく donner の直前に置かれます。こうして Tu peux nous (donner) ton adresse, s'il te plaît ?「君の住所（メールアドレス）を私たちに教えてくれませんか」が完成します。正解は① donner です。Tu *nous peux* donner... とはけっしてなりませんので注意してください。

得点率は67%でした。

(**5**) 選択肢のなかで核となるのは①の名詞cadeau「プレゼント」です。それに③の形容詞petit「小さな、ささやかな」と④の不定冠詞unがつながって、un petit cadeau「ささやかなプレゼント」というまとまりになります。このとき、日常よく用いられる短い形容詞のpetitは当然のことながら名詞cadeauの前に置かれます。② deは前置詞としてFranceと一体となり、de France「フランスからの、フランスからもち帰った」となります。こうしてVoilà un petit (cadeau) de France pour vos parents.「ほら、あなたのご両親のためにフランスからもち帰ったささやかなプレゼントです」という文が完成します。正解は① cadeauです。

得点率は79%でした。

前置詞deが国名の前について、「～の国から」という起点を表わすとき、子音で始まる男性単数名詞の国名や複数名詞の国名であれば、それにつく定冠詞leやlesと縮約され、du Japon「日本から」やdes États-Unis「合衆国から」となりますが、女性単数名詞や母音で始まる男性単数名詞の場合には定冠詞が略され、本問のようにde Franceなどとなります。1(2)の解説もあわせて参照してください。

問題5全体の得点率は63%でした。

解答 (1) ① (2) ① (3) ② (4) ① (5) ①

6 **解説** 文意に則し、適切な前置詞を選択する問題です。

(**1**) Je te téléphonerai (dans) deux jours.「2日後に君に電話するよ」

動詞téléphonerの単純未来形が使われており、(　　　) deux jours「2日～」というところで未来の点が示されています。したがって空欄には、「～後、～たったら」を意味する前置詞① dansが入ります。② のenは、en France「フランスに（で）」などの場所のほか、en 2020「2020年に」など時間を表わすこともできます。en deux joursという表現も可能ですが、その場合は「2日かかって」の意味になり、文意が通りません。③ surは「～の上に（で）」を意味します。正解は① dansです。

得点率は57%でした。

(2) Lave-toi les mains (avant) de manger.「食事の前に手を洗いなさい」
① après は時間的に「〜のあと」、② avant は時間的に「〜の前」、③ devant は場所的に「〜の前」を表わす前置詞です。文意から正解をみちびくこともできますが、de manger のように前置詞 de のついた動詞の不定詞の前に置くことのできる前置詞は avant のみです。〈avant de + 不定詞〉「〜する前に」という形で覚えておきましょう。ただし「食後に手を洗う」という可能性もなくはありません。その場合には après manger となり、manger の前の de は不要となります。したがって正解は② avant です。
得点率は58%でした。
なお、Lave-toi les mains. は、代名動詞 se laver を命令形にした文です。se laver les mains「〜の手を洗う」のように、動詞 laver「洗う」の直接目的語が les mains「手」のように身体の部分であるときには、再帰代名詞の se は間接目的としてだれの身体の部分なのかを表わします。さて、Tu te laves les mains.「君は君の手を洗う」を命令文にするには、まず主語の Tu をとります。つぎに動詞 laves を2人称単数主語に対する命令形の lave にし、再帰代名詞の te を強勢形の代名詞 toi にかえて lave のあとに置きます。こうして Lave-toi les mains. という文ができあがります。

(3) Le film finit (vers) huit heures.「映画は8時ごろに終わります」
huit heures「8時」という時間の前につくことのできる前置詞を選びます。① derrière は「うしろに」という場所を、また② sous も「〜下に（で）」という場所を示す前置詞です。③ vers は vers Paris「パリに向かって」のように方向も表わしますが、「〜ごろ」という時間を意味することができます。vers huit heures で「8時ごろ」となります。正解は③ vers です。
得点率は64%でした。

(4) Vous tournez (à) gauche.「左に曲がってください」
gauche は「左」です。文意からして、適切な前置詞を選び、「左に」という方向を示すことが求められています。③ sous は基本的に「〜の下に（で）」という場所を示す前置詞で、左右のような方向には使えません。② の de を用いた de gauche という表現もありますが、「（思想的に）左派の、左翼の」

という意味になります。左右の方向を具体的に表わすことができるのは① àです。正解は① àです。「右に」は à droite となります。

得点率は77%でした。

問題6全体の得点率は64%でした。

解答 (1) ①　(2) ②　(3) ③　(4) ①

7

解説 フランス語の文(1)～(6)の内容に対応する場面を9つのイラストから選ぶ問題です。

(**1**) Jérôme aime chanter.「ジェロームは歌うのが好きだ」

男性がマイクを手にして歌っているイラスト⑧が正解になります。動詞〈aimer＋不定詞〉で「～するのが好きである」の意味になります。-er動詞aimerの直説法現在の活用は〈j'aime、tu aimes、il / elle / on aime、nous aimons、vous aimez、ils / elles aiment〉です。

得点率は98%でした。

(**2**) Jérôme casse un verre.「ジェロームはグラスを割る」

男性がグラスを落として割っているイラスト②が正解になります。verreはもともと「ガラス」の意味ですが、ガラス製の容器も指します。使われている動詞casser「割る、折る」も-er動詞で、直説法現在の活用は〈je casse、tu casses、il / elle / on casse、nous cassons、vous cassez、ils / elles cassent〉です。

得点率は66%でした。

(**3**) Jérôme est dans son lit.「ジェロームはベッドにいる（ベッドで寝ている）」

男性がベッドで横になっているイラスト③が正解になります。使われている動詞はêtreです。その直説法現在の活用は〈je suis、tu es、il / elle / on est、nous sommes、vous êtes、ils / elles sont〉です。litは「ベッド」ですが、〈être dans son lit〉で「寝ている←自分のベッドのなかにいる」という状態を表わします。

得点率は77%でした。

(4) Jérôme lit un journal.「ジェロームは新聞を読んでいる」

男性がベンチで新聞を読んでいるイラスト⑥が正解になります。動詞 lire「読む」の直説法現在の活用は〈je lis, tu lis, il / elle / on lit, nous lisons, vous lisez, ils / elles lisent〉です。複数人称の語幹の最後に s が現われることに注意しましょう。

得点率は91%でした。

(5) Jérôme met sa veste.「ジェロームは上着を着る」

男性が上着を着ようとしているイラスト①が正解になります。動詞 mettre「身に着ける、置く」の直説法現在の活用は〈je mets、tu mets、il / elle / on met、nous mettons、vous mettez、ils / elles mettent〉となります。とりわけ単数人称の語尾に注意しましょう。なお、衣類などを「身に着ける」という動作を示すときには mettre を用いますが、「身に着けている」という状態を表わす場合は porter を使います。

Elle porte une belle robe bleue.「彼女はきれいな青いドレスを着ている」（『仏検公式基本語辞典』**porter**）

得点率は83%でした。

(6) Jérôme porte une valise「ジェロームはスーツケースを運んでいる」

スーツケースを引きながら歩いている男性のイラスト⑦が正解になります。ここでは、-er 動詞 porter が「持ち運ぶ」の意味で用いられています。その直説法現在の活用は〈je porte、tu portes、il / elle / on porte、nous portons、vous portez、ils / elles portent〉です。

得点率は59%でした。

問題7全体の得点率は79%でした

解答　(1) ⑧　(2) ②　(3) ③　(4) ⑥　(5) ①　(6) ⑦

8　**解説**　会話文を読み、設問(1)～(6)の日本語の文が会話の内容に一致するかどうかを判断します。

ジュリアンがバカンスに出かけるセリーヌと話をしています。

(1)「セリーヌは、3週間リヨンでバカンスを過ごす予定である」

Qu'est-ce que tu fais, Céline, cet été ?「この夏はどうするんだい、セリーヌ」というジュリアンの問いかけに、セリーヌは、Je vais passer deux semaines à Lyon.「2 週間リヨンで過ごすんだ」と返答していますから、設問文は会話の内容に一致していません。正解は②になります。

得点率は 97%でした。

(2)「セリーヌは、友人といっしょにリヨンに行く予定である」

Tu y vas toute seule ?「そこには 1 人で行くの？」と尋ねるジュリアンに、セリーヌは、Non, avec mon mari.「いいえ、夫と行くのよ」と答えていますから、設問文は会話の内容に一致しません。正解は②になります。Tu y vas ... の y は à Lyon「リヨンに」をうける中性代名詞です。

得点率は 75%でした。

(3)「セリーヌは、宿泊先をすでに決めている」

Vous allez rester où ?「どこに泊まるの（滞在するの）」ときくジュリアンに対してセリーヌは、On ne sait pas encore.「まだわからないんだ」と答えています。したがって設問文は会話の内容に一致していません。正解は②になります。sait は動詞 savoir「知っている」の直説法現在です。この文では、どこに泊まるのかという前文の内容を受ける中性代名詞の le が省略されています。le を入れると、On ne le sait pas encore. になります。

得点率は 97%でした。

(4)「ジュリアンには、8 月にイタリアに行く友人がいる」

ジュリアンは、Tu sais, j'ai un copain. En août, il part en Italie.「ねえ、ひとり友だちがいて、8 月にはイタリアに出かけるんだけど」といっていますから、設問文は会話の内容に一致します。正解は①になります。copain は話し言葉で「友だち」を意味します。男性は copain [kɔpɛ̃ コパン]、女性は copine [kɔpin コピヌ] となります。

得点率は 80%でした。

(5)「ジュリアンの友人は、セリーヌたちに家を貸してくれるかもしれない」

ジュリアンは、Il pourra peut-être vous prêter sa maison.「彼はたぶん君たちに自分の家を貸してくれるだろう」と続けていますから、設問文は会話の内容に一致しています。正解は①になります。pourra は pouvoir「できる」の単純未来形です。

得点率は97%でした。

(6)「ジュリアンの友人の家は、リヨンの中心部にある」

C'est gentil. Sa maison est où à Lyon ?「ありがとう。彼の家はリヨンのどこにあるの」と尋ねるセリーヌに、ジュリアンは Elle est au centre de Lyon.「リヨンの中心部だよ」と答えているので、設問文は会話の内容に一致しています。正解は①になります。gentil は「親切な」の意味の形容詞ですが、このようにお礼を述べる表現としても使います。

得点率は99%でした。

問題8全体の得点率は91%でした

解答 (1) ②　(2) ②　(3) ②　(4) ①　(5) ①　(6) ①

聞き取り試験

解説・解答

1

(読まれる文)

(1)　Bonne appétit !

(2)　Excusez-moi, monsieur !

(3)　Fermez la fenêtre, s'il vous plaît.

(4)　Vous avez choisi ?

解説　フランス語の文を聞き取り、その内容にふさわしい場面を6つのイラストから選ぶ問題です。

(1)　Bonne appétit !「いただきましょう（たっぷり召し上がれ）」

テーブルに置かれた料理を前にして、女性が何か言っているイラスト②が正解になります。直訳すると「よい食欲を」ですが、周囲に食事を勧めるときに用いる定型表現です。発音はBonne ［bɔn ボンヌ］とappétit ［apeti アペティ］がひと息に読まれ、［bɔnapeti ボナペティ］となります。

得点率は76%でした。

(2)　Excusez-moi, monsieur !「すみません」

手にしたスーツケースを男性の足に当ててしまった女性が、男性に向かって何か言っているイラスト③が正解になります。Excusez-moi. ［ɛkskyzemwa エクスキュゼムワ］「すみません←私を許してください」は、動詞excuserの命令形からつくられた謝罪の表現です。親しい相手であれば、Excuse-moi. ［ɛkskyzmwa エクスキュズムワ］となります。

得点率は50%でした。

(3) Fermez la fenêtre, s'il vous plaît.「窓を閉めていただけますか」

テーブルにすわった女性が手をあげ、窓際の男性に何か言っているイラスト⑤が正解になります。Fermez la fenêtre. [fɛrmelaf(ə)nɛːtr フェるメラフネートる]「窓を閉めてください」は、動詞 fermer の命令形を使った表現です。逆に「窓を開けてください」と依頼するときには、動詞 ouvrir を用い、Ouvrez la fenêtre. [uvrelaf(ə)nɛːtr ウヴれラフネートる] とします。このあとに s'il vous plaît [silvuplɛ スィルヴプレ] をつけると、さらにていねいな言い方になります。

得点率は42%でした。

(4) Vous avez choisi ?「お決まりですか」

店員の女性が、メニューを前にしている女性に話しかけているイラスト①が正解になります。Vous avez choisi ? [vuzaveʃwazi ヴザヴェシュワズィ] では、動詞 choisir「選ぶ」の複合過去形が用いられ、「あなたは注文するものを選びましたか」ということを尋ねています。レストランやカフェでの定型表現です。

得点率は76%でした。

問題①全体の得点率は61%でした。

解答　(1) ②　(2) ③　(3) ⑤　(4) ①

2

(読まれる質問)

(1) Qui attendez-vous ?

(2) Qu'est-ce que tu as ?

(3) Quelle saison préférez-vous ?

(4) Vous faites de la musique ?

解説 フランス語の質問を聞き取り、適切な応答を2つの選択肢から選びます。

(1) Qui attendez-vous ?「だれを待っているのですか」

文頭の疑問詞 qui は人について尋ねるときに用いる疑問代名詞です。ここではそのあとに主語と動詞が倒置され、〈Qui + 動詞 (attendez) + 主語 (vous) ?〉という形になっています。使われている動詞は attendre「待つ」です。vous という主語があるのですから、「だれが」という主語を問う文ではないことがわかります。「だれを」という直接目的語を問う疑問文になっているのです。もし倒置を避けたいのであれば、〈Qui est-ce que + 主語 (vous) +動詞 (attendez) ?〉とします。

この質問に対する応答として ① Des billets.「チケット（切符）です」は不適切です。② Mes amis.「私の友だちです」が正解になります。Des billets. が正しい応答になるような疑問文を作るには、人以外のものや事がらを「何を」と問う疑問代名詞 que あるいは qu’est-ce que を文頭に置く必要があります。que の場合は〈Que + 動詞 + 主語 ?〉、qu’est-ce que の場合は〈Qu’est-ce que +主語+動詞 ?〉の形をとります。

得点率は 86%でした。

(2) Qu’est-ce que tu as ?「どうしたの」

質問文の動詞 avoir は元来「〜をもつ」の意味ですが、この場合「心身の状態が〜である」ことを表わしており、Qu’est-ce que tu as ?「どうしたの←君は何をもっているのか」はその状態がどのようなものかを尋ねる疑問文になっています。

この質問に対する正しい応答文は、① J’ai mal aux dents.「歯が痛いんだ」です。〈avoir + mal + à +身体の箇所〉で「〜が痛い←〜に痛みをもつ」という表現が使われています。② Je travaille dans une boulangerie.「私はパン屋さんで働いています」では質問に対応しません。Je travaille dans une boulangerie. が正解になるような質問としては、Qu’est-ce que tu fais ?「何をしているの」、Où est-ce que tu travailles ?「どこで働いているの」などが考えられます。

得点率は 77%でした。

(3) Quelle saison préférez-vous ?「どの季節が好きですか」

「どんな〜？」という形で名詞にかかるこのような疑問詞は疑問形容詞と呼ばれます。男性単数形は quel ですが、この設問文ではそれがかかる女性単数名詞 saison に一致して女性単数形の quelle が用いられています。動詞は préférer「～のほうを好む」です。

この質問に対し、季節の名前を答えている ① L'automne.「秋です」が正しい応答となります。② Les fleurs.「花です」は質問につながりません。なお、フランス語の季節名はすべて男性名詞で、定冠詞をともないます。

得点率は 84%でした。

(4) Vous faites de la musique ?「音楽をされているのですか」

musique「音楽」の前についている de la は部分冠詞で、faire de la musique で「音楽をする」という意味になります。音楽やスポーツ、学問などの活動を行っていることを表わすとき、このように〈faire + 部分冠詞 + 名詞〉という形をとります。たとえば faire du tennis「テニスをする」、faire du français「フランス語をやる（勉強する）」、など。

したがって、この質問に対し、② Oui, de la viande.「ええ、肉です」はありえない応答です。① Oui, de la guitare.「ええ、ギターをやっています（演奏します）」が正解です。この場合は、〈faire + 部分冠詞 + 楽器名〉のパターンで、「～を演奏する」の表現になっています。guitare「ギター」は女性名詞なので部分冠詞は de la ですが、piano「ピアノ」の場合は男性名詞ですから、Je fais du piano.「私はピアノをやっています（演奏します）」となります。

得点率は 96%でした。

問題2全体の得点率は 86%でした。

解答　(1) ②　(2) ①　(3) ①　(4) ①

3

(読まれる文)

(1) Il y a soixante-seize élèves dans notre école.

(2) Ma cousine a trente-trois ans.

(3) Ça coûte quatre-vingt-sept euros.

(4) Nous sommes mercredi vingt-deux.

解説 フランス語の文にふくまれる数を聞き取る問題です。

(**1**) Il y a soixante-seize élèves dans notre école.「私たちの学校には76名の生徒がいます」

76が正解になります。76 soixante-seize は [swasɑ̃tsɛːz スワサントセーズ] と発音されます。録音では、soixante-seize élèves [swasɑ̃tsɛːz elɛːv スワサントセーズ エレーヴ] と読まれていますが、このように母音で始まる名詞 élèves [elɛːv エレーヴ] があとにくると、ひとつづきに発音されることがあります。そうした場合には、soixante-seize の語尾の ze [z] が、つぎにくる élèves の語頭の母音 é [e] とつながって [ze ゼ] となり、soixante-seize élèves は [swasɑ̃tsɛːzelɛːv スワサントセーゼレーヴ] と発音されます。

得点率は60%でした。

(**2**) Ma cousine a trente-trois ans.「私の従姉《いとこ》（妹）は33歳です」

33が正解になります。33 trente-trois の発音は [trɑ̃ttrwɑ トらントトろワ] ですが、つぎに母音で始まる名詞 ans [ɑ̃ アン] がくると、ひとつづきに発音されます。このとき、trente-trois の発音されない語尾の s があとにくる ans とつながって [zɑ̃ ザン] と発音されます。リエゾンです。trente-trois ans は [trɑ̃ttrwɑzɑ̃ トらントトろワザン] と発音されています。

得点率は77%でした。

(**3**) Ça coûte quatre-vingt-sept euros.「それは87ユーロです」

87が正解になります。87 quatre-vingt-sept は、[katrəvɛ̃sɛt カトるヴァンセット] と発音されます。録音では、quatre-vingt-sept euros は [katrəvɛ̃sɛt øro カトるヴァンセットウろ] と読まれていますが、このように母音で始まる名詞 euros [øro ウろ] がつづくと、ひと息に発音されることがありますから、注意しましょう。そのような場合には、quatre-vingt-sept の語尾の子音字 t が、つぎにくる euros の語頭の母音 eu [ø] とつながって [tø トゥ] となり、quatre-vingt-sept euros は [katrəvɛ̃sɛtøro カトるヴァンセットゥろ] と発音されます。

得点率は75%でした。

(4) Nous sommes mercredi vingt-deux.「きょうは22日の水曜です」

22が正解になります。22 vingt-deux は文末にきているので、音のつながりはありません。発音はそのまま [vɛ̃tdø ヴァントドゥ] です。

得点率は87%でした。

問題[3]全体の得点率は75%でした。

解答　(1) 76　(2) 33　(3) 87　(4) 22

4

(読まれる会話)

Marine : J'ai très faim !

Jean : Mais il est seulement trois heures !

Marine : Je n'ai pas mangé ce midi.

Jean : Ah bon ! Pourquoi ?

Marine : Je dois travailler pour mon examen de japonais.

Jean : C'est quand, ton examen ?

Marine : Après-demain.

Jean : Alors, tu as encore du temps. Va manger quelque chose.

解説 会話文を聞き取り、日本語の文(1)～(5)がその内容に一致するかどうかを判断する問題です。

マリーヌが日本語の試験についてジャンに話しています。

(1)「マリーヌはとてもお腹がすいている」

J'ai très faim !「とってもお腹がすいた」とマリーヌは冒頭で言っているのですから、設問文は会話の内容に一致します。正解は①です。avoir faim「お腹がすいている」の定型表現が使われています。

得点率は95%でした。

(2) 「いま夕方の6時である」

Mais il est seulement trois heures !「でもまだ3時だよ」とジャンは応じています。したがって、設問文は会話の内容に一致しません。正解は②です。seulement は「たった〜だけ」を意味する副詞です。

得点率は96%でした。

(3) 「マリーヌはきょう昼ごはんを食べていない」

マリーヌは、Je n'ai pas mangé ce midi.「今日のお昼、食べなかったのよ」と言っているので、設問文は会話の内容に一致します。正解は①です。

得点率は89%でした。

(4) 「マリーヌは日本語の試験勉強をしなければならない」

Ah bon ! Pourquoi ?「そうなんだ！でもどうして」と尋ねるジャンに、マリーヌは Je dois travailler pour mon examen de japonais.「日本語の試験勉強をしなければならないんだ」と答えていますから、設問文は会話の内容に一致することがわかります。正解は①です。動詞 dois の不定詞は devoir で、「〜しなければならない」の意味です。

得点率は95%でした。

(5) 「マリーヌの試験はあすおこなわれる」

C'est quand, ton examen ?「いつなの、君の試験は」と問うジャンに、マリーヌは Après-demain.「あさって」と答えているのですから、設問文は会話の内容に一致しません。正解は②です。

得点率は55%でした。

このマリーヌの言葉に対して、ジャンは Alors, tu as encore du temps. Va manger quelque chose.「だったら、まだ時間はあるじゃない。何か食べておいでよ」と言っています。temps「時間」の前についている du は部分冠詞です。また Va manger ... の va は、動詞 aller の tu に対する命令形で、直説法現在・2人称単数の活用形 (tu) vas から語尾の s をとった形です。

問題[4]全体の得点率は86%でした。

解答　(1) ①　(2) ②　(3) ①　(4) ①　(5) ②

配 点 表

問題番号	筆記試験	1	2	3	4	5	6	7	8	小計	聞き取り	1	2	3	4	小計	合計
点		8	10	8	10	10	8	6	6	66		8	8	8	10	34	100

2021年度春季
実用フランス語技能検定試験
試験問題冊子　〈 4 級 〉

問題冊子は試験開始の合図があるまで開いてはいけません。

筆 記 試 験	12 時 10 分 ～ 12 時 55 分 (休憩なし)
聞き取り試験	12 時 55 分から約 15 分間

◇問題冊子は表紙を含め 16 ページ、筆記試験が 8 問題、聞き取り試験が 4 問題です。

注　意　事　項

1　途中退出はいっさい認めません。

2　筆記用具は **HB または B の黒鉛筆**（シャープペンシルも可）を用いてください。ボールペンや万年筆等でマークした解答は機械による読み取りの対象とならないため、採点されません。

3　解答用紙の所定欄に、**受験番号**と**カナ氏名**が印刷されていますから、まちがいがないか、**確認**してください。

4　**解答は、解答用紙の解答欄にマークしてください。**たとえば、1 の (1) に対して ③ と解答する場合は、次の例のように解答欄の ③ にマークしてください。

例 1

解答番号	解　答　欄
(1)	① ② ● ④ ⑤ ⑥

5　解答に関係のないことを書いた答案は無効にすることがあります。

6　解答用紙を折り曲げたり、破ったり、汚したりしないように注意してください。

7　問題内容に関する質問はいっさい受けつけません。

8　不正行為者はただちに退場、それ以降および来季以後の受験資格を失うことになります。

9　**携帯電話等の電子機器の電源はかならず切って、かばん等にしまってください。**通信機能のある時計は使用を禁じます。

10　**時計のアラームは使用しないでください。**

11　この試験問題の複製（コピー）を禁じます。また、この試験問題の一部または全部を当協会の許可なく他に伝えたり、漏えいしたりすることを禁じます（インターネットや携帯サイト等に掲載することも含みます)。

筆記試験終了後、休憩なしに聞き取り試験にうつります。

1　次の (1) ～ (4) の (　　) 内に入れるのにもっとも適切なものを、下の ① ～ ⑥ のなかから1つずつ選び、解答欄のその番号にマークしてください。ただし、同じものを複数回用いることはできません。(配点　8)

(1) Elle a mal (　　) dents.

(2) Ils rentrent (　　) Canada.

(3) Je cherche (　　) parapluie noir.

(4) Tu as (　　) cheveux blancs !

① aux　② de la　③ des
④ du　⑤ un　⑥ une

(解説・解答 ▶ p.200)

2 次の対話 (1) ～ (5) の (　　) 内に入れるのにもっとも適切なものを、それぞれ ① ～ ③ のなかから 1 つずつ選び、解答欄のその番号にマークしてください。(配点　10)

(1) — Ces pommes sont très bonnes.
— Je préfère (　　) de notre jardin.

① celles　② celui　③ ceux

(2) — Je n'ai pas encore fini mes devoirs.
— (　　) non plus.

① Je　② Me　③ Moi

(3) — Tu connais les enfants de Sophie ?
— Oui, je (　　) connais bien.

① la　② le　③ les

(4) — Vous avez des tomates ?
— Oui, vous (　　) voulez combien ?

① en　② les　③ y

(5) — Vous voyez souvent vos grands-parents ?
— Non, mais je (　　) téléphone de temps en temps.

① les　② leur　③ lui

(解説・解答 ▶ p.201)

3　次の (1) ～ (4) の **A** と **B** の対話を完成させてください。**B** の下線部に入れるのにもっとも適切なものを、それぞれ ① ～ ③ のなかから 1 つずつ選び、解答欄のその番号にマークしてください。(配点　8)

(1) **A** : Il y a un nouvel élève dans la classe.
B : ________________
A : Il est gentil.

① D'où vient-il ?
② Il est comment ?
③ Qu'est-ce qu'il fait dans la vie ?

(2) **A** : Je voudrais réserver une table pour samedi soir.
B : ________________
A : C'est dommage.

① Désolé, madame. Le restaurant est fermé le week-end.
② Non merci. Je prends un plat du jour.
③ Oui. Vous êtes combien ?

(3) **A** : Ma sœur vient d'avoir un enfant !
B : ________________
A : Eh oui, depuis un mois.

① Alors, vous êtes oncle maintenant !
② Il a combien de mois ?
③ Vous avez deux sœurs.

(4) **A** : On va au cinéma ce soir ?
B : ________________
A : Pourquoi pas ?

① Bien sûr. Et après le film, on va dîner ?
② Je suis occupée demain.
③ On va voir quel film ?

(解説・解答 ▶ p.203)

4 次の日本語の文 (1) ～ (5) の下には、それぞれ対応するフランス語の文が記されています。(　　) 内に入れるのにもっとも適切なものを、それぞれ ① ～ ③ のなかから1つずつ選び、解答欄のその番号にマークしてください。(配点 10)

(1) 彼らは卒業したら、何をするのだろうか。

Qu'est-ce qu'ils (　　) après leurs études ?

① faisaient　② feront　③ ont fait

(2) きのう3人が事故にあいました。

Trois personnes (　　) un accident hier.

① a eu　② avez eu　③ ont eu

(3) パンにジャムをぬりなさい。

(　　) de la confiture sur ton pain.

① Met　② Mets　③ Mettez

(4) 毎月曜日、父は私の通学に付きそってくれたものです。

Mon père m'(　　) à l'école le lundi.

① accompagnait　② accompagne　③ accompagnera

(5) 毎日公園を走っています。

Je (　　) dans le parc tous les jours.

① courent　② cours　③ court

(解説・解答 ▶ p.205)

5　例にならい、次の (1) ～ (5) において、それぞれ ① ～ ④ をすべて用いて文を完成したときに、(　　) 内に入るのはどれですか。① ～ ④ のなかから 1 つずつ選び、解答欄のその番号にマークしてください。(配点　10)

例：L'hôtel _______ _______ (_______) _______ d'ici.
① à　② dix　③ est　④ minutes

L'hôtel est (③) à (①) (dix) (②) minutes (④) d'ici.

となり、③①②④ の順なので、(　　) 内に入るのは ②。

(1) C'est _____ _____ (_____) _____ ce restaurant.
① de　② le　③ meilleur　④ plat

(2) Il a _____ _____ (_____) _____ .
① beaux　② de　③ italiens　④ tableaux

(3) Je _____ _____ (_____) _____ et ma sœur.
① mes　② parents　③ présente　④ te

(4) Mon père _____ _____ (_____) _____ petit déjeuner.
① le　② ne　③ pas　④ prend

(5) Nous _____ _____ (_____) _____ vous connaître.
① de　② heureux　③ sommes　④ très

(解説・解答 ▶ p.206)

6

次の (1) ～ (4) の (　　) 内に入れるのにもっとも適切なものを、それぞれ ① ～ ③ のなかから1つずつ選び、解答欄のその番号にマークしてください。(配点 8)

(1) Cette jupe est trop petite (　　) moi.

① dans　② de　③ pour

(2) On commence le dîner (　　) lui ?

① de　② en　③ sans

(3) Tu as rendez-vous (　　) Thomas aujourd'hui ?

① avec　② de　③ sur

(4) Vous pouvez finir ce travail (　　) deux heures ?

① en　② par　③ sans

(解説・解答 ▶ p.208)

7　次の (1) ～ (6) にもっともふさわしい絵を、下の ① ～ ⑨ のなかから 1 つずつ選び、解答欄のその番号にマークしてください。ただし、同じものを複数回用いることはできません。(配点　6)

(1)　Mathieu assiste au cours à l'université.
(2)　Mathieu essaie un chapeau.
(3)　Mathieu prépare le repas.
(4)　Mathieu rencontre des copains.
(5)　Mathieu s'habille dans sa chambre.
(6)　Mathieu sort de chez lui.

①

②

③

④

⑤

⑥

⑦

⑧

⑨

(解説・解答 ▶ p.210)

8

次の会話を読み、下の (1) ～ (6) について、会話の内容に一致する場合は解答欄の ① に、一致しない場合は ② にマークしてください。(配点　6)

Cécile : Qu'est-ce que tu fais, maintenant ?

Jean : Je travaille dans un bureau.

Cécile : Tu es content ?

Jean : Non, j'ai trop de travail.

Cécile : Tu restes au bureau jusqu'à quelle heure ?

Jean : Je ne peux pas rentrer avant neuf heures du soir ! Je ne peux plus sortir avec mes amis.

Cécile : Ce n'est pas vrai ! Et tu travailles aussi le samedi ?

Jean : Non. Le samedi, je dors toute la journée.

Cécile : Tu ne veux pas changer de travail ?

Jean : Si, bien sûr.

(1) ジャンは、レストランで働いている。

(2) ジャンは、仕事に不満がない。

(3) ジャンは、夜8時でもまだ帰宅できない。

(4) ジャンは、今でも友人とよく外出する。

(5) ジャンは、土曜日一日中寝ている。

(6) ジャンは、仕事を変えたいと思っている。

(解説・解答 ▶ p.212)

聞き取り試験問題

聞き取り試験時間は、
12時55分から約15分間

注意事項

1 聞き取り試験は、CD・テープでおこないますので、CD・テープの指示にしたがってください。

2 解答はすべて筆記試験と同じ解答用紙の解答欄に、**HBまたはBの黒鉛筆**(シャープペンシルも可)でマークしてください。ボールペンや万年筆等でマークした解答は機械による読み取りの対象とならないため、採点されません。

1

• フランス語の文 (1) ～ (4) を、それぞれ3回ずつ聞いてください。
• それぞれの文にもっともふさわしい絵を、下の ① ～ ⑥ のなかから1つずつ選び、解答欄のその番号にマークしてください。ただし、同じものを複数回用いることはできません。
(メモは自由にとってかまいません) (配点　8)

［音声を聞く順番］ ㉛→㉜

(1)

(2)

(3)

(4)

①

②

③

④

⑤

⑥

(解説・解答 ▶ p.214)

2

- フランス語の質問 (1) ～ (4) を、それぞれ3回ずつ聞いてください。
- (1) ～ (4) の質問に対する応答として適切なものを、それぞれ ①、② から選び、解答欄のその番号にマークしてください。

(メモは自由にとってかまいません)(配点 8)

[音声を聞く順番] ㉝ → ㉞

(1) ① Il est midi et quart.
② Tournez à gauche au deuxième feu.

(2) ① Je viens de Paris.
② Je viens en train.

(3) ① La cuisine chinoise.
② L'anglais et le japonais.

(4) ① Non, pas du tout.
② Oui, beaucoup.

(解説・解答 ▶ p.215)

3

• フランス語の文 (1) ～ (4) を、それぞれ3回ずつ聞いてください。
• どの文にもかならず数が含まれています。例にならって、その数を解答欄にマークしてください。
（メモは自由にとってかまいません）（配点　8）

［ 音声を聞く順番 ］ ㉟ → ㊱

(例)

•「7」と解答したい場合には、

●	①	②	③	④	⑤	⑥	⑦	⑧	⑨
⓪	①	②	③	④	⑤	⑥	●	⑧	⑨

とマークしてください。

•「15」と解答したい場合には、

⓪	●	②	③	④	⑤	⑥	⑦	⑧	⑨
⓪	①	②	③	④	●	⑥	⑦	⑧	⑨

とマークしてください。

(1)

(2)

(3)

(4)

（解説・解答 ▶ p.217）

4

- エマとフロリアンの会話を3回聞いてください。
- 次の (1) ～ (5) について、会話の内容に一致する場合は解答欄の ① に、一致しない場合は ② にマークしてください。
（メモは自由にとってかまいません）（配点　10）

［ 音声を聞く順番 ］ ㊲ → ㊳ → ㊴

(1)　コンサートはアマンディーヌの家でおこなわれる。

(2)　エマはコンサートでギターを演奏する。

(3)　エマはフロリアンからギターを習っている。

(4)　エマはフロリアンにはコンサートに来てほしくない。

(5)　コンサートは6時半に終わる。

（解説・解答 ▶ p.219）

2021年度春季4級

今季の出願者1,719名のうち受験者は1,571名で、合格者は1,305名でした。実受験者に対する合格率は83%でした。合格率の推移を見ると、2019年秋季75%、2020年秋季80%ですから、徐々に増えています。平均得点率は、筆記試験が70%、聞き取り試験が83%、全体では74%でした。全体の平均得点率の推移を見ると、2019年秋季71%、2020年秋季74%ですから、こちらは安定しているといえます。ただし今回は、聞き取り試験の平均得点率が筆記試験の平均得点率を上回っています。

出題内容のあらまし

[筆記]

1 冠詞、前置詞＋冠詞（穴うめ・選択）
2 代名詞（穴うめ・選択）
3 対話文（仏文選択）
4 動詞活用（穴うめ・選択）
5 語順（語句の並べかえによる仏文完成・選択）
6 前置詞（穴うめ・選択）
7 短文（仏文に対応する絵の選択）
8 会話文（内容一致・和文選択）

[聞き取り]

1 短文（仏文に対応する絵の選択）
2 応答文（仏文選択）
3 数（マーク式による記入）
4 会話文（内容一致・和文選択）

筆記試験

解説・解答

1　**解説**　不定冠詞、定冠詞、部分冠詞の用法のほか、前置詞と定冠詞の縮約に関する知識が問われます。

(1)　Elle a mal (aux) dents.「彼女は歯が痛い」

avoir mal à ...「～が痛い」の表現であることがわかれば、正解できるでしょう。à のあとには、定冠詞のついた名詞が置かれます。問題では、前置詞 à と定冠詞 les が縮約されて、aux になります。定冠詞がつくのは、その人の身体の部分を表わすときは限定されるからです。正解は ① aux です。

なお、前置詞 à と定冠詞男性単数の le が縮約されて au になる例では、avoir mal au ventre「お腹が痛い」があります。à と la、à と l' は縮約されませんので、「頭が痛い」では avoir mal à la tête、「左目が痛い」なら avoir mal à l'œil gauche となります。

得点率は 67%でした。

(2)　Ils rentrent (du) Canada.「彼らはカナダから帰ってきます」

「～から帰る、～からもどる」などの表現で、国が問題になる場合は、動詞の後に de ＋国名となります。国名が男性単数名詞の場合定冠詞 le をつけるので、前置詞 de のあと定冠詞の男性単数形 le がつづくとき、この 2 つの語は縮約されて、du となります。正解は ④ du です。

なお、国名が男性複数名詞の場合定冠詞 les をつけるので、前置詞 de のあとに定冠詞の男性複数形 les がつづくとき、この 2 つの語は縮約されて、des となります。たとえば、Ils rentrent des États-Unis. のようになります。さらに、de の後に女性単数名詞がつづくときには、定冠詞はつきません。たとえば、Ils rentrent de France. となります。母音で始まる単数名詞がつづくときには、de は d' となり、同じように定冠詞はつきません。たとえば、Ils rentrent d'Italie. となります。

得点率は 59%でした。

(**3**) Je cherche (un) parapluie noir.「黒い雨傘をさがしています」

名詞 parapluie「雨傘」は、それについている形容詞 noir「黒い」の形から、単数の男性名詞であることがわかります。雨傘が特定されていれば定冠詞 le が、特定されていなければ un が入ります。部分冠詞 du は、一般に「雨傘」と結合することはありませんので、選択肢にある un が正解になります。正解は⑤ un です。

得点率は43%でした。

(**4**) Tu as (des) cheveux blancs !「君は白髪があるんだね」

cheveux「髪の毛」は複数名詞で、blancs は形容詞 blanc「白い」の男性複数形です。cheveux は複数形ですから、冠詞は（男性）複数形になります。複数形の冠詞は、選択肢に des しかありません。正解は③ des です。

なお、cheveu を複数形にするには、語末に s ではなく、x をつけます。他の例として、tableaux があります。覚えておきましょう。

得点率は68%でした。

問題[1]全体の得点率は59%でした。

解答 (1) ①　(2) ④　(3) ⑤　(4) ③

2 **解説** 対話文で用いられる代名詞についての問題です。人称代名詞（直接目的・間接目的・強勢形）のほか、指示代名詞や en、y といった中性代名詞も出題されます。

(**1**) — Ces pommes sont très bonnes.「これらのリンゴはとてもおいしいですよ」— Je préfère (celles) de notre jardin.「私たちの庭のリンゴの方が好きです」

指示代名詞の問題です。動詞 préférer が、préférer A「A（の方）を好む）」という意味です。応答文を、指示代名詞を用いず名詞にもどすと、Je préfère les pommes de notre jardin. となりますから、指示代名詞は、Ces pommes sont très bonnes. の文章から判断して女性複数形になりますので、celles が入ります。正解は① celles です。

なお、選択肢② celui は単数の男性名詞、③ ceux は複数の男性名詞をうける指示代名詞です。また単数の女性名詞であれば、celle になります。このタイプの指示代名詞は、一般に単独では用いられず、本問のように前置詞 de をともなうか、あるいは関係代名詞をともなうか、-ci「こちらの」や -là「あちらの」をともなうかして用いられます。

さらに、動詞 préférer の直説法現在の活用は、〈je préfère、tu préfères、il / elle / on préfère、nous préférons、vous préférez、ils / elles préfèrent〉です。単数のすべての人称と 3 人称複数で、語幹の中のつづり字記号が変わりますので、注意しましょう。

得点率は 63%でした。

(2) — Je n'ai pas encore fini mes devoirs.「まだ宿題が終わっていません」— (Moi) non plus.「私もです」

動詞を省略した文で主語として用いる、人称代名詞の強勢形が問われています。選択肢① Je は、動詞が省略された文では用いられません。② Me は直接目的にも間接目的にもなる人称代名詞で、動詞が省略された文では用いられません。正解は③ Moi です。

そもそも、応答文の (Moi) non plus. は、Je n'ai pas encore fini mes devoirs non plus. と言う文の主語 je を強勢形 moi を用いて強調した文 Moi non plus, je n'ai pas encore fini mes devoirs. がもとになっています。つまり、そこから je n'ai pas encore fini mes devoirs を省略した形なのです。

得点率は 89%でした。

(3) — Tu connais les enfants de Sophie ?「きみはソフィーの子どもたちを知っているのかな」— Oui, je (les) connais bien.「はい、（彼らを）よく知っています」

発話の文の les enfants de Sophie をうける代名詞は、人称代名詞で直接目的の 3 人称複数形の les です。enfants は複数形ですし、この名詞の前に les という定冠詞複数形がついていることからわかります。connais は、他動詞 connaître「（人を）知っている」の活用形で、直接目的語を取ります。選択肢① la も、② le も、直接目的の代名詞ですが、それぞれ女性単数名詞、男性単数名詞をうけます。正解は③ les です。

なお、動詞 connaître (connaitre) の直説法現在の活用は、〈je connais、tu connais、il / elle / on connaît (connait)、nous connaissons、vous connaissez、ils / elles connaissent〉です。3 人称単数で、語幹の中のつづり字記号が変

わりますので、注意しましょう。
得点率は 82％でした。

(**4**) — Vous avez des tomates ?「トマトはありますか」— Oui, vous (en) voulez combien ?「はい、どのくらいお望みですか」

空欄には combien de tomates の de tomates をうける代名詞が入ります。このとき、〈de ＋名詞〉をうけることができるのは、中性代名詞 en です。正解は ① en です。② les は直接目的語になる複数名詞をうける人称代名詞で、③ y は〈場所を示す前置詞（à、chez、dans、en、sur...）＋名詞〉をうけたり、〈前置詞 à ＋名詞（人以外のものや事がら）〉をうける中性代名詞です。

得点率は 68％でした。

(**5**) — Vous voyez souvent vos grands-parents ?「あなたは、よくおじいさまとおばあさまにお会いになりますか」— Non, mais je (leur) téléphone de temps en temps.「いいえ、でもときどき（彼らに）電話をします」

téléphoner は、téléphoner à A で用いられますから、人称代名詞を用いなければ、je téléphone à mes grands-parents になり、à mes grands-parents という三人称複数の間接目的語の人称代名詞は leur です。正解は ② leur です。選択肢 ① les は直接目的語の複数名詞をうける人称代名詞です。③ lui は 3 人称単数の間接目的語または 3 人称単数男性の人称代名詞強勢形です。

得点率は 72％でした。

問題2全体の得点率は 75％でした。

解答　(1) ①　(2) ③　(3) ③　(4) ①　(5) ②

3 **解説** 3 つの選択肢から適切な文を選び、対話文を完成する問題です。

(**1**) **A** が、Il y a un nouvel élève dans la classe.「クラスに新しい生徒がいます」と言っています。élève は高校生までの「生徒」ですから、それに対する **B** の応答として、③ Qu'est-ce qu'il fait dans la vie ?「仕事は何をしているんですか」は不可能です。① D'où vient-il ?「どこから来たの」は可能です。② Il est comment ?「どんな子なの」も可能です。**B** の応答に **A** は、

Il est gentil.「やさしい子だよ」と、答えていますから、正解は② Il est comment ? です。

得点率は85%でした。

(2) **A**が、Je voudrais réserver une table pour samedi soir.「土曜日の夜の（ために）、席を予約したいのです」と**B**に言っています。une tableは、テーブルですが、レストランでの席のことになります。それに答える**B**の選択肢のうち、① Désolé, madame. Le restaurant est fermé le week-end.「残念です（マダム）。レストランは週末、閉店しています」は応答として可能です。③ Oui. Vous êtes combien ?「はい。何名様ですか」も可能です。② Non merci. Je prends un plat du jour.「いいえ、結構です。私は本日のおすすめ料理をとります」は応答として不可能です。**B**の応答に**A**はC'est dommage.「残念です」と答えているのですから、正解は① Désolé, madame. Le restaurant est fermé le week-end. です。

得点率は83%でした。

(3) **A**は、Ma sœur vient d'avoir un enfant !「姉（妹）に子どもが生まれたんです」と言っています。これに応答する**B**の選択肢のうち、① Alors, vous êtes oncle maintenant !「それでは、あなたは叔父なの（叔父になったの）ですね」は応答として可能です。② Il a combien de mois ?「（お子さんは）何ヵ月になりましたか」も可能です。③ Vous avez deux sœurs.「あなたには2人姉妹がいます」は応答として文脈にそぐわないために不可能です。**B**の応答に**A**は、Eh oui, depuis un mois.「ええ、そうです、1ヵ月前から」と述べていますから、正解は① Alors, vous êtes oncle maintenant ! です。

なお、〈venir + de + 不定詞〉「～したところだ、～したばかりだ」（近接過去を表わす）と〈venir + 不定詞〉「～しにくる」とをまとめて復習しておきましょう。

得点率は44%でした。

(4) **A**は、On va au cinéma ce soir ?「今晩、映画に行かない？」と誘っています。これに応答する**B**の選択肢のうち、① Bien sûr. Et après le film, on va dîner ?「もちろん。映画のあとに、夕食をとりましょうか」は応答として可能です。③ On va voir quel film ?「どの映画を見ましょうか」も可能です。

② Je suis occupée demain.「あしたは忙しいです」は、今晩のことを聞かれているのに、あすのことを述べていて、応答として不可能です。**B** の応答に **A** は Pourquoi pas ?「いいですね」と賛成していますから、正解は ① Bien sûr. Et après le film, on va dîner ? です。

得点率は 55%でした。

なお、Pourquoi pas ? は「どうしてだめなのか」が転じて、「だめなわけがない、いいですね」の意味で用いられます。

問題3全体の得点率は 67%でした。

解答 (1) ② (2) ① (3) ① (4) ①

4 **解説** あたえられた日本語の意味になるように、適切な動詞の活用形を選択する問題です。

(1) 「彼らは卒業したら、何をするのだろうか」では、未来のことを表わす直説法単純未来形が問題になっています。選択肢の動詞はすべて 3 人称複数形ですが、① faisaient は半過去形、② feront は単純未来形、③ ont fait は複合過去形です。したがって、正解は ② feront です。

なお、faire「する」の単純未来の活用は、〈je ferai、tu feras、il / elle / on fera、nous ferons、vous ferez、ils / elles feront〉です。

得点率は 53%でした。

(2) 「きのう 3 人が事故にあいました」は、動詞 avoir の複合過去形の活用が問題になっています。選択肢の動詞はすべて複合過去形ですが、① a eu は 3 人称単数形の活用形、② avez eu は 2 人称 vous を主語にする活用形、③ ont eu は 3 人称複数形の活用形です。主語が Trois personnes で 3 人称複数ですから、正解は ③ ont eu です。

得点率は 84%でした。

(3) 「パンにジャムをぬりなさい」は、命令を表わす動詞の命令形の活用が問題になっています。ton pain がヒントです。ton は tu と呼んでいる人に対して用いる所有形容詞です。つまりこの命令文では tu に呼びかけていることがわかりますから、選ぶべきは、mettre の 2 人称単数 tu に対する命令法の活用形です。② Mets が 2 人称単数 tu に対応する命令法の活用形なので、正解は ② Mets です。選択肢のうち、① Met は 3 人称単数 il / elle / on に対応する現在形の活用形であり、命令法の活用形ではありませんし、③ Mettez は、2 人称 vous に対応する命令法の活用形ですが、vous に対して用いるので、本問の解答にはなりません。

得点率は 49%でした。

(4)「毎月曜日、父は私の通学に付きそってくれたものです」は、過去の反復する行為を言い表わす直説法半過去が問題になっています。選ぶべき活用は、Mon père つまり 3 人称単数に対応する accompagner の半過去形です。選択肢のうち、① accompagnait は 3 人称単数 il / elle / on に対応する半過去形、② accompagne は 1 人称単数形 je または 3 人称単数 il / elle / on に対応する現在形、③ accompagnera は 3 人称単数 il / elle / on に対応する単純未来形です。正解は ① accompagnait です。

得点率は 79%でした。

(5)「毎日公園を走っています」は、動詞の直説法現在が問題になっています。選ぶべき活用は、主語 1 人称単数 Je に対応する courir の現在形です。選択肢の動詞はすべて現在形ですが、① courent は 3 人称複数の主語に対応する活用、② cours は 1 人称単数 je または 2 人称単数 tu の主語に対応する活用、③ court は 3 人称単数 il / elle / on に対応する活用です。主語は Je で、1 人称単数ですから、正解は ② cours です。

得点率は 80%でした。

問題4全体の得点率は 69%でした。

解答　(1) ②　(2) ③　(3) ②　(4) ①　(5) ②

5　解説　選択肢 ①～④ の語を並べかえて文を完成させる問題です。

(1) C'est ...「これは～です」のあとにつづくのは、選択肢に bon の優等比較級の meilleur があるため、(不定冠詞 +) 比較級の表現か、定冠詞 + 最上級の表現が想定されます。男性単数名詞の plat があり、le があることから、定冠詞と優等比較級の形容詞を用いる最上級が名詞についた形だと考えられます。最上級の文では、「〜の中で」と範囲を示す場合に、前置詞 de を用います。bon (meilleur) は名詞の前に置かれる形容詞であるため、語順は、C'est le meilleur (plat) de ce restaurant.「このレストランで一番おいしい料理です」となります。正解は④ plat です。

得点率は44%でした。

(**2**) Il a ...「彼は〜を持っています」のあとに続く語は、選択肢を見ると、冠詞＋形容詞＋名詞＋形容詞が想定されます。冠詞をさがすと、「形容詞の複数形＋名詞の複数形」の前に置かれる冠詞の、② de しかありません。次に① beau の男性複数形 beaux は、日常よく用いられる短めの形容詞が名詞の前に置かれる形容詞ですから、④ tableaux と結びつき、de beaux tableaux の語順が確定します。italiens は名詞の後ろに置かれる形容詞ですので、文は Il a de beaux (tableaux) italiens.「彼は美しいイタリア絵画を持っています」となります。正解は④ tableaux です。

さらに、名詞の前に置かれる形容詞は、grand(e)「大きい」、petit(e)「小さい」、bon(ne)「良い」、mauvais(e)「悪い」、jeune「若い」、vieux (vieil, vieille)「古い（年をとった）」、beau (bel, belle)「美しい」などがあります。

得点率は33%でした。

(**3**) Je が主語ですから、対応する動詞を選択肢から探してみると、③ présente が見つかります。動詞 présenter は、présenter A à B「A を B に紹介する、提示する」という語順になります。残った選択肢のうち、所有形容詞の① mes と、名詞の② parents とが結びつきます。mes parents は文末の et ma sœur とセットになりそうです。最後に残った選択肢④ te は、présenter の直接目的語の mes parents et ma sœur がすでにありますから、間接目的語の人称代名詞だと考えることができます。すると Je te présente (mes) parents et ma sœur.「私はきみに私の両親と姉（妹）を紹介します」という文が完成します。正解は① mes です

得点率は82%でした。

(**4**) Mon père が主語ですが、3人称単数ですから、対応する動詞は④ prend です。選択肢に② ne と③ pas がありますので、否定の表現が想定されます。

ne と pas で動詞をはさめば否定形になります。残る ① le は、petit déjeuner につく定冠詞だと考えられますので、Mon père ne prend (pas) le petit déjeuner.「私の父は朝食をとりません」という文が完成します。正解は ③ pas です。

得点率は 78%でした。

(5) 主語である Nous ...「私たちは〜」につづくのは、活用している動詞 ③ sommes（不定詞は être）「〜である」です。Nous sommes ... の次にくるのは形容詞 ② heureux「喜んでいる、うれしい」だと考えられるので、これをつけて Nous sommes heureux ...「私たちは〜うれしい」という文章ができます。そこに ① de を加えると、Nous sommes heureux de ...「私たちは〜を（で）うれしい」という文が見えてきます。de のあとに続く語句は名詞あるいは動詞の不定詞なので、vous connaître「あなた［方］を知る」を加えると Nous sommes heureux de vous connaître.「私たちはあなた［方］とお知り合いになれてうれしい」という文章ができあがります。さて、残った選択肢 ④ très「とても」をどこに入れるべきでしょうか。この副詞は、形容詞か副詞の前に置きますので、Nous sommes très (heureux) de vous connaître.「私たちはあなた［方］とお知り合いになれて、とてもうれしいです」という文が完成します。正解は ② heureux です。

得点率は 74%でした。

問題5全体の得点率は 62%でした。

解答　(1) ④　(2) ④　(3) ①　(4) ③　(5) ②

6　解説　文意に則し、適切な前置詞を選択する問題です。

(1) Cette jupe est trop petite (pour) moi.「このスカートは私には小さすぎます」

③ pour にはいくつもの使い方がありますが、ここでは「〜にとって」を示して、〈trop + 形容詞 + pour + 人〉の語順で、「〜にとっては〜すぎる」という表現になります。なお、① dans は、場所の表現で「〜の中に」、時間の表現として「〜のあいだに、〜以内に」、「〜後に」を示し、また ② de は、所有・所属、性質・特徴、出発・出身の表現として「〜の」「〜から」を示

して用いられます。正解は③ pour です。
　得点率は 79％でした。

(**2**)　On commence le dîner (sans) lui ?「彼がいないけれども夕食を始めましょうか」
　人称代名詞強勢形 lui があると、chez「～の家で」のような前置詞が思いつきますが、選択肢にありません。③ sans は「～なしで」を示して、文が成立しますが、① de と② en では文が成り立ちません。正解は③ sans です。
　得点率は 67％でした。

(**3**)　Tu as rendez-vous (avec) Thomas aujourd'hui ?「きょうトマと会う約束があるの？」
　ここでポイントになるのは、〈avoir rendez-vous avec ＋人〉「～と会う約束がある」という表現です。新訂版『仏検公式基本語辞典』には、Aujourd'hui, j'ai rendez-vous avec mon professeur.「きょう私は先生と面会の約束がある」（p.243）という例文が出ています。② de と③ sur では文が成り立ちません。③ sur は「～の上に、～の方に、～ついて」（位置、方向、主題）を示します。正解は① avec です。
　得点率は 92％でした。

(**4**)　Vous pouvez finir ce travail (en) deux heures ?「あなたはこの仕事を 2 時間で終わらせることができますか」
　en にはさまざまな用法がありますが、時間の表現をともなうと、所要時間「～で、～かけて」を示します。② par に時間の表現をともなう例はきわめて限られていて、ここでは文が成り立ちません。③ sans は「～なしで」を示しますが、ここでは文が成り立ちません。正解は① en です。
　さて、前置詞 en には、ほかに、場所の表現として、後ろに女性名詞の国名が置かれて「～で」「～に」（en France）、年号や月の名が置かれて「～に」（en 2021、en janvier）、手段・方法の表現で「～で」（en français、en train）、状態・材質を表わして「～で」（en voyage、en papier）などの用法があります。前置詞 par には、手段・方法の表現で「～で」（par avion）、基準・単位の表現で「～ごとに」（par semaine）、通過の表現で「～を通って」（par la fenêtre）などの用法があります。

得点率は 46%でした。

問題6全体の得点率は 71%でした。

解答　(1) ③　(2) ③　(3) ①　(4) ①

7　**解説**、フランス語の文(1)～(6)の内容に対応する場面を 9 つのイラストから選ぶ問題です。

(1) Mathieu assiste au cours à l'université.「マチューは大学の授業に出席する」

男性が授業に出席して、先生の話を聞きながらノートを取っているイラスト⑦が正解です。assiste は、動詞 assister の直説法現在の活用形で、assister à ...「～に出席する」のように用いられます。assister は -er 動詞（第 1 群規則動詞）で、直説法現在の活用は〈j'assiste、tu assistes、il / elle / on assiste、nous assistons、vous assistez、ils / elles assistent〉です。cours は、s で終わっていますが、à と定冠詞 le の縮約形 au から、ここでは単数形であることがわかります。

得点率は 97%でした。

(2) Mathieu essaie un chapeau.「マチューは帽子を試着している」

店で男性が女性店員の横で帽子を試着しているイラスト④が正解です。動詞 essayer は上記の -er 動詞（第 1 群規則動詞）のグループに属しますが、-ayer で終わる動詞には 2 通りの現在形の活用形があります。essayer「ためす」の直説法現在の活用は〈j'essaie、tu essaies、il / elle / on essaie、nous essayons、vous essayez、ils / elles essaient〉で、本問で用いられているのは、3 人称単数の活用形 essaie です。第 2 形として、〈j'essaye、tu essayes、il / elle / on essaye、(...)、ils / elles essayent〉という活用形もあります。

得点率は 83%でした。

(3) Mathieu prépare le repas.「マチューは食事のしたくをしている」

エプロン姿の男性がフライパンを片手に食材を焼くイラスト①が正解です。空の皿が置かれているところからも、男性が le repas「食事」のしたくをしているところだとわかります。動詞 préparer は上記の -er 動詞（第 1 群規則動詞）のグループに属します。

得点率は 66％でした。

(4)　Mathieu rencontre des copains.「マチューは友だちに会う」

男性が、テラス席に座っている男性 2 人に向かって、軽く手を挙げて合図しているイラスト⑤が正解です。copain は（男）友だちです。複数形になっているので、イラストで男性 2 人と会う場面に合致します。動詞は上記の -er 動詞（第 1 群規則動詞）rencontrer です。

得点率は 81％でした。

(5)　Mathieu s'habille dans sa chambre.「マチューは自分の部屋で服を着る」

男性が衣服を着るイラスト②が正解になります。代名動詞 s'habiller は「自分に服を着せる」という意味が転じて、「服を着る」という意味になります。s'habiller の直説法現在の活用は〈je m'habille, tu t'habilles, il / elle / on s'habille, nous nous habillons, vous vous habillez, ils / elles s'habillent〉です。dans は場所を表わす前置詞、chambre は「個人の部屋・寝室」です。

なお、mettre une veste「上着を着る」や porter une veste「上着を着ている」という表現も復習しておきましょう。

得点率は 32％でした。

(6)　Mathieu sort de chez lui.「マチューは自分の家から出てくる」

扉の前で男性がスーツケースを押しているイラスト⑨が正解です。動詞 sortir「（外に）出る」の直説法現在の活用は〈je sors、tu sors、il / elle / on sort、nous sortons、vous sortez、ils / elles sortent〉です。de ... は起点・離脱を示す「～から」ですので、de chez lui で「彼の家から」となります。

得点率は 76％でした。

問題7全体の得点率は 73％でした。

解答　(1) ⑦　(2) ④　(3) ①　(4) ⑤　(5) ②　(6) ⑨

8 **解説** 会話文を読み、設問(1)～(6)の日本語の文が会話の内容に一致するかどうかを判断します。

セシルはジャンに近況をたずねています。ジャンはオフィスで働いていますが、働きすぎで、現状に満足していません。夜9時でも帰宅できず、友人と出かけることもできません。土曜日には一日中寝ています。このような状況なので、仕事を変えたいと考えています。

(1)「ジャンは、レストランで働いている」

Qu'est-ce que tu fais, maintenant ?「今（最近）何をしているの」というセシルの質問に、ジャンは、Je travaille dans un bureau.「オフィスで働いているんだ」と返答していますから、ジャンの職場はレストランではなく、オフィスであることがわかります。設問文は会話の内容に一致していませんので、正解は②になります。

得点率は91%でした。

(2)「ジャンは、仕事に不満がない」

セシルのTu es content ?「満足しているの？」という質問に、ジャンは、Non「いいえ」と答えていますから、ジャンは仕事に満足していないということになり、設問文は会話の内容に一致しません。正解は②になります。

得点率は91%でした。

(3)「ジャンは、夜8時でもまだ帰宅できない」

セシルのTu restes au bureau jusqu'à quelle heure ?「何時までオフィスに残っているの」という質問に、ジャンは、Je ne peux pas rentrer avant neuf heures du soir !「夜9時前には帰宅できないんだ」と返答していますから、夜8時でもまだ帰宅できないことになります。設問文は会話の内容に一致しているので、正解は①になります。

得点率は88%でした。

(4)「ジャンは、今でも友人とよく外出する」

ジャンはJe ne peux plus sortir avec mes amis.「今や友だちと外出できないんだ」と述べていますから、設問文は会話の内容に一致しません。ne と

plus で動詞をはさんで、「もはや～ない」という否定の表現になります。pas ではなく plus が用いられていますが、plus には、以前はそうだったけれども、今ではそうではないというニュアンスがあります。設問文は会話の内容に一致しないので、正解は②になります。

得点率は 95％でした。

(**5**)「ジャンは、土曜日一日中寝ている」

ジャンは、Le samedi, je dors toute la journée.「土曜日には一日寝ているんだ」と言い添えていますから、設問文は会話の内容に一致し、正解は①になります。なお、samedi「土曜日」についてですが、曜日の名詞に定冠詞をつけると、「毎～曜日」を意味します。ここでは le samedi と単数形ですが、複数形 les samedis でも同じ意味になります。冠詞がないと、話している時点から見て直近の土曜日という意味になり、どの土曜日かが限定されます。toute la journée は「一日中」です。

得点率は 83％でした。

(**6**)「ジャンは、仕事を変えたいと思っている」

セシルの Tu ne veux pas changer de travail ?「仕事を変えたくないの？」という質問に、ジャンは、Si, bien sûr.「いいえ、もちろん（変えたい）」と返答していますから、設問文は会話の内容に一致します。正解は①になります。フランス語では、否定の疑問に対する肯定の答えには si を用います。

得点率は 89％でした。

問題8全体の得点率は 89％でした。

解答 (1) ②　(2) ②　(3) ①　(4) ②　(5) ①　(6) ①

聞き取り試験

解説・解答

1

(読まれる文)

(1) À demain.

(2) Après vous, madame.

(3) Dépêchons-nous !

(4) L'addition, s'il vous plaît !

解説 フランス語の文を聞き取り、その内容にふさわしい場面を6つのイラストから選ぶ問題です。

(1) À demain.「では、またあした」

扉の前で女性が片手を軽くあげて、同じく片手をあげている別の女性に言葉をかけているイラスト②が正解になります。別れ際に、「では、また〜（に会いましょう）」という表現に、〈À +時間表現〉があります。demain は「あした」を示しますので、À demain. は、「では、またあした」を意味します。

ほかにも、À bientôt.「では、また近いうちに」、À la semaine prochaine.「では、また来週（に）」、À lundi.「では、また月曜日に」など、別れ際に使う、〈À +時間表現〉に慣れておきましょう。

得点率は76%でした。

(2) Après vous, madame.「お先にどうぞ」

建物の入り口で、女性が扉を押し開け、杖をついている年配の女性に、何か言っているイラスト⑤が正解になります。après は「〜の後に」を示しますので、直訳すると Après vous は「あなたの後に」となります。つまり、「私は、あなたの後に行きます（通ります）」という意味で、人のために扉を開けて、閉まらないように押さえていてあげるときや、順番をゆずるときに使う定型表現になります。madame は女性への呼びかけです。

得点率は95％でした。

(3) Dépêchons-nous !「急ぎましょう」

母親とおぼしき女性が腕時計を見ながら、手をつないでいる子どもに何か言っているイラスト④が正解になります。Dépêchons-nous は代名動詞 se dépêcher「急ぐ」の nous に対する命令法の活用形になります。女性が子どもに向かって、いっしょに急ぐよう、呼びかけているので、nous に対して言っていることになります。

なお、代名動詞の命令法では、動詞の活用形の後に - で再帰代名詞（se の変化した強勢形代名詞で、toi、nous、vous のうち、主語の人称に対応する形）をつなぎます。

得点率は66％でした。

(4) L'addition, s'il vous plaît !「会計をお願いします」

カップが置かれているテーブル席で、女性客が軽く手をあげながらウェイターに何か言っているイラスト⑥が正解になります。L'addition, s'il vous plaît !は、飲食店のテーブル席で、会計をする意思を店員に示す定型表現です。

得点率は90％でした。

問題1全体の得点率は82％でした。

解答　(1) ②　(2) ⑤　(3) ④　(4) ⑥

2

（読まれる質問）

(1)　Pour aller à la gare, s'il vous plaît ?

(2)　D'où venez-vous ?

(3)　Quelles langues parlez-vous ?

(4) Tu n'aimes pas le sport ?

解説 フランス語の質問を聞き取り、適切な応答を2つの選択肢から選びます。

(1) Pour aller à la gare, s'il vous plaît ?「すみませんが、駅に行くには？」

この質問に対する応答は、② Tournez à gauche au deuxième feu.「2つめの信号を左に曲がってください」が正解です。まず、Pour aller à la gare で「駅に行くには」と言われていますので、道順を聞かれていることがわかります。そして、道順を示している応答は、Tournez à gauche au deuxième feu. の文です。① Il est midi et quart.「（昼の）12時15分です」は質問に対応していません。① の文が正解になるには、Quelle heure est-il ?「何時ですか」のような、質問に時間を問う文がなければなりません。

得点率は88%でした。

(2) D'où venez-vous ?「どちらからいらしたのですか」

この質問に対する応答文は、① Je viens de Paris.「パリからです」が正解です。質問の冒頭の D'où が聞きとれなければ正解できません。D'où は、前置詞 de と、場所を聞く疑問詞 où がエリジヨンした形で、「どこから」を示しますので、質問の文は、相手に起点の場所を聞いていることになります。② Je viens en train.「電車で来ました」は質問に対応していません。② が正解になるには、Vous venez comment ?「どうやって来るの（来たん）ですか」のような、移動手段を問う質問が想定されます。

得点率は78%でした。

(3) Quelles langues parlez-vous ?「どの言語が話しますか」

この質問に対する応答文は、② L'anglais et le japonais.「英語と日本語」が正解です。langues「言語」は女性複数形ですから、その前についているのは、疑問形容詞 quel がそれにかかる名詞の性数に対応して変化した形で、「どの」を示します。parlez は parler の活用形なので、質問では、話す言語が聞かれていることがわかります。① La cuisine chinoise.「中華料理」は質問に対応していません。① La cuisine chinoise. が正解になるには、Vous aimez quelle cuisine ?「どんな料理が好きですか」のような、好みを問う質問が想定されます。

なお、anglais、japonais、chinois は、名詞（「英語」「日本語」「中国語」）にも形容詞（anglais、anglaise「英語の（イギリスの、イギリス人の）」、japonais、japonaise「日本語の（日本の、日本人の）」、chinois、chinoise「中国語の（中国の、中国人の）」にもなります。さらに、Anglais / Anglaise、Japonais / Japonaise、Chinois / Chinoise として使う場合、それぞれ「イギリス人」「日本人」「中国人」を示します。

得点率は 90%でした。

(4) Tu n'aimes pas le sport ?「スポーツは好きじゃないの？」

この質問に対する応答文は、① Non, pas du tout. が正解です。一見、どちらの選択肢も正解になりそうですが、質問文が否定疑問文ですので、① Non, pas du tout. を日本語にすると「はい、全然（好きではありません）」となります。② Oui, beaucoup.「はい、ひじょうに」の oui は否定疑問文の答えにはなりえません。もし「いいえ、とても（好きです）」と答えたいのであれば、Si, beaucoup. と答えなければなりません。フランス語では、否定の疑問に対する肯定の答えには si を用いるのです。このとき、フランス語の Si. / Non. と、日本語の「いいえ」「はい」が逆になることに気をつけましょう。日本語の「はい」「いいえ」は相手が述べた文の内容が正しいか、正しくないかを表わしますが、フランス語の Oui. / Si. Non は自分の答えが肯定文か否定文かを表わします。

得点率は 80%でした。

問題[2]全体の得点率は 84%でした。

解答　(1) ②　(2) ①　(3) ②　(4) ①

3

(読まれる文)

(1) L'hôtel a cinquante-cinq étages.

(2) Ce magasin ferme à vingt-trois heures.

(3) Notre tante habite soixante-dix-neuf, rue Victor Hugo.
(4) Ouvrez le livre à la page quatre-vingt-deux.

解説、フランス語の文にふくまれる数を聞き取る問題です。

(1) L'hôtel a cinquante-cinq étages.「（この）ホテルは（フランス式で）55 階建てです」

55 が正解です。数名詞の 55 cinquante-cinq は単独だと [sɛ̃kɑ̃tsɛ̃k サンカントゥサンク] と発音されますが、この場合は数形容詞として名詞 étages についています。étages は母音で始まる名詞ですから、数詞の最後の q「ク」の音が、名詞の最初の é「エ」とつながって「サンカントゥサンケタージュ」と聞こえます。ちなみに étage は、1 階 rez-de-chaussée の上から数えますので、L'hôtel a cinquante-cinq étages. は、フランス式で 55 階建て、日本式だと 56 階建てのホテルのことになります。

得点率は 89%でした。

(2) Ce magasin ferme à vingt-trois heures.「この店は 23 時に閉まります」

23 が正解です。23 単独の発音は [vɛ̃ttrwɑ ヴァントゥトろワ] です。この場合は母音で始まる名詞 heures をともなっているので、数詞の最後の s の音が [z] という音でつながって、[vɛ̃ttrwɑzœ:r ヴァントゥトろワズーる] と発音されます。

得点率は 68%でした。

(3) Notre tante habite soixante-dix-neuf, rue Victor Hugo.「私たちの叔母は、ヴィクトル・ユゴー通り 79 番地に住んでいます」

79 が正解です。この問題では、通りの名前の前で番地が発音されています。70 から 79 までの数字は、60 の後ろに、残りの数字を足していきますので、注意を要します。79 は 60 + 19 という言い方になるので、79 は soixante-dix-neuf [swasɑ̃tdiznœf ソワサントディズヌフ] と発音されます。

得点率は 80%でした。

(4) Ouvrez le livre à la page quatre-vingt-deux.「本の 82 ページを開けてく

ださい」

82が正解になります。82 quatre-vingt-deux は [katrəvɛ̃dø カトるヴァンドゥ] と発音されています。81から99までの数字は、quatre-vingt に1から19までの数字をそれぞれ後ろにつけて言います。なお、Ouvrez は動詞 ouvrir「開ける」の vous に対する命令法の活用形です。

得点率は78%でした。

問題3全体の得点率は79%でした。

解答 (1) 55　(2) 23　(3) 79　(4) 82

4

(読まれる会話)

Florian : Où vas-tu, Emma ?
Emma : Chez Amandine. Il y a un petit concert chez elle.
Florian : C'est elle qui joue ?
Emma : Oui, mais moi aussi. Je joue de la guitare.
Florian : Tu joues de la guitare ?
Emma : Oui. Je prends des cours depuis un an.
Florian : Je ne savais pas. Je peux aller à ce concert ?
Emma : Bien sûr ! Ça commence à six heures et demie.

解説 会話文を聞き取り、日本語の文(1)～(5)がその内容に一致するかどうかを判断する問題です。エマとフロリアンが話しています。

(1) 「コンサートはアマンディーヌの家でおこなわれる」

フロリアンの質問 Où vas-tu, Emma ?「どこに行くの」に対して、エマが Chez Amandine. Il y a un petit concert chez elle.「アマンディーヌの家よ。彼女の家でちょっとしたコンサートがあるの」と答えているので、設問文は会話の内容に一致します。正解は①です。

得点率は90%でした。

(2)「エマはコンサートでギターを演奏する」

コンサートで演奏するのが彼女、つまりアマンディーヌかと問うフロリアンに対して、エマがOuiと答えているので、アマンディーヌは演奏すると答えています。そして続けて、moi aussi「私も」、Je joue de la guitare.「ギターをひくの」と言っていますので、設問文は会話の内容に一致します。正解は①です。

得点率は98%でした。

(3)「エマはフロリアンからギターを習っている」

エマがフロリアンからギターを習っているのであれば、フロリアンはエマにTu joues de la guitare ?「ギターがひけるの？」というような質問はしないでしょう。エマのJe prends des cours depuis un an.「1年前からギターのレッスンを受けている」のせりふに対して、フロリアンはJe ne savais pas.「知らなかった」と言っています。従って、設問文は会話の内容に一致しません。正解は②です。

得点率は91%でした。

(4)「エマはフロリアンにはコンサートに来てほしくない」

フロリアンがJe peux aller à ce concert ?「そのコンサートに行ってもいいかな？」ときくと、エマはBien sûr !「もちろん」と答えています。従って、設問文は会話の内容に一致しません。正解は②です。

得点率は93%でした。

(5)「コンサートは6時半に終わる」

Ça commence à six heures et demie.「それ（コンサート）は6時半に始まる」と言われていますので、設問文は会話の内容に一致しません。動詞commencer「始まる」の活用形commenceが聞き取れて、単語の意味がわかれば正解できます。「終わる」ならfinirなどの動詞が用いて、Ça finit à six heures et demie.になります。正解は②です。

得点率は63%でした。

問題4全体の得点率は87%でした。

解答 (1) ① (2) ① (3) ② (4) ② (5) ②

配 点 表

問題番号	筆記試験	1	2	3	4	5	6	7	8	小計	聞き取り	1	2	3	4	小計	合計
点		8	10	8	10	10	8	6	6	66		8	8	8	10	34	100

2021年度秋季
実用フランス語技能検定試験
試験問題冊子　〈４級〉

問題冊子は試験開始の合図があるまで開いてはいけません。

筆 記 試 験	12 時 10 分～12 時 55 分 (休憩なし)
聞き取り試験	12 時 55 分から約 15 分間

◇問題冊子は表紙を含め 16 ページ、筆記試験が 8 問題、聞き取り試験が 4 問題です。

注　意　事　項

1　途中退出はいっさい認めません。

2　筆記用具は **HB または B の黒鉛筆** (シャープペンシルも可) を用いてください。ボールペンや万年筆等でマークした解答は機械による読み取りの対象とならないため、採点されません。

3　解答用紙の所定欄に、**受験番号**と**カナ氏名**が印刷されていますから、まちがいがないか、**確認**してください。

4　**解答は、解答用紙の解答欄にマークしてください。**たとえば、1の (1) に対して ③ と解答する場合は、次の例のように解答欄の ③ にマークしてください。

例　1

解答番号	解　答　欄
(1)	① ② ● ④ ⑤ ⑥

5　解答に関係のないことを書いた答案は無効にすることがあります。

6　解答用紙を折り曲げたり、破ったり、汚したりしないように注意してください。

7　問題内容に関する質問はいっさい受けつけません。

8　不正行為者はただちに退場、それ以降および来季以後の受験資格を失うことになります。

9　**携帯電話等の電子機器の電源はかならず切って、かばん等にしまってください。**通信機能のある時計は使用を禁じます。

10　**時計のアラームは使用しないでください。**

11　この試験問題の複製 (コピー) を禁じます。また、この試験問題の一部または全部を当協会の許可なく他に伝えたり、漏えいしたりすることを禁じます (インターネットや携帯サイト等に掲載することも含みます)。

筆記試験終了後、休憩なしに聞き取り試験にうつります。

1　次の (1) ～ (4) の (　　) 内に入れるのにもっとも適切なものを、下の ① ～ ⑥ のなかから 1 つずつ選び、解答欄のその番号にマークしてください。ただし、同じものを複数回用いることはできません。(配点　8)

(1) C'est (　　) vieille chanson anglaise.

(2) Il y aura (　　) nuages cet après-midi.

(3) Quel est (　　) nom de ce légume ?

(4) Une tarte (　　) pommes, s'il vous plaît.

① aux	② des	③ le
④ les	⑤ un	⑥ une

（解説・解答 ▶ p.240）

2

次の対話 (1) ～ (5) の (　　) 内に入れるのにもっとも適切なものを、それぞれ ① ～ ③ のなかから 1 つずつ選び、解答欄のその番号にマークしてください。(配点　10)

(1) — C'est votre sac ?
— Non, il n'est pas à (　　).

① je　　② me　　③ moi

(2) — Elles ont encore des examens ?
— Oui, elles (　　) ont encore deux.

① en　　② leur　　③ y

(3) — Il pleut ! Tu as besoin de ton parapluie ?
— Non. Tu peux (　　) prendre.

① en　　② le　　③ lui

(4) — Je cherche une valise très légère.
— (　　)-ci vous plaît ?

① Celle　　② Celui　　③ Ceux

(5) — Tu as soif ?
— Oui ! Tu (　　) donnes un verre d'eau, s'il te plaît ?

① me　　② te　　③ vous

(解説・解答 ▶ p.241)

3　次の (1) ～ (4) の **A** と **B** の対話を完成させてください。**B** の下線部に入れるのにもっとも適切なものを、それぞれ ① ～ ③ のなかから 1 つずつ選び、解答欄のその番号にマークしてください。(配点　8)

(1) **A** : Comment trouves-tu ce livre ?
B : ______________________
A : Tu ne l'aimes pas, alors.

① Il est très intéressant.
② Il est trop long.
③ J'ai trouvé ce livre.

(2) **A** : Je vais avoir six ans !
B : ______________________
A : Je veux être pianiste.

① Ah bon ? C'est quand son anniversaire ?
② Qu'est-ce que tu veux comme cadeau ?
③ Qu'est-ce que tu veux faire quand tu seras grand ?

(3) **A** : Nous allons nager.
B : ______________________
A : Pas de problème. Nous avons l'habitude.

① Attention, l'eau est un peu froide.
② Quand allez-vous nager ?
③ Vous allez au cinéma ?

(4) **A** : Tu as des nouvelles de Mathieu ?
B : ______________________
A : Je suis très contente pour lui.

① Non, ce n'est pas nouveau.
② Oui, il a réussi à son examen.
③ Oui, il ne va pas très bien.

(解説・解答 ▶ p.243)

4　次の日本語の文 (1) ～ (5) の下には、それぞれ対応するフランス語の文が記されています。(　　) 内に入れるのにもっとも適切なものを、それぞれ ① ～ ③ のなかから 1 つずつ選び、解答欄のその番号にマークしてください。(配点　10)

(1)　あさって、カミーユとジョゼはパリにいます。

Camille et José (　　) à Paris après-demain.

① étaient　② ont été　③ seront

(2)　彼女は昔の先生に会いたかったんだ。

Elle (　　) revoir son ancien professeur.

① veut　② voudra　③ voulait

(3)　子どもたち、いらっしゃい。

(　　), les enfants !

① Venez　② Venons　③ Viens

(4)　何を考えているの？

À quoi (　　)-tu ?

① pensais　② penseras　③ penses

(5)　私たちは去年その美術館に行きました。

Nous (　　) ce musée l'année dernière.

① avez visité　② avons visité　③ ont visité

(解説・解答 ▶ p.244)

5

例にならい、次の (1) ～ (5) において、それぞれ ① ～ ④ をすべて用いて文を完成したときに、(　　) 内に入るのはどれですか。① ～ ④ のなかから 1 つずつ選び、解答欄のその番号にマークしてください。なお、① ～ ④ では、文頭にくるものも小文字にしてあります。(配点　10)

例：Il ______ ______ (______) ______ .

① a　② fatigué　③ l'air　④ très

Il __a__ __l'air__ (__très__) __fatigué__ .

　　①　　③　　④　　②

となり、①③④② の順なので、(　　) 内に入るのは ④。

(1) Il _____ _____ (_____) _____ que d'habitude.

① beaucoup　② chaud　③ fait　④ moins

(2) Les étudiants _____ _____ (_____) _____ dans la salle.

① entrés　② ne　③ pas　④ sont

(3) Manon _____ _____ (_____) _____ repas.

① de　② le　③ préparer　④ vient

(4) Vous prenez _____ _____ (_____) _____ droite.

① à　② deuxième　③ la　④ rue

(5) _____ - _____ (_____) _____ heures, s'il te plaît.

① à　② moi　③ réveille　④ sept

(解説・解答 ▶ p.246)

6 次の (1) ～ (4) の（　　）内に入れるのにもっとも適切なものを、それぞれ ① ～ ③ のなかから 1 つずつ選び、解答欄のその番号にマークしてください。（配点　8）

(1) Beaucoup de voitures passent (　　) le pont.

① chez　　② en　　③ sur

(2) Ce supermarché est ouvert (　　) 9 heures à 21 heures.

① de　　② en　　③ par

(3) Je la connais (　　) longtemps.

① depuis　　② parmi　　③ sous

(4) Tu vas acheter ton nouveau vélo (　　) cet argent ?

① avec　　② entre　　③ pendant

(解説・解答 ▶ p.247)

7

次の (1) ～ (6) にもっともふさわしい絵を、下の ① ～ ⑨ のなかから 1 つずつ選び、解答欄のその番号にマークしてください。ただし、同じものを複数回用いることはできません。(配点　6)

(1) Fanny achète une baguette.
(2) Fanny coupe une baguette.
(3) Fanny fait une baguette.
(4) Fanny pousse la porte pour entrer.
(5) Fanny reçoit un paquet.
(6) Fanny tient la porte ouverte.

①

②

③

④

⑤

⑥

⑦

⑧

⑨

(解説・解答 ▶ p.249)

8 次の会話を読み、下の (1) ～ (6) について、会話の内容に一致する場合は解答欄の ① に、一致しない場合は ② にマークしてください。（配点 6）

Aline : Salut ! Tiens, tu as un chien, maintenant ?
Lucas : Ce n'est pas mon chien. C'est celui de notre voisine. Elle n'a pas le temps de le promener.
Aline : Il est beau !
Lucas : Il vient du Japon. Notre voisine a habité cinq ans là-bas.
Aline : Et elle est revenue en France avec ce chien ?
Lucas : Oui, c'est ça. Parfois elle lui parle en japonais.
Aline : Et tu promènes son chien tous les soirs ?
Lucas : Pas tous les jours, le mardi et le jeudi. Il est intelligent. C'est très agréable de se promener avec lui. Tu viens avec nous ?
Aline : Je voudrais bien, mais je dois rentrer chez moi.
Lucas : Alors, salut !

(1) リュカの隣人は日本に5年間住んでいた。

(2) リュカの隣人はフランスに帰国してから犬を買った。

(3) リュカの隣人は犬にときどき日本語で話しかけている。

(4) リュカは毎晩、隣人の犬を散歩させている。

(5) リュカは隣人の犬を散歩させるのは好きではない。

(6) アリーヌはリュカの散歩についていくことにした。

（解説・解答 ▶ p.250）

聞き取り試験問題

聞き取り試験時間は、
12時55分から約15分間

注意事項

1　聞き取り試験は、CD・テープでおこないますので、CD・テープの指示にしたがってください。

2　解答はすべて筆記試験と同じ解答用紙の解答欄に、**HB または B の黒鉛筆**（シャープペンシルも可）でマークしてください。ボールペンや万年筆等でマークした解答は機械による読み取りの対象とならないため、採点されません。

1

- フランス語の文 (1) ～ (4) を、それぞれ 3 回ずつ聞いてください。
- それぞれの文にもっともふさわしい絵を、下の ① ～ ⑥ のなかから 1 つずつ選び、解答欄のその番号にマークしてください。ただし、同じものを複数回用いることはできません。

(メモは自由にとってかまいません) (配点　8)

[音声を聞く順番] ㊵ → ㊶

(1)

(2)

(3)

(4)

①

②

③

④

⑤

⑥

(解説・解答 ▶ p.253)

2

• フランス語の質問 (1) ～ (4) を、それぞれ 3 回ずつ聞いてください。
• (1) ～ (4) の質問に対する応答として適切なものを、それぞれ ①、② から選び、解答欄のその番号にマークしてください。
(メモは自由にとってかまいません)(配点　8)

[音声を聞く順番]　㊷ → ㊸

(1) ① Avant-hier.
　　② Bien　sûr.

(2) ① Je　suis　allée　au　cinéma.
　　② Je　vais　au　cinéma.

(3) ① Là-bas.
　　② Vers　minuit.

(4) ① Les　deux.
　　② Un　kilo.

(解説・解答 ▶ p.254)

3

• フランス語の文 (1) ～ (4) を、それぞれ3回ずつ聞いてください。
• どの文にもかならず数が含まれています。例にならって、その数を解答欄にマークしてください。
（メモは自由にとってかまいません）（配点 8）

［音声を聞く順番］ ㊹→㊺

(例)

•「7」と解答したい場合には、

● ① ② ③ ④ ⑤ ⑥ ⑦ ⑧ ⑨
⓪ ① ② ③ ④ ⑤ ⑥ ● ⑧ ⑨

とマークしてください。

•「15」と解答したい場合には、

⓪ ● ② ③ ④ ⑤ ⑥ ⑦ ⑧ ⑨
⓪ ① ② ③ ④ ● ⑥ ⑦ ⑧ ⑨

とマークしてください。

(1)

(2)

(3)

(4)

（解説・解答 ▶ p.256）

4

- エンゾとクロエの会話を 3 回聞いてください。
- 次の (1) ～ (5) について、会話の内容に一致する場合は解答欄の ① に、一致しない場合は ② にマークしてください。

（メモは自由にとってかまいません）（配点　10）

［ 音声を聞く順番 ］　㊻ → ㊼ → ㊽

(1)　クロエは大きなかばんを持っている。

(2)　きょうから休暇が始まる。

(3)　クロエの母親は病気で入院している。

(4)　クロエは自宅でひとりになってしまう。

(5)　クロエは祖父母の家に 1 週間の予定で泊まりにいく。

（解説・解答 ▶ p.257）

2021年度秋季4級

今季の出願者2,905名のうち受験者は2,695名で、合格者は2,013名でした。実受験者に対する合格率は75%でした。合格率の推移を見ると、2020年秋季80%、2021年春期83%ですから、今期はやや下がりました。平均得点率は、筆記試験が68%、聞き取り試験が74%、全体では70%でした。全体の平均得点率の推移を見ると、2019年秋季71%、2020年秋季74%、2021年春期74%ですから、今期はやや下がりました。ただし今回も、聞き取り試験の平均得点率が筆記試験の平均得点率を上回っています。

出題内容のあらまし

[筆記]

1 冠詞、前置詞＋冠詞（穴うめ・選択）
2 代名詞（穴うめ・選択）
3 対話文（仏文選択）
4 動詞活用（穴うめ・選択）
5 語順（語句の並べかえによる仏文完成・選択）
6 前置詞（穴うめ・選択）
7 短文（仏文に対応する絵の選択）
8 会話文（内容一致・和文選択）

[聞き取り]

1 短文（仏文に対応する絵の選択）
2 応答文（仏文選択）
3 数（マーク式による記入）
4 会話文（内容一致・和文選択）

筆記試験

解説・解答

1

解説 不定冠詞、定冠詞、部分冠詞の用法のほか、前置詞と定冠詞の縮約に関する知識が問われます。

(1) C’est (une) vieille chanson anglaise.「イギリスの古い歌です」

単数名詞 chanson「歌」は、男性名詞なのでしょうか女性名詞なのでしょうか。chanson についている形容詞 vieille（vieux の女性形）「古い」や形容詞 anglaise「イギリスの」が女性形なので、chanson は女性名詞であることがわかります。さて、(　　) には冠詞を入れなければいけません。歌が特定されていれば定冠詞 la が、特定されていなければ une が入ります。選択肢を探すと、une しかありません。正解は ⑥ une です。

得点率は82%でした。

(2) Il y aura (des) nuages cet après-midi.「きょうの午後は曇がでるでしょう（曇るでしょう）」

複数形の名詞 nuages の冠詞は、定冠詞なのか不定冠詞なのか。選択肢には不定冠詞 des しかありません。正解は ② des です。Il y aura ... は、aura が avoir の単純未来形ですから、非人称の定型表現の Il y a ...「～がある」の未来表現になります。Il y aura ... のあとは、Il y a ... のあとと同じく単数形または複数形の名詞がつづきます。

Il y a ... を用いた天候表現には、Il y a du soleil.「晴れている」があります。ちなみに非人称の定型表現には、Il fait beau.「天気がよい」や Il pleut.「雨が降っている」などもあります。

得点率は45%でした。

(3) Quel est (le) nom de ce légume ?「この野菜の名前はなんですか」

単数形の名詞 nom は男性名詞なのか女性名詞なのか。それに関わる疑問形容詞 Quel が男性形ですから、男性名詞です。男性名詞 nom は単数形ですから、求める冠詞は、男性名詞単数形の定冠詞になります。それを選択肢に探すと、le があります。正解は ③ le です。

得点率は67%でした。

(4) Une tarte (aux) pommes, s'il vous plaît.「リンゴのタルトを1つ、お願いします」

pommes が複数形ですから、入れるべきなのは aux なのか des なのかの問題です。「～の入った」という表現は、〈前置詞 à + 冠詞〉が対応しますので、café au lait「カフェオレ」（新訂版『仏検公式基本語辞典』、p.1）が連想できれば、tarte aux pommes が見つかります。正解は ① aux です。

得点率は42%でした。

問題1全体の得点率は59%でした。

解答 (1) ⑥　(2) ②　(3) ③　(4) ①

2 **解説** 対話文で用いられる代名詞についての問題です。人称代名詞（直接目的・間接目的・強勢形）のほか、指示代名詞や en、y といった中性代名詞も出題されます。

(1) — C'est votre sac ?「これはあなたのバッグですか」— Non, il n'est pas à (moi).「いいえ、私のではありません」

〈前置詞＋強勢形人称代名詞〉の問題です。〈être + à + 強勢形人称代名詞〉で、「～のものである」の日本語に相当しますから、選択肢に強勢形人称代名詞をさがすと、moi しかありません。正解は ③ moi です。選択肢 ① je は、主語人称代名詞ですから、前置詞のあとでは用いません。選択肢 ② me は直接または間接目的語の人称代名詞ですから、前置詞のあとでは用いません。

得点率は92%でした。

(2) — Elles ont encore des examens ?「彼女たちはまだ試験があるんですか」— Oui, elles (en) ont encore deux.「はい、まだ2つあります」

Oui, elles (　) ont encore deux. の文を代名詞を用いなければ、Oui, elles ont encore deux examens. になります。つまり、deux examens の〈数詞＋名詞〉の数詞を受ける代名詞の問題なのです。その場合は、数詞を中性代名詞 en で置き換えます。正解は ① en です。選択肢 ② leur は、間接目的語の人称代名詞ですが、応答文の動詞 avoir は間接目的語の人称代名詞を用いませんので、正解になりません。選択肢 ③ y は〈場所を示す前置詞（à、chez、dans、en、sur ...）+名詞〉をうけたり、〈前置詞 à +名詞（人以外のものや事がら）〉をうける中性代名詞ですが、質問文にも応答文もそれに対応するところがありませんので、正解になりません。

得点率は67%でした。

(3) — Il pleut ! Tu as besoin de ton parapluie ?「雨が降ってる。きみ（あなた）は、自分の傘が必要（を使う）？」— Non. Tu peux (le) prendre.「いや。使っていいよ」

他動詞 prendre「手に取る」の直接目的語を人称代名詞でうける問題です。直接目的語でうける質問文の ton parapluie は、所有形容詞 ton が男性単数形ですから、その人称代名詞は、直接目的の 3 人称単数形の le です。正解は ② le です。選択肢 ① en は〈de +名詞〉か〈数詞+名詞〉をうける中性代名詞ですが、質問文にも回答文にもそれに対応するするところがありませんので、正解になりません。選択肢 ③ lui は、間接目的の人称代名詞ですが、質問文にも応答文にも間接目的の人称代名詞に対応するするところがありませんので、正解になりません。

得点率は54%でした。

(4) — Je cherche une valise très légère.「ひじょうに軽いスーツケースをさがしています」— (Celle)-ci vous plaît ?「こちらはお気に召しませんか」

単数か複数か、男性形か女性形か、いずれかを問う指示代名詞の問題です。指示代名詞がうける名詞 une valise は、単数女性名詞ですから、正解は ① Celle です。選択肢 ② Celui は、単数男性名詞に対応します。選択肢 ③ Ceux は、複数男性名詞に対応します。

得点率は81%でした。

(5) — Tu as soif ?「のど渇いてる？」— Oui. Tu (me) donnes un verre d'eau, s'il te plaît ?「はい。お水一杯くれる、お願い」

間接目的語の人称代名詞の問題です。応答文 Tu (　　) donnes un verre d'eau, s'il te plaît ? にはすでに直接目的語に相当する un verre d'eau が用いられているからです。正解は ① me です。選択肢 ② te では、応答文が成り立ちません。選択肢 ③ vous でも、応答文が成り立ちません。
得点率は63%でした。

問題2全体の得点率は71%でした。

解答 (1) ③ (2) ① (3) ② (4) ① (5) ①

3 **解説** 3つの選択肢から適切な文を選び、対話文を完成する問題です。

(**1**) **A** が、Comment trouves-tu ce livre ?「この本、どう思いますか」ときいています。それに対する **B** の応答として、① Il est très intéressant.「すごくおもしろいです」は可能です。② Il est trop long.「長すぎます」も可能です。③ J'ai trouvé ce livre.「その本見つけました」は不可能です。文脈を無視していますから。**B** の応答に **A** は、Tu ne l'aimes pas, alors.「じゃあ、好きじゃないんだ」と、答えていますから、正解は ② Il est trop long. です。
得点率は75%でした。

(**2**) **A** が、Je vais avoir six ans !「もうすぐ6歳になるんだ」と **B** に言っています。それに対する **B** の応答として、① Ah bon ? C'est quand son anniversaire ?「あっそう。彼（女）の誕生日はいつなの」は不可能です。文脈を無視していますから。② Qu'est-ce que tu veux comme cadeau ?「プレゼントは、何がほしいの」は可能です。③ Qu'est-ce que tu veux faire quand tu seras grand ?「大きくなったら、何をしたいの」も可能です。**B** の応答に **A** は Je veux être pianiste.「ピアニストになりたいんだ」と答えていますから、正解は ③ Qu'est-ce que tu veux faire quand tu seras grand ? です。
得点率は79%でした。

(**3**) **A** は、Nous allons nager.「私たち、泳ぎに行くんだ」と言っています。これに応答する **B** の選択肢のうち、① Attention, l'eau est un peu froide.「気をつけて、水がちょっと冷たいよ」は可能です。② Quand allez-vous nager ?「いつ泳ぎに行くんだい」も可能です。③ Vous allez au cinéma ?「映画に行くの？」は不可能です。文脈を無視していますから。**B** の応答に **A** は、Pas de problème. Nous avons l'habitude.「問題ない。慣れているんで」と述べていますから、正解は① Attention, l'eau est un peu froide. です。
得点率は79%でした。

(4) **A** は、Tu as des nouvelles de Mathieu ?「マチューの近況、知っている？」ときいています。これに応答する **B** の選択肢のうち、① Non, ce n'est pas nouveau.「いや、それは新しくない」は不可能です。文脈を無視していますから。② Oui, il a réussi à son examen.「うん、試験に合格したね」は可能です。③ Oui, il ne va pas très bien.「うん、調子よくないね」も可能です。**B** の応答に **A** は Je suis très contente pour lui.「彼のこと、ひじょうにうれしく思うね」と喜んでいますから、正解は② Oui, il a réussi à son examen. です。
得点率は59%でした。

問題3全体の得点率は73%でした。
解答 (1) ②　(2) ③　(3) ①　(4) ②

4

解説 あたえられた日本語の意味になるように、適切な動詞の活用形を選択する問題です。

(1)「あさって、カミーユとジョゼはパリにいます」では、未来のことを表わす直説法単純未来形が問題になっています。選択肢の動詞はすべて3人称複数形ですが、選択肢① étaient は半過去形、選択肢② ont été は複合過去形、選択肢③ seront は単純未来形です。したがって、正解は③ seront です。
なお、être「いる（である）」の単純未来形の活用は、〈je serai、tu seras、il / elle / on sera、nous serons、vous serez、ils / elles seront〉です。
得点率は61%でした。

(2)「彼女は、昔の先生に会いたかったんだ」では、過去における現在のことを表わす直説法半過去形が問題になっています。選択肢の動詞はすべて3人称単数形ですが、選択肢① veut は現在形、選択肢② voudra は単純未来形、選択肢③ voulait は半過去形です。したがって、正解は③ voulait です。
なお、vouloir「望む（ほしい）」の半過去形の活用は、〈je voulais、tu voulais、il / elle / on voulait、nous voulions、vous vouliez、ils / elles voulaient〉です。

得点率は67%でした。

(3)「子どもたち、いらっしゃい」は、命令を表わす動詞の命令形の活用が問題になっています。Les enfantsがヒントです。複数の子どもに呼びかけていますから、この命令文ではvousに呼びかけていることがわかります。選ぶべきは、venirの2人称複数vousに対する命令形です。選択肢①Venezが2人称複数vousに対応する命令形なので、正解は①Venezです。選択肢②Venonsは1人称複数nousに対応する命令形です。選択肢③Viensは、2人称単数形に対応する命令法です。

得点率は66%でした。

(4)「何を考えているの」は、動詞の直説法現在が問題になっています。選ぶべき活用は、主語2人称単数tuに対応するpenserの現在形です。選択肢の動詞はすべて2人称単数形ですが、選択肢①pensaisは半過去形、選択肢②penserasは単純未来形、選択肢③pensesは現在形です。正解は③pensesです。

得点率は81%でした。

(5)「私たちは去年その美術館に行きました」は、動詞の直説法複合過去が問題になっています。選ぶべき活用は、主語1人称複数Nousに対応するvisiterの複合過去形です。選択肢①avez visitéは、主語2人称単数または複数のVousに対応するvisiterの複合過去形です。選択肢②avons visitéは、主語1人称複数Nousに対応するvisiterの複合過去形です。③ont visitéは、主語3人称複数IlsまたはEllesに対応するvisiterの複合過去形です。正解は②avons visitéです。

得点率は91%でした。

問題4全体の得点率は73%でした。

解答 (1) ③　(2) ③　(3) ①　(4) ③　(5) ②

5 **解説** 選択肢①〜④の語を並べかえて文を完成させる問題です。

(1) Ilが主語ですから、対応する動詞を選択肢から探してみると、③ fait があります。それに続く語は、選択肢に② chaudがありますから、Il fait chaud ...「(天気が) 〜暑い」という語順がとりあえず想定できます。選択肢には、① beaucoupと④ moinsが残っています。さて、問題文を見ますと、Il fait chaud ... que d'habitude. という語順がとりあえず想定できますから、選択肢④ moinsはmoins ... que「よりは〜ない」で劣等比較ができて、Il fait moins chaud que d'habitude.「いつもよりは暑くはない」という文ができます。さて、残った① beaucoup「多く、たくさん、はるかに」をどこに入れるべきでしょうか。「いつもよりは、はるかに暑くはない」という日本語に対応するフランス語文を想定すれば、Il fait beaucoup (moins) chaud que d'habitude. という文が成立します。正解は④ moinsです。

得点率は41%でした。

(2) Les étudiantsが主語ですから、対応する動詞を選択肢からさがしてみると、④ sontがありますが、動詞を否定する② neと③ pasもありますので、Les étudiants ne sont pas ... dans la salle.「学生たちは部屋に〜ない」という語順が確定できます。選択肢に残る① entrésを ... に入れると、Les étudiants ne sont (pas) entrés dans la salle.「学生たちは部屋に入らなかった」という文が完成します。正解は③ pasです。

得点率は76%でした。

(3) Manonが主語ですから、対応する動詞を選択肢からさがしますと、④ vientが見つかります。Manon vient ... に続く語を選択肢にさがしますと、③ préparerがありますから、Manon vient préparer ... repas. という語順がとりあえず想定できます。repas「食事」は名詞ですから残る選択肢の冠詞② leを入れますと、Manon vient préparer le repas.「マノンは食事のしたくをしにくる」と言う文がとりあえず完成しますが、① deが残ってしまいます。どこに入れるべきでしょうか。〈venir de +動詞〉「〜したばかりである」という近接過去の用法を思い出せば、Manon vient de (préparer) le repas.「マノンは食事のしたくをしたばかりだ」と言う文が完成します。正

解は ③ préparer です。
得点率は68%でした。

(**4**) Vous prenez ... に続くのは、一般的には直接目的語です。直接目的語としての冠詞＋名詞の組み合わせを選択肢に探すと、③ la と ④ rue がありますので、Vous prenez la rue ... droite. という語順が想定できます。droite「右」は ① à と結合して、à droite「右に」という熟語になりますから、Vous prenez la rue à droite.「通りを右に曲がってください」と言う文章がとりあえず完成しますが、② deuxième「2番目の」という序数詞（形容詞）が残ってしまいます。序数詞は名詞の前におきますから、Vous prenez la deuxième (rue) à droite.「2番目の通りを右に曲がってください」とすれば、文が完成します。正解は ④ rue です。
得点率は36%でした。

(**5**) 主語の明示がないので、やや難問です。まずは明示されてる heures, s'il te plaît. の heures の前に何を入れるべきか考えましょう。選択肢を見てみましょう。④ sept がありますから、sept heures, s'il te plaît. という語順が確定できます。そして前置詞 ① à をその前に置けば、... à sept heures, s'il te plaît.「7時に～お願い」という語順が確定できます。問題は、残る ② moi と③ réveille です。問題文の冒頭は____ - ______ですから命令形が焦点になっていることが判明します。そこで、Réveille-moi (à) sept heures, s'il te plaît.「7時に起こして、お願い」という文が完成します。正解は ① à です。
ちなみに、-er 型の動詞の二人称単数の命令形では語尾の s がとれますから、Tu me réveilles. を命令形にしますと、Réveille-moi. になります。
得点率は82%でした。

問題5全体の得点率は61%でした。

解答 (1) ④ (2) ③ (3) ③ (4) ④ (5) ①

6 **解説** 文意に則し、適切な前置詞を選択する問題です。

(**1**) Beaucoup de voitures passent (sur) le pont.「たくさんの自動車が橋を渡

ります」

「～の上を（に）」に相当する前置詞の問題です。surがそれに相当します。「～の下を（に）」に相当する前置詞は、sousです。選択肢 ① chez は、「～の家に（で）」を示します。選択肢 ② en は、場所、年号・月など、手段・方法、材質、所要時間、状態・材質の表現として「～で」「～に」「～でできた」「～の」を示して用いられます。正解は ③ sur です。

得点率は74%でした。

(2) Ce supermarché est ouvert (de) 9 heures à 21 heures.「このスーパーマーケットは9時から21時まで開いています」

範囲を示す「～から～まで」に相当する前置詞の問題です。de A à B で「AからBまで」として用いられます。選択肢 ① de がありますから、正解は ① de です。選択肢 ② en は、場所、年号・月など、手段・方法、材質、所要時間、状態・性質の表現として「～で」「～に」「～でできた」「～の」を示して用いられます。③ par は、手段・方法、基準・単位、通過の表現として「～で」「～当り（ごとに）」「～を通って」を示して用いられます。

得点率は55%でした。

(3) Je la connais (depuis) longtemps.「ずっと前から彼女のことを知っています」

起源を示す「～から」に相当する前置詞の問題です。選択肢 ① depuis がありますから、正解は ① depuis です。選択肢 ② parmi「(三つ以上のものを指す名詞の前で）～の間で（の)」を示して用いられます。選択肢 ③ sous「～の下で（の)」を示して用いられます。

得点率は66%でした。

(4) Tu vas acheter ton nouveau vélo (avec) cet argent ?「このお金で、君の新しい自転車を買うの？」

手段を示す「～を使って（で)」に相当する前置詞の問題です。選択肢 ① avec がありますから、正解は ① avec です。選択肢 ② entre「(二つのものを指す名詞の前で）～の間で（の)」を示して用いられます。選択肢 ③ pendant「～の間に」を示して用いられます。

得点率は65%でした。

問題6全体の得点率は65%でした。

解答 (1) ③　(2) ①　(3) ①　(4) ①

7

解説 フランス語の文(1)～(6)の内容に対応する場面を9つのイラストから選ぶ問題です。

(1) Fanny achète une baguette.「ファニーはバゲットを買う」

女性がパン屋で、上の棚にたくさん立っているバゲットを指さして買うイラスト⑨が正解です。achète は、動詞 acheter の直説法現在の活用形です。acheter は -er 動詞（第1群規則動詞）で、アクサングラーヴが付いたり消えたりします。その直説法現在の活用は〈j'achète、tu achètes、il / elle / on achète、nous achetons、vous achetez、ils / elles achètent〉です。

得点率は88%でした。

(2) Fanny coupe une baguette.「ファニーはバゲットを切る」

女性が台所で、包丁を使ってバゲットを切るイラスト⑤が正解です。動詞 coupe は、動詞 couper の直説法現在の活用形です。couper は、-er 動詞（第1群規則動詞）のグループに属します。

得点率は75%でした。

(3) Fanny fait une baguette.「ファニーはバゲットを作る」

女性がオーブンの前で、できあがったパンを取り出すために、ボタンを操作するイラスト⑦が正解です。動詞 fait は、動詞 faire の直説法現在の活用形です。faire は、不定詞が -re で終わる動詞のグループに属します。faire「作る」の直説法現在の活用は〈je fais、tu fais、il / elle / on fait、nous faisons、vous faites、ils / elles font〉です。

得点率は51%でした。

(4) Fanny pousse la porte pour entrer.「ファニーは、入るためにドアを押す」

女性がバゲットを左手に持ち、右手でドアを押すイラスト③が正解です。動詞 pousse は、動詞 pousser の直説法現在の活用形です。pousser は、-er 動詞（第1群規則動詞）のグループに属します。

得点率は20%でした。

(5) Fanny reçoit un paquet.「ファニーは、小包を受け取る」

女性が、開けた玄関ドアで配達係員から小包を受け取るイラスト ⑧ が正解です。動詞 reçoit は、動詞 recevoir の直説法現在の活用形です。recevoir は、不定詞が -oir で終わる動詞のグループに属します。recevoir「受け取る」の直説法現在の活用は〈je reçois、tu reçois、il / elle / on reçoit、nous recevons、vous recevez、ils / elles reçoivent〉です。

得点率は83%でした。

(6) Fanny tient la porte ouverte.「ファニーは、ドアを開けたままにする」

女性が玄関ドア手で支えて開けたままにしているところに、男性が大きな道具箱を両手に持って入るイラスト ② が正解です。動詞 tient は、動詞 tenir の直説法現在の活用形です。〈tenir + 名詞 + 形容詞（過去分詞）〉の構文で「～を～のままにしておく」を示しています。tenir は、venir と同型の活用をします。tenir「～を～のままにしておく」の直説法現在の活用は〈je tiens、tu tiens、il / elle / on tient、nous tenons、vous tenez、ils / elles tiennent〉です。

得点率は44%でした。

問題[7]全体の得点率は60%でした。

解答　(1) ⑨　(2) ⑤　(3) ⑦　(4) ③　(5) ⑧　(6) ②

8　**解説**　会話文を読み、設問(1)～(6)の日本語の文が会話の内容に一致するかどうかを判断します。

アリーヌは、犬と散歩するリュカと出会います。リュカによると、隣人は日本に5年滞在してから、飼い犬といっしょにフランスに帰国しましたが、忙しいため、リュカが火曜日と木曜日に犬を散歩させています。リュカは、アリーヌを犬散歩に誘いますが、アリーヌは帰宅しなければならないため行けません。

(1)「リュカの隣人は日本に5年間住んでいた」

リュカは、散歩中の隣人の犬について Il vient du Japon.「（この犬は）日本からやってきた」と言い、Notre voisine a habité cinq ans là-bas.「私たちの隣人はあちらに5年間住んでいた」と付け加えていますから、正解は ① になります。

得点率は89%でした。

(2)「リュカの隣人はフランスに帰国してから犬を買った」

すでにリュカは、散歩させている犬は、Il vient du Japon.「（この犬は）日本からやってきた」と言っていますし、アリーヌが Et elle est revenue en France avec ce chien ?「それで、彼女（隣人）はこの犬といっしょにフランスに帰国したの？」と質問したのに対して、Oui, c'est ça.「そう、そのとおり」と返答していますから、正解は ② になります。

得点率は84%でした。

(3)「リュカの隣人は犬にときどき日本語で話しかけている」

リュカは、Oui, c'est ça.「そう、そのとおり」と返答してから、Parfois elle lui parle en japonais.「ときどき彼女（隣人）はこれ（犬）に日本語で話しかけている」と付け加えていますから、正解は ① になります。

得点率は95%でした。

(4)「リュカは毎晩、隣人の犬を散歩させている」

アリーヌが Et tu promènes son chien tous les soirs ?「それで、毎晩隣人の犬を散歩させているの？」と質問したのに対して、リュカは、Pas tous les jours, le mardi et le jeudi.「毎日ではなくて、火曜日と木曜日にね」と返答していますから、正解は ② になります。

得点率は91%でした。

(5)「リュカは隣人の犬を散歩させるのは好きではない」

リュカは、続けて Il est intelligent. C'est très agréable de se promener avec lui.「これ（この犬）は賢い。この犬と散歩するのはすごく楽しいよ」と付け加えていますから、正解は ② になります。

得点率は94%でした。

(6)「アリーヌはリュカの散歩について行くことにした」

リュカが Tu viens avec nous ?「いっしょに来ない？」と散歩に誘ったのに対して、アリーヌは、Je voudrais bien, mais je dois rentrer chez moi.「そうしたいわ、でも家に帰らないといけないの」と返答していますから、正解は ② になります。

得点率は 67%でした。

問題 8 全体の得点率は 87%でした。

解答　(1) ①　(2) ②　(3) ①　(4) ②　(5) ②　(6) ②

聞き取り試験

解説・解答

1

(読まれる文)

(1)　Bon voyage !

(2)　Désolé, madame, c’est complet.

(3)　Asseyez-vous, je vous en prie.

(4)　Il n’y a personne ?

解説 フランス語の文を聞き取り、その内容にふさわしい場面を 6 つのイラストから選ぶ問題です。

(1)　Bon voyage !「よいご旅行を」

空港のなかで、男性がスーツケースを引く女性にことばをかけているイラスト ⑤ が正解です。別れ際に言う〈Bon(Bonne) + 名詞〉の表現には、Bon week-end !「よい週末を」、Bonne journée !「よい 1 日を」などがあります。確認しておきましょう。

得点率は 90%でした。

(2)　Désolé, madame, c’est complet.「申し訳ありません。(マダム)、満室です」

ホテルの受付カウンターで電話越しに、スタッフが何やらすまなそうな応答をするイラスト ③ が正解になります。劇場やレストラン等で C’est complet. と言われれば、「満席です」に対応する場面でも用いられます。madame は女性への呼びかけです。女性への呼びかけだけに注目すると、② を選びかねませんので注意しましょう。

得点率は 4%でした。

(3) Asseyez-vous, je vous en prie.「どうぞ、おかけください」
ソファーの前で、男性が右手をソファーに向けて、女性に言葉をかけているイラスト ① が正解です。je vous en prie や je t'en prie は、勧めるときの「どうぞ」や依頼するときの「どうか」に対応する場面でも用いられます。
得点率は 48%した。

(4) Il n'y a personne ?「だれもいなんですか」
ホテルの受付カウンターの前で、スーツケースを引く男性が何かを言うイラスト ④ が正解です。Il n'y a personne ? は、劇場や映画館の空いた席について、隣にすわっている人に対して言う時にも用いられます。
得点率は 85%でした。

問題1全体の得点率は 57%でした。
解答　(1) ⑤　(2) ③　(3) ①　(4) ④

2

(読まれる質問)

(1) Tu viens à mon concert ?
(2) Qu'est-ce que tu fais ce week-end ?
(3) Où est l'arrêt de bus ?
(4) Vous prenez de la viande ou du poisson ?

解説 フランス語の質問を聞き取り、適切な応答を 2 つの選択肢から選びます。

(1) Tu viens à mon concert ?「私のコンサートに来る？」
この質問に対する応答は、② Bien sûr.「もちろん」が正解です。① Avant-hier.「一昨日」は質問に対応していません。① の文が正解になるには、Tu

es rentré(e) de France quand ?「いつフランスから帰ったの」のような、質問が日時を問う文でなければなりません。

得点率は70%でした。

(**2**) Qu'est-ce que tu fais ce week-end ?「週末何をするの」

この質問に対する応答文は、② Je vais au cinéma.「映画に行きます」が正解です。① Je suis allée au cinéma.「映画に行きました」は質問に対応していません。①が正解になるには、Qu'est-ce que tu as fait le week-end (dernier) ?「週末何をした」のような、過去の事柄を問う質問文でなければなりません。

得点率は67%でした。

(**3**) Où est l'arrêt de bus ?「バス停はどこですか」

この質問に対する応答文は、① Là-bas.「あそこ」が正解です。② Vers minuit.「午前零時頃」は質問に対応していません。②が正解になるには、Tu rentres ce soir à quelle heure ?「今夜何時に帰る」のような、質問が時間を問う文でなければなりません。

得点率は73%でした。

(**4**) Vous prenez de la viande ou du poisson ?「肉にしますか、魚にしますか」

この質問に対する応答文は、① Les deux.「両方」が正解です。② Un kilo.「1キロ」は質問に対応していません。②が正解になるには、Vous voulez combien d'oranges ?「オレンジ、どれくらいほしいですか」のような、分量を問う質問文でなければなりません。

得点率は59%でした。

問題[2]全体の得点率は67%でした。

解答 (1) ② (2) ② (3) ① (4) ①

3

(読まれる文)

(1) Il y a quatre-vingt-un films dans notre bibliothèque.

(2) Ce château est à soixante-deux kilomètres de la ville de Bordeaux.

(3) Ça fait dix-huit ans que j'habite ici.

(4) Ça coûte quarante-cinq euros.

解説 フランス語の文にふくまれる数を聞き取る問題です。

(1) Il y a quatre-vingt-un films dans notre bibliothèque.「私たちの図書館には 81 本の映画があります」

81 が正解です。81 quatre-vingt-un は [katrəvε̃œ̃ カトるヴァンアン] と発音されます。81 から 99 までの数字は、quatre-vingt に 1 から 19 までの数字をそれぞれうしろにつけて言います。

得点率は 73%でした。

(2) Ce château est à soixante-deux kilomètres de la ville de Bordeaux.「この城は、ボルドー市から 62 キロのところにあります」

62 が正解です。62 は soixante-deux [swasɑ̃tdø ソワサントドゥ] と発音されます。

得点率は 80%でした。

(3) Ça fait dix-huit ans que j'habite ici.「私がここに住んで 18 年になります」

18 が正解です。dix-huit は [dizɥit ディズュイット] と発音されます。次に母音で始まる名詞 ans が続きますから、-huit の語尾の子音 [t トゥ] と ans の語頭の母音 [ɑ̃ アン] がひとつの音 [tɑ̃ タン] で発音されます。dix-huit ans は [dizɥitɑ̃ ディズュイッタン] と発音されます。

得点率は84％でした。

(4) Ça coûte quarante-cinq euros.「それは45ユーロです」

45が正解です。quarante-cinqは[karɑ̃tsɛ̃k カらントサンク]と発音されます。次に母音で始まるeurosが続きますから、-cinqの語尾の子音[k ク]とeuros[øro ウろ]の語頭の[ø ウ]ががひとつの音[kø クゥ]で発音されます。quarante-cinq eurosは[karɑ̃tsɛ̃køro カらントサンクゥろ]と発音されます。

得点率は81％でした。

問題3全体の得点率は80％でした。

解答 (1) 81　(2) 62　(3) 18　(4) 45

4

(読まれる会話)

Enzo : Salut, Chloé ! Tu as un grand sac aujourd'hui !
Chloé : Oui, je pars chez mes grands-parents.
Enzo : Ah bon ? Mais on n'est pas encore en vacances.
Chloé : Ma mère est malade. Et elle est à l'hôpital.
Enzo : Et ton père ?
Chloé : Il est à l'étranger pour son travail. Je suis toute seule à la maison.
Enzo : Alors tu vas rester un moment chez tes grands-parents ?
Chloé : Oui, pendant un mois.

解説 会話文を聞き取り、日本語の文(1)～(5)がその内容に一致するかどうかを判断する問題です。エンゾとクロエが話しています。

(1)「クロエは大きなかばんを持っている」

エンゾは、クロエと出会い、あいさつしてから、Tu as un grand sac

3級 秋
3級 春
3級 秋
4級 秋
4級 春
4級 秋
5級 秋
5級 春
5級 秋

aujourd’hui !「きょうは大きいバッグを持っているね」と言って驚いていますから、正解は ① です。

得点率は 98%でした。

(2)「きょうから休暇が始まる」

クロエは、自分が持つ大きなかばんに驚くエンゾに対して、Oui, je pars chez mes grands-parents.「そうよ、祖父母の家に行くの」と言うと、エンゾが Ah bon ? Mais on n’est pas encore en vacances.「あっそう。でも、まだバカンスになっているんじゃなくてもね」と確認してしていますから、正解は ② です。

得点率は 86%でした。

(3)「クロエの母親は病気で入院している」

クロエは、Ma mère est malade. Et elle est à l’hôpital.「母は病気なの。それで入院しているのよ」と付け加えていますから、正解は ① です。

得点率は 93%でした。

(4)「クロエは自宅でひとりになってしまう」

エンゾが心配して、Et ton père ?「それで、父親は？」ときくと、クロエは Il est à l’étranger pour son travail. Je suis toute seule à la maison.「仕事で外国に行っているの。家では私たったひとりなの」と返答していますから、正解は ① です。

得点率は 87%でした。

(5)「クロエは祖父母の家に 1 週間の予定で泊まりにいく」

エンゾが Alors tu vas rester un moment chez tes grands-parents ?「それで、祖父母の家にしばらく泊まり行くのかい」と質問すると、クロエは Oui, pendant un mois.「そう、1ヵ月間」と返答していますから、正解は ② です。

得点率は 73%でした。

問題4全体の得点率は 87%でした。

解答　(1) ①　(2) ②　(3) ①　(4) ①　(5) ②

配 点 表

問題番号	筆記試験	1	2	3	4	5	6	7	8	小計	聞き取り	1	2	3	4	小計	合計
点		8	10	8	10	10	8	6	6	66		8	8	8	10	34	100

5級

5 級の内容と程度

●程 度

初歩的な日常的フランス語を理解し、読み、聞き、書くことができる。

標準学習時間：50 時間（大学で週 1 回の授業なら 1 年間、週 2 回の授業なら半年間の学習に相当）。

●試験内容

読　む	初歩的な単文の構成と文意の理解、短い初歩的な対話の理解。
聞　く	初歩的な文の聞き分け、あいさつ等日常的な応答表現の理解、数の聞き取り。
文法知識	初歩的な日常表現の単文を構成するのに必要な文法的知識。動詞としては、直説法現在、近接未来、近接過去、命令法の範囲内。

語彙：約 560 語

●試験形式

1 次試験のみ（100 点）

筆　記	問題数 7 問、配点 60 点。試験時間 30 分。マークシート方式。
聞き取り	問題数 4 問、配点 40 点。試験時間 15 分。マークシート方式。

5 級の傾向と対策

5 級では、合格の基準を「初歩的な日常的フランス語を理解し、読み、聞き、書くことができる」と定めています。試験は筆記試験と聞き取り試験からなり、解答の方法は各問とも選択肢から番号で解答を選ぶマークシート方式です（聞き取り試験 2 番では、聞き取った数に対応するマークシートの番号を解答）。

筆記試験・聞き取り試験の構成は次のとおりです。

　　筆記試験：7 問／配点 60 点／試験時間 30 分
聞き取り試験：4 問／配点 40 点／試験時間約 15 分

5 級の受験の目安となる標準学習時間は 50 時間程度です。これを大学の授業にあてはめると、週 1 回の授業では 1 年間、週 2 回の授業では半年程度の学習に相当します。

出題の内容は、「日常使われる基礎的な文を構成するのに必要な文法知識」を問うもので、動詞の法・時制では、**近接未来**・**近接過去**をふくむ**直説法現在**と**命令法**が 5 級の出題の範囲になります。人称代名詞は主語と強勢形に限られ、目的語としての用法は出題されません。このほか形容詞と名詞・代名詞の性・数の一致や否定文、疑問文、語順などに関する基本的な知識が問われます。

「読む」内容については、日常的な表現や応答文、初歩的な会話文についてその内容を読み取る力が、「聞く」内容については、同じく簡単な応答文や日常的な表現を用いた短文を聞いて、その内容を把握する力が問われます。また、1〜20 までの数の聞き取りがあります。

5 級で出題される語彙の範囲は、『仏検公式基本語辞典 3 級・4 級・5 級 新訂版』（フランス語教育振興協会編、朝日出版社、2020）*で第 1 レベル「5 級に属する語」として示されている 560 語が基準になります。

＊本文中では『仏検公式基本語辞典』と略し、例文を引用する際には辞典の見出し語を併記しています。

以下に、2020年度秋季および2021年度春季・秋季の問題冊子と解説・解答を掲載しています。実際のテストのつもりで解いてみましょう。また問題別の配点一覧が各季の「解答・解説」の最後にかかげてありますから、解答を確認して自己採点してみてください。

発音の仮名表記については以下のようにしてあります。

1. 注意すべき個別の発音表記は、→の右の[　]のとおりです。
   [b] → [b ブ]
   [v] → [v ヴ]
   [l] → [l ル]
   [r] → [r る]
   [ɔ̃] → [ɔ̃ オン]
2. リエゾンやアンシェヌマンが起きているところは、下線が引いてあります。
   trois heures [trwɑzːœr トろワズーる]
   douze heures [duzːœr ドゥズーる]

解答用紙（雛型）（67%縮小）

2021年度　秋季　実用フランス語技能検定試験（5級）　解答用紙

会　場　名

氏　名

会場コード					
⓪	⓪	⓪	⓪	⓪	⓪
①	①	①	①	①	①
②	②	②	②	②	②
③	③	③	③	③	③
④	④	④	④	④	④
⑤	⑤	⑤	⑤	⑤	⑤
⑥	⑥	⑥	⑥	⑥	⑥
⑦	⑦	⑦	⑦	⑦	⑦
⑧	⑧	⑧	⑧	⑧	⑧
⑨	⑨	⑨	⑨	⑨	⑨

受験番号							
⓪	⓪	⓪	⓪	⓪	⓪	⓪	⓪
①	①	①	①	①	①	①	①
②	②	②	②	②	②	②	②
③	③	③	③	③	③	③	③
④	④	④	④	④	④	④	④
⑤	⑤	⑤	⑤	⑤	⑤	⑤	⑤
⑥	⑥	⑥	⑥	⑥	⑥	⑥	⑥
⑦	⑦	⑦	⑦	⑦	⑦	⑦	⑦
⑧	⑧	⑧	⑧	⑧	⑧	⑧	⑧
⑨	⑨	⑨	⑨	⑨	⑨	⑨	⑨

マークについての注意事項

1.マークはかならずHBまたはBの黒鉛筆（シャープペンシル可）で○の中を**正確に塗りつぶしてください**（下記マーク例参照）。ボールペンや万年筆等でマークした解答は機械による読み取りの対象とならないため、採点されません。

2.訂正の場合は、プラスチック製消しゴムできれいに消してください。

3.**解答用紙を折り曲げたり、破ったり、汚したりしないでください。**

マーク例

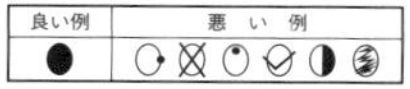

筆記

1

解答番号	解答欄
(1)	① ② ③
(2)	① ② ③
(3)	① ② ③
(4)	① ② ③
(5)	① ② ③

2

解答番号	解答欄
(1)	① ② ③
(2)	① ② ③
(3)	① ② ③
(4)	① ② ③
(5)	① ② ③

3

解答番号	解答欄
(1)	① ② ③
(2)	① ② ③
(3)	① ② ③
(4)	① ② ③

4

解答番号	解答欄
(1)	① ②
(2)	① ②
(3)	① ②
(4)	① ②

5

解答番号	解答欄
(1)	① ② ③
(2)	① ② ③
(3)	① ② ③
(4)	① ② ③

6

解答番号	解答欄
(1)	① ②
(2)	① ②
(3)	① ②
(4)	① ②

7

解答番号	解答欄
(1)	① ② ③
(2)	① ② ③
(3)	① ② ③
(4)	① ② ③

聞き取り

1

解答番号	解答欄
(1)	① ②
(2)	① ②
(3)	① ②
(4)	① ②
(5)	① ②

2

解答番号	解答欄
(1)	⓪ ① ② ③ ④ ⑤ ⑥ ⑦ ⑧ ⑨
	⓪ ① ② ③ ④ ⑤ ⑥ ⑦ ⑧ ⑨
(2)	⓪ ① ② ③ ④ ⑤ ⑥ ⑦ ⑧ ⑨
	⓪ ① ② ③ ④ ⑤ ⑥ ⑦ ⑧ ⑨
(3)	⓪ ① ② ③ ④ ⑤ ⑥ ⑦ ⑧ ⑨
	⓪ ① ② ③ ④ ⑤ ⑥ ⑦ ⑧ ⑨
(4)	⓪ ① ② ③ ④ ⑤ ⑥ ⑦ ⑧ ⑨
	⓪ ① ② ③ ④ ⑤ ⑥ ⑦ ⑧ ⑨
(5)	⓪ ① ② ③ ④ ⑤ ⑥ ⑦ ⑧ ⑨
	⓪ ① ② ③ ④ ⑤ ⑥ ⑦ ⑧ ⑨

3

解答番号	解答欄
(1)	① ② ③ ④ ⑤
(2)	① ② ③ ④ ⑤
(3)	① ② ③ ④ ⑤
(4)	① ② ③ ④ ⑤
(5)	① ② ③ ④ ⑤

4

解答番号	解答欄
(1)	① ②
(2)	① ②
(3)	① ②
(4)	① ②
(5)	① ②

2020年度秋季
実用フランス語技能検定試験
試験問題冊子 〈５級〉

問題冊子は試験開始の合図があるまで開いてはいけません。

筆 記 試 験	10 時 30 分 ～ 11 時 00 分 (休憩なし)
聞き取り試験	11 時 00 分から約 15 分間

◇問題冊子は表紙を含め 16 ページ、筆記試験が 7 問題、聞き取り試験が 4 問題です。

注　意　事　項

1　途中退出はいっさい認めません。

2　筆記用具は **HB または B の黒鉛筆** (シャープペンシルも可) を用いてください。ボールペンや万年筆等でマークした解答は機械による読み取りの対象とならないため、採点されません。

3　解答用紙の所定欄に、**受験番号**と**カナ氏名**が印刷されていますから、まちがいがないか、**確認**してください。

4　**解答は、解答用紙の解答欄にマークしてください**。たとえば、1 の (1) に対して ③ と解答する場合は、次の例のように解答欄の ③ にマークしてください。

例 **1**

解答番号	解答欄
(1)	① ② ●

5　解答に関係のないことを書いた答案は無効にすることがあります。

6　解答用紙を折り曲げたり、破ったり、汚したりしないように注意してください。

7　問題内容に関する質問はいっさい受けつけません。

8　不正行為者はただちに退場、それ以降および来季以後の受験資格を失うことになります。

9　**携帯電話等の電子機器の電源はかならず切って、かばん等にしまってください**。通信機能のある時計は使用を禁じます。

10　**時計のアラームは使用しないでください**。

11　この試験問題の複製 (コピー) を禁じます。また、この試験問題の一部または全部を当協会の許可なく他に伝えたり、漏えいしたりすることを禁じます (インターネットや携帯サイト等に掲載することも含みます)。

筆記試験終了後、休憩なしに聞き取り試験にうつります。

1　次の (1) ～ (5) の (　　) 内に入れるのにもっとも適切なものを、それぞれ ① ～ ③ のなかから 1 つずつ選び、解答欄のその番号にマークしてください。(配点 10)

(1) Arthur et Emma voyagent avec (　　) mère.

① leur　② leurs　③ ses

(2) Elle a (　　) robe blanche.

① des　② un　③ une

(3) Il boit (　　) thé vert.

① de　② de la　③ du

(4) Tu connais (　　) étudiant ?

① ce　② cet　③ cette

(5) (　　) fils d'Isabelle sont à l'école.

① La　② Le　③ Les

(解説・解答 ▶ p.282)

2 次の (1) ～ (5) の (　　) 内に入れるのにもっとも適切なものを、それぞれ ① ～ ③ のなかから1つずつ選び、解答欄のその番号にマークしてください。(配点 10)

(1) Elle ne (　　) rien.

① dis　② disent　③ dit

(2) Moi, je (　　) le bus.

① prend　② prends　③ prenons

(3) Mon ami (　　) venir.

① peut　② peuvent　③ peux

(4) Nous (　　) du fromage.

① mangent　② mangeons　③ mangez

(5) (　　) ton travail !

① Finis　② Finissez　③ Finit

(解説・解答 ▶ p.284)

3　例にならい、次の (1) ～ (4) において、それぞれ ① ～ ③ をすべて用いて、あたえられた日本語に対応する文を完成したときに、(　　) 内に入るのはどれですか。① ～ ③ のなかから 1 つずつ選び、解答欄のその番号にマークしてください。(配点　8)

例：私たちはパリの出身です。

Nous _______ (_______) _______ .

① de　　② Paris　　③ sommes

Nous sommes (de) Paris .
　　　③　　　①　　②

となり、③ ① ② の順なので、(　　) 内に入るのは ①。

(1) あのきれいな青い車をごらんなさい。

Regardez cette _____ (_____) _____ !

① bleue　　② jolie　　③ voiture

(2) 彼らは郵便局の近くに住んでいます。

Ils _____ (_____) _____ la poste.

① de　　② habitent　　③ près

(3) どこに行きたいの。

Tu _____ (_____) _____ ?

① aller　　② où　　③ veux

(4) 私には、もう時間がありません。

Je n'ai _____ (_____) _____ .

① le　　② plus　　③ temps

(解説・解答 ▶ p.285)

4　次の (1) ～ (4) に対する応答として適切なものを、それぞれ ①、② から選び、解答欄のその番号にマークしてください。(配点　8)

(1)　Il est comment, son père ?

① Il est dans la cuisine.
② Il est gentil.

(2)　Pourquoi tu ne viens pas ?

① Je suis malade.
② Je vais bien.

(3)　Quel temps fait-il à Tokyo ?

① Il est midi.
② Il pleut.

(4)　Tu n'es pas française ?

① Non, je suis américaine.
② Si, je suis italienne.

(解説・解答 ▶ p.287)

5　次の (1) ～ (4) において、日本語で示した**特徴を持たない語**を、それぞれ ① ～ ③ のなかから 1 つずつ選び、解答欄のその番号にマークしてください。(配点　8)

(1)　生きもの

① aéroport　② chien　③ poisson

(2)　衣類

① cravate　② journal　③ pantalon

(3)　時

① aujourd'hui　② droite　③ minuit

(4)　乗りもの

① avion　② métro　③ soleil

(解説・解答 ▶ p.289)

6

次の (1) ～ (4) の絵に対応する文を、それぞれ ①、② から選び、解答欄のその番号にマークしてください。(配点　8)

(1)

① Elle court.

② Elle marche.

(2)

① Il vient à vélo.

② Il vient en train.

(3)

① J'ai mal à la jambe.

② Je n'ai pas mal à la jambe.

(4)

① Le magasin est fermé.

② Le magasin est ouvert.

(解説・解答 ▶ p.290)

7　次の会話を読み、(1) ～ (4) に入れるのにもっとも適切なものを、それぞれ ① ～ ③ のなかから 1 つずつ選び、解答欄のその番号にマークしてください。(配点 8)

Louis : Quand pars-tu en Europe ?
Miki : (1).
Louis : (2) vas-tu visiter ?
Miki : L'Italie, la France et l'Allemagne* aussi.
Louis : Tu vas rester combien de temps en Italie ?
Miki : (3), et puis je vais aller à Paris.
Louis : Qu'est-ce que tu vas (4) à Paris ?
Miki : Le musée du Louvre.

* Allemagne : ドイツ

(1) ① Demain matin　② Dix minutes　③ Hier soir
(2) ① Comment　② Quelles villes　③ Quels pays
(3) ① Bientôt　② Le mois dernier　③ Une semaine
(4) ① dormir　② revenir　③ voir

(解説・解答 ▶ p.291)

聞き取り試験問題

聞き取り試験時間は、
11時00分から約15分間

注意事項

1　聞き取り試験は、CD・テープでおこないますので、CD・テープの指示にしたがってください。

2　解答はすべて筆記試験と同じ解答用紙の解答欄に、**HBまたはBの黒鉛筆**(シャープペンシルも可)でマークしてください。ボールペンや万年筆等でマークした解答は機械による読み取りの対象とならないため、採点されません。

1

- フランス語の文 (1) ～ (5) を、それぞれ3回ずつ聞いてください。
- (1) ～ (5) の文に対する応答として適切なものを、それぞれ ①、② から選び、解答欄のその番号にマークしてください。

(メモは自由にとってかまいません) (配点 10)

[音声を聞く順番] ㊾→㊿

(1) ① En voiture.

② Hier.

(2) ① Ma fille.

② Mon dictionnaire.

(3) ① Nous sommes le 13.

② Un kilo, s'il vous plaît.

(4) ① Non, ça va.

② Oui, s'il vous plaît.

(5) ① Oui, j'ai une sœur.

② Oui, je suis étudiant.

(解説・解答 ▶ p.293)

2

• フランス語の文 (1) ～ (5) を、それぞれ3回ずつ聞いてください。
• どの文にもかならず数が含まれています。例にならって、その数を解答欄にマークしてください。
（メモは自由にとってかまいません）（配点　10）

［音声を聞く順番］　51 → 52

(例)

• 「7」と解答したい場合には、

● ① ② ③ ④ ⑤ ⑥ ⑦ ⑧ ⑨
⓪ ① ② ③ ④ ⑤ ⑥ ● ⑧ ⑨

とマークしてください。

• 「15」と解答したい場合には、

⓪ ● ② ③ ④ ⑤ ⑥ ⑦ ⑧ ⑨
⓪ ① ② ③ ④ ● ⑥ ⑦ ⑧ ⑨

とマークしてください。

(1)

(2)

(3)

(4)

(5)

（解説・解答 ▶ p.295）

3

• フランス語の文 (1) ～ (5) を、それぞれ 3 回ずつ聞いてください。
• それぞれの文にもっともふさわしい絵を、下の ① ～ ⑤ のなかから 1 つずつ選び、解答欄のその番号にマークしてください。ただし、同じものを複数回用いることはできません。
（メモは自由にとってかまいません）（配点　10）

［音声を聞く順番］ 53 → 54

(1)

(2)

(3)

(4)

(5)

①

②

③

④

⑤

（解説・解答 ▶ p.297）

4

• フランス語の文 (1) ～ (5) を、それぞれ 3 回ずつ聞いてください。

• (1) ～ (5) の文にふさわしい絵を、それぞれ ①、② から選び、解答欄のその番号にマークしてください。

(メモは自由にとってかまいません) (配点 10)

[音声を聞く順番] 55 → 56

(1)

①

②

(2)

①

②

(3)

①

②

(4)

①

②

(5)

①

②

(解説・解答 ▶ p.298)

2020 年度秋季 5 級

今季の出願者 1,989 名のうち受験者は 1,866 名。合格者は 1,593 名で、実受験者に対する合格率は 85% でした。合格率は、2019 年度秋期 89%、2019 年度春季 84%、2018 年度秋季 81% でしたので、おおむね安定しているといえるでしょう。平均得点率は、筆記試験が 73%、聞き取り試験が 81%、全体では 76% でした。全体の平均得点率についても、2019 年秋季 77%、2019 年度春季 74%、2018 年度秋季 72% ですから、さほど大きな変化はありません。ただし今回は、聞き取り試験の平均得点率が筆記試験を上回る結果となりました。

出題内容のあらまし

[筆記]

1 冠詞、指示形容詞、所有形容詞（穴うめ・選択）
2 動詞活用（穴うめ・選択）
3 語順（語句の並べかえによる仏文完成・選択）
4 応答文（仏文選択）
5 語彙（選択）
6 対になる表現・語句（絵の内容に対応する仏文選択）
7 会話文（穴うめ・選択）

[聞き取り]

1 応答文（仏文選択）
2 数（マーク式による記入）
3 短文（仏文に対応する絵の選択）
4 男性・女性、単数・複数、肯定・否定の区別（仏文に対応する絵の選択）

筆記試験

解説・解答

1 **解説** 名詞と結びつく冠詞（不定冠詞、定冠詞、部分冠詞）と指示形容詞、所有形容詞に関する問題です。

(1) Arthur et Emma voyagent avec (leur) mère.「アルチュールとエマは彼らの母親といっしょに旅行をします」

選択肢はすべて、「～の」の意味を表す所有形容詞です。① leur「彼らの、彼女らの」のあとには単数の名詞がきます。それに対して② leurs「彼らの、彼女らの」のあとには複数の名詞がきます。③ ses は「彼の、彼女の」の意味で、つぎには複数の名詞がきます。

さて、この文の主語 Arthur et Emma「アルチュールとエマ」は複数ですから、所有形容詞は「彼らの」になります。ここで、③ ses「彼の、彼女の」がまず排除されます。そしてつぎにくる名詞 mère「母親」が単数ですから、② leurs「彼らの、彼女らの」も排除され、leur が空欄に入ります。正解は① leur です。

得点率は47%でした。

(2) Elle a (une) robe blanche.「彼女は白いドレスをもっています」

選択肢はすべて不定冠詞です。① des は男女にかかわらず複数の名詞に対して、② un は単数の男性名詞に対して、③ une は単数の女性名詞に対して、それぞれ用いられます。

さて、名詞 robe「ドレス」のあとに置かれた形容詞 blanche「白い」は、語尾に女性のマーカーである e がついていることから、女性単数形であることがわかります（男性単数形は blanc）。そこから robe が単数の女性名詞だと判断できます。したがって、単数の女性名詞につく不定冠詞の une が空欄に入ります。正解は③ une です。

得点率は94%でした。

(3) Il boit (du) thé vert.「彼は緑茶を飲みます」

選択肢 ① de は、直接目的語の前についた不定冠詞や部分冠詞が否定文になったときに用いられます。② de la は単数の女性名詞につく部分冠詞、③ du は単数の男性名詞につく部分冠詞です。

さて、thé「茶」のあとに続く形容詞 vert「緑の」は男性単数形です（女性単数形ならば verte となります）。したがって、thé「茶」が単数の男性名詞であることがわかります。この男性単数名詞の前につく部分冠詞は du ですから、正解は ③ du となります。ただし、部分冠詞は男性名詞であれ女性名詞であれ、母音で始まる名詞の前では de l' の形になります。たとえば、de l'argent「お金」（argent は男性名詞）、de l'eau「水」（eau は女性名詞）など。

得点率は 67%でした。

(4) Tu connais (cet) étudiant ?「君はあの（男子）学生を知ってる？」

選択肢はすべて「この、あの、その」を意味する指示形容詞です。① ce は子音で始まる単数の男性名詞に対して、② cet は母音で始まる単数の男性名詞に対して、③ cette は単数の女性名詞に対して、それぞれ用いられます。また、男性名詞、女性名詞にかかわらず複数名詞の前では、ces を用います。名詞 étudiant「（1 人の男子）学生」は母音で始まる男性単数名詞ですから、選ぶべき指示形容詞は、cet になります。正解は ② cet です。もし名詞が étudiante「（1 人の女子）学生」であれば、cette étudiante に、また étudiant(e)s「学生たち」のように複数であれば、ces étudiant(e)s となります。

得点率は 72%でした。

(5) (Les) fils d'Isabelle sont à l'école.「イザベルの息子たちは学校にいます」

選択肢はすべて定冠詞です。① La は子音で始まる単数の女性名詞に対して、② Le は子音で始まる単数の男性名詞に対して用います。男性名詞であれ女性名詞であれ、母音で始まる単数名詞の前では、L' となります。③ Les は男女にかかわらず複数の名詞に対して用いられます。名詞 fils「息子」はそもそも単数形と複数形が同じ形なので、fils という語だけでは息子が 1 人なのか、それとも複数いるのかを判断することはできません。ここで、動詞 être の活用形に sont が使われていることに着目しましょう。sont の主語は 3

人称複数ですから、fils がこの場合複数であることがわかります。したがってそれにつく定冠詞は Les になります。正解は③ Les です。

得点率は 75%でした。

問題1全体の得点率は 71%でした。

解答　(1) ①　(2) ③　(3) ③　(4) ②　(5) ③

2　解説　基本的な動詞の活用についての問題です。

(1)　Elle ne (dit) rien.「彼女は何も言わない」

問われている動詞は、dire「言う」です。その現在形は〈je dis、tu dis、il / elle dit、nous disons、vous dit**es**、ils / elles disent〉と活用します。正解は③ dit です。複数 2 人称の活用が **dis*ez*** ではなく **dites** となることに注意してください。また、ne ... rien で「何も～ない」という意味の否定文になります。

得点率は 77%でした。

(2)　Moi, je (prends) le bus.「私は、バスに乗ります」

問われている動詞は、prendre「とる、食べる、乗る」です。その現在形は〈je prends、tu prends、il / elle prend、nous prenons、vous prenez、ils / elles prennent〉と活用します。複数人称の活用で d が消えることに注意しましょう。正解は② prends です。同じタイプの活用をする動詞として、prendre に由来する apprendre「学ぶ」や comprendre「理解する」などがあります。

得点率は 63%でした。

(3)　Mon ami (peut) venir.「私の友人は来ることができます」

問われている動詞は pouvoir「～できる」です。その現在形は〈je peux、tu peux、il / elle peut、nous p**ou**vons、vous p**ou**vez、ils / elles peuvent〉と活用します。nous と vous の活用形の語幹が、不定詞 **pou**voir の語幹 pou になることに注意しましょう。Mon ami「私の友人」は 3 人称単数ですから、正解は① peut になります。これと同じタイプの活用をする動詞として

vouloir「～がほしい」があります。基本的な動詞のなかで、je、tu の活用形の語尾が x で終わるのは、pouvoir と vouloir の 2 つだけです。

得点率は 76％でした。

(4)　Nous (mangeons) du fromage.「私たちはチーズを食べます」

問われている動詞は manger「食べる」です。その現在形は〈je mange、tu manges、il / elle mange、nous mang**e**ons、vous mangez、ils / elles mangent〉と活用します。正解は② mangeons です。nous に対する活用形は man**g**ons ではなく man**ge**ons と g のあとに e が入りますので、注意してください。man**g**ons では [mɑ̃gɔ̃ マンゴン] という発音になってしまいます。ほかの活用形の音に合わせて [mɑ̃ʒɔ̃ マンジョン] とするため、mang**e**ons のつづり字になっているのです。なお、fromage「チーズ」の前についている du は部分冠詞です。

得点率は 92％でした。

(5)　(Finis) ton travail !「君の仕事を終えなさい」

動詞 finir「終える」の命令形の形が問われています。fnir の命令形は、現在時制の活用形から作ります。主語をとり去って動詞だけの形にします。tu に対しては finis「終えなさい」、nous に対しては finissons「終えましょう」、vous に対しては finissez「終えてください」となります。ここでは ton travail「君の仕事」の ton から、tu に対する命令だとわかりますから、正解は① Finis です。ちなみにその現在形は〈je finis、tu finis、il / elle finit、nous finissons、vous finissez、ils / elles finissent〉と活用します。このタイプの動詞の特徴は、複数人称の活用形で ss が現れることです。同型の活用をする動詞としては、ほかに choisir「選ぶ」などがあり、これら一群の動詞は -ir 動詞や第 2 群規則動詞などと呼ばれます。

得点率は 65％でした。

問題2全体の得点率は 75％でした。

解答　(1) ③　(2) ②　(3) ①　(4) ②　(5) ①

3　**解説**　選択肢としてあたえられた語句を並べかえ、文を完成する問題です。

(1) 冒頭の Regardez「ごらんなさい」は、動詞 regarder「見る」の vous に対する命令形です。そして regarder の直接目的語「〜を」に相当する部分がそのあとに続いています。cette「この」は指示形容詞で、そのあとには単数の女性名詞がきます。選択肢のなかから女性単数名詞の③ voiture「車」は容易にみつかるでしょう。問題は、① bleue「青い」と② jolie「きれいな」という 2 つの形容詞をどのように③ voiture という名詞につなげるかです。フランス語の形容詞は一般に名詞のあとに置かれますが、petit(e)「小さい」や joli(e)「きれいな」など日常よく用いられる短めの形容詞は名詞の前にきます。それに対して rouge「赤い」や bleu(e) など、色彩を表わす形容詞はかならず名詞の後ろに置きます。こうして Regardez cette jolie (voiture) bleue ! という文が完成します。正解は③ voiture です。

得点率は 67%でした。

(2) まず、主語 Ils「彼らは」に対応する動詞が② habitent「住んでいる」であることに着目しましょう。habitent は動詞 habiter の 3 人称複数の主語 ils に対する活用形です。つぎに、③ près と① de をつなげて près de「〜の近くに」という前置詞句を作ります。これに la poste を結びつけると près de la poste「郵便局の近くに」という 1 つのまとまりができ上がります。こうして Ils habitent (près) de la poste. という文が完成します。正解は③ près です。

得点率は 74%でした。

(3)「どこに」という場所を問う疑問文ですが、Tu「君は」という主語で始まっています。会話ではしばしばあることですが、ここでは本来文頭にくるべき疑問副詞の où が最後に置かれていることに気づかなければなりません。さて、主語の Tu に続くのは動詞です。選択肢には① aller と③ veux の 2 つの動詞がありますが、主語のあとにくるのは不定詞ではなく活用した動詞です。したがって、Tu「君は」のつぎには vouloir「〜したい」の活用形である③ veux がきます。その次に不定詞の① aller「行く」がつづいて、Tu veux aller で「君は行きたい」となります。そして最後に où「どこに」という疑問副詞が置かれます。こうして Tu veux (aller) où ? という文が完成します。正解は① aller です。

得点率は 69%でした。

(4) 文意からも、文頭の Je n'ai の n'(=ne) からも、この設問文が動詞 avoir を否定にした文であることがわかります。フランス語の否定文は一般に動詞の前後を ne と pas ではさんで作りますが、選択肢には pas がありません。ここでは pas にかえて② plus が用いられ、ne ... plus で「もはや〜ない」という意味の否定文になっているのです。したがって、Je n'ai plus「私はもはや〜をもっていない」という形がまずできます。その次に、① le と③ temps を組み合わせた le temps「時間」が動詞 avoir の直接目的語「〜を」としてつづくことになります。こうして Je n'ai plus (le) temps. という文が完成します。正解は① le です。

得点率は74％でした。

問題3全体の平均得点率は71％でした。

解答 (1) ③ (2) ③ (3) ① (4) ①

4 **解説** フランス語の質問を読み、2つの選択肢から適切な応答を選ぶ問題です。

(1) Il est comment, son père ?「彼（彼女）のお父さんはどんな方ですか」

疑問副詞 comment は「どうやって」という手段を問う場合と、「どんな」という様態や性質を問う場合があります。ここでは、人物の性質をきく表現となっています。② Il est gentil.「彼は親切です」が適切な応答になります。場所に焦点が当たっている① Il est dans la cuisine.「彼は台所にいます」では応答になりません。正解は② Il est gentil. です。① Il est dans la cuisine. が応答となるような疑問文として、Où est-il, son père ?「彼（彼女）のお父さん、どこにいるの」などが考えられます。

得点率は81％でした。

(2) Pourquoi tu ne viens pas ?「どうして君はこないの」

疑問副詞 Pourquoi「なぜ」用いて、相手がこない理由を尋ねています。① Je suis malade.「病気なんだ」が自然な受け答えになります。② Je vais bien.「私は元気です」では話がつながりません。正解は① Je suis malade. です。ちなみに、Je vais bien. の応答をみちびく疑問文としては、Comment vas-tu ? / Ça va ?「元気 ?」などがすぐに思い浮かびます。

得点率は74%でした。

(3) Quel temps fait-il à Tokyo ?「東京はどんな天気ですか」

Quel temps fait-il ? は天候をきく定型表現で、主語に非人称の il を置き、動詞は faire を使います。このときの temps は「時間」ではなく「天候」の意味です。時間をきく表現 Quelle heure est-il ?「何時ですか」と間違わないようにしましょう。さて、① Il est midi.「正午です」ではとんちんかんな応答になってしまいます。② Il pleut.「雨がふっています」が適切な応答です。pleut の不定詞は pleuvoir「雨がふる」ですが、主語はつねに非人称の il です。つまり3人称単数でしか用いません。正解は② Il pleut. です。ちなみに、Il est midi. の応答をみちびく疑問文は、たとえば Quelle heure est-il ?「何時ですか」などです。

得点率は56%でした。

(4) Tu n'es pas française ?「君はフランス人（女性）じゃないの？」

このような否定疑問文に対して肯定の内容で答えるときには、Oui ではなく Si を用い、「いいえ、～です」となります。また否定の内容で答えるときには、Non を用い、「ええ、～ではありません」となります。したがって、① Non, je suis américaine.「ええ（フランス人ではありません）、私はアメリカ人です」が適切な応答になります。② Si, je suis italienne.「いいえ（フランス人です）、私はイタリア人です」では意味を成しません。正解は① Non, je suis américaine. です。② Si, je suis italienne. が正しい受け答えになるような疑問文は Tu n'es pas italienne ?「君はイタリア人じゃないの」です。その場合、② Si, je suis italienne. は「いいえ（イタリア人です）。私はイタリア人です」の意味になります。否定疑問に対して答えるときには、肯定の内容で答える Si なのか否定の内容で答える Non なのかがポイントです。「ええ」や「いいえ」という日本語表現に惑わされないようにしましょう。

得点率は53%でした。

問題4全体の得点率は66%でした。

解答　(1) ②　(2) ①　(3) ②　(4) ①

5 **解説** 日本語の指示にしたがい、選択肢のなかから適切な語を選ぶ問題です。

＊このタイプの問題への対策としては、『仏検公式基本語辞典』に収められた「絵で見る関連語」のコーナーが非常に有効です。ぜひ活用してください。

(1) 3つの選択肢の意味は、それぞれ① aéroport「空港」、② chien「犬」、③ poisson「魚」です。「生きもの」と関係のない語は aéroport ですから、正解は① aéroport です。「生きもの」を表わすものとしては、ほかに chat「猫」や oiseau「鳥」なども基本的な語です。

得点率は89%でした。

(2) 3つの選択肢の意味は、それぞれ① cravate「ネクタイ」、② journal「新聞」、③ pantalon「ズボン」です。「衣類」でないものは journal ですから、正解は② journal です。衣類を表わす語は、ほかに robe「ドレス、ワンピース」、jupe「スカート」などがあります。あわせて確認しておきましょう。

得点率は90%でした。

(3) 3つの選択肢の意味は、それぞれ① aujourd'hui「きょう」、② droite「右」、③ minuit「真夜中、午前零時」です。「時」と関係のないものは droite ですから、正解は② droite です。「時」を表わす語は、demain「明日」、hier「きのう」、après-midi「午後」など、数多くあります。

得点率は89%でした。

(4) 3つの選択肢の意味は、それぞれ① avion「飛行機」、② métro「地下鉄」、③ soleil「太陽」です。「乗りもの」を表わさないのは soleil なので、正解は③ soleil です。「乗りもの」としては、train「電車」や bus「バス」、voiture「自動車」はもちろんですが、ほかに bateau「船」や vélo「自転車」なども覚えておきましょう。

得点率は88%でした。

問題5全体の得点率は89%でした。

解答 (1) ①　(2) ②　(3) ②　(4) ③

6 解説 イラストと一致する文を選ぶ問題です。

(1)　女性が走っているイラストです。① Elle court. は「彼女は走っている」、② Elles marche. は「彼女は歩いている」です。courir「走る」と marcher「歩く」の区別が焦点になっています。正解は① Elle court. です。
　得点率は72%でした。

(2)　男性が自転車に乗っているイラストです。① Il vient à vélo. は「彼は自転車で来る」、② Il vient en train. は「彼は電車で来る」です。à vélo「自転車に乗って」と en train「電車に乗って」の表現を理解しているかどうかです。乗りもの乗るというとき、多くは前置詞に en を使いますが、自転車、バイク、馬など、またがって乗る乗りものには à を用います。正解は① Il vient à vélo. です。
　得点率は99%でした。

(3)　ベンチにすわり、片足を痛そうに押さえている男性のイラストです。① J'ai mal à la jambe. は「私は脚が痛い」、② Je n'ai pas mal à la jambe. は「私は脚が痛くない」です。〈avoir mal à＋定冠詞＋身体の場所〉「～が痛い」という表現を用いた文が、①では肯定文に、②では否定文になっています。正解は① J'ai mal à la jambe. です。
　得点率は80%でした。

(4)　開いたドアを出入りする男女のイラストです。① Le magasin est fermé. は「店は閉まっている」、② Le magasin est ouvert. は「店は開いている」です。形容詞 fermé「閉まった」と ouvert「開いた」の対比が焦点になっています。正解は② Le magasin est ouvert. です。
　得点率は78%でした。

　問題6全体の得点率は82%でした。

解答　(1) ①　(2) ①　(3) ①　(4) ②

7 **解説** 会話文を読み、空欄に適切な語をおぎなう問題です。動詞や形容詞、疑問詞、前置詞などの用法が問われます。

ルイがヨーロッパに出かけるミキと話をしています。

(1) Quand pars-tu en Europe ?「いつヨーロッパに出発するんだい」ときくルイに、ミキが(1). と答えています。選択肢には、① Demain matin「あしたの朝」、② Dix minutes「10分」、③ Hier soir「きのうの夜」とあります。ルイはミキの出発がいつなのかをきいているのですから、② Dix minutes「10分」や③ Hier soir「きのうの夜」では、答えになりません。正解は① Demain matin「あしたの朝」です。

得点率は71%でした。

(2) (2) vas-tu visiter ?「君は(2)を訪れるつもり？」とルイがミキに尋ねています。vas は aller の活用形です。〈aller +不定詞〉の形で近接未来の表現が使われていますが、ここでは主語の代名詞 tu と vas が倒置されて疑問文になっています。近接未来の文はこのあとにも出てきます。

これに対してミキは、L'Italie, la France et l'Allemagne aussi.「イタリアとフランス、それにドイツも」と答えています。選択肢を見ると、① Comment「どのようにして」、② Quelles villes「どんな都市」、③ Quels pays「どんな国」となっています。ミキは移動手段ではなく、訪れる場所を答えています。また、イタリア、フランス、ドイツは国であって都市ではありません。したがって正解は③ Quels pays「どんな国」になります。pays「国」は単数形と複数形が同じつづりの語で、発音は [pei ペイ] です。

得点率は37%でした。

(3) Tu vas rester combien de temps en Italie ?「イタリアにはどのくらい滞在するの」とルイがきいています。〈combien de +無冠詞名詞〉で数や量を尋ねる表現です。名詞が数えられる場合は複数形にしますが、temps「時間」のように数えられない名詞のときには単数になります。

さてこの質問に対して、ミキは(3), et puis je vais aller à Paris.「(3)、それからパリに行くつもり」と答えています。選択肢は、① Bientôt「まもなく」、② Le mois dernier「先月」、③ Une semaine「1週間」です。ルイはミキにイタリアでの滞在期間を尋ねているのですから、①

Bientôt「まもなく」や② Le mois dernier「先月」では意味が通りません。正解は③ Une semaine「1週間」です。なおここでも、質問、応答ともに〈aller＋不定詞〉の近接未来の形が使われています。

得点率は61％でした。

(4)　Qu'est-ce que tu vas (　4　) à Paris ?「パリで何を（　4　）つもり？」ときくルイにミキは、Le musée du Louvre.「ルーヴル美術館」と答えています。疑問代名詞 Qu'est-ce que「何を」は、あとにくる動詞の直接目的語になっているのですから、（　4　）に入るべき動詞は、目的語をとる動詞、すなわち他動詞でなければなりません。また近接未来〈aller＋不定詞〉の「不定詞」の部分が問われているため、選択肢は、① dormir「眠る」、② revenir「もどる」、③ voir「見る」と、すべて動詞の不定詞になっています。

さて、① dormir「眠る」と② revenir「もどる」はそもそも自動詞なので、「～を」という目的語をとりません。目的語をとることのできる動詞は voir のみです。また意味的にも対話として成立するのは voir しかありません。正解は③ voir「見る」になります。

得点率は63％でした。

問題7全体の得点率は58％でした。

解答　(1) ①　(2) ③　(3) ③　(4) ③

聞き取り試験

解説・解答

1

(読まれる質問)

(1) Comment allez-vous à Fukuoka ?

(2) Qu'est-ce que tu cherches ?

(3) Combien de tomates voulez-vous ?

(4) Vous avez froid ?

(5) Tu as des frères et sœurs ?

解説 フランス語の文(1)～(5)を聞き取り、その応答として適切なものを選ぶ問題です。

(**1**) Comment allez-vous à Fukuoka ?「どうやって福岡まで行くの」

筆記試験4設問(1)の解説でも触れましたが、疑問副詞の comment [kɔmɑ̃ コマン] には、① 手段や方法をきく用法と ② 様態や性質などをきく用法とがあります。

① Comment vas-tu à la gare ?「君は駅へどうやって行くのですか」

② Il est comment, ton nouvel appartement ?
「君の今度のアパルトマンはどんなのですか」
(『仏検公式基本語辞典』**comment**)

本問では、福岡までの交通手段が問われています。選択肢には、① En voiture.「車で」と ② Hier.「きのう」がありますが、正解は① En voiture. です。

得点率は86%でした。

(2) Qu'est-ce que tu cherches ?「何をさがしているの」

Qu'est-ce que [kεsk(ə) ケスク] は、「何を」や「何ですか」というように、「もの」や「事がら」について問う疑問代名詞です。この文では、あとに tu cherches「君はさがしている」がきていますから、この Qu'est-ce que は「何を」をきいていることがわかります。これと同様の意味の疑問文として、Que cherches-tu ? という形も用いられます。さて選択肢を見ると、① Ma fille.「私の娘」と ② Mon dictionnaire.「私の辞書」がありますが、① Ma fille. は「人」であって「もの」ではありません。正解は ② Mon dictionnaire.「私の辞書」です。① Ma fille. が答えになる疑問文は、「人」を表わす疑問代名詞 qui [ki キ] をともないます。Qui est-ce que tu cherches ? / Qui cherches-tu ?「だれをさがしているの」などとなります。

得点率は 78％でした。

(3) Combien de tomates voulez-vous ?「トマトはどれだけいりますか」

筆記問題[7]の(3)にも出てきましたが、〈combien de ＋無冠詞名詞〉で「どれだけの～」という数や量を尋ねる表現です。このとき、本問のトマトのように数えられる名詞のときには、かならず複数形にします。使われている動詞 voulez の不定詞は vouloir で、この場合「～がほしい」の意味で用いられています。選択肢として、① Nous sommes le 13.「きょうは 13 日です」と ② Un kilo, s'il vous plaît.「1 キロお願いします」がありますが、正解はトマトの量を答えている ② Un kilo, s'il vous plaît. です。① Nous sommes le 13. が答えになる疑問文は、Le combien sommes-nous ?「きょうは何日ですか」などです。

得点率は 76％でした。

(4) Vous avez froid ?「寒いのですか」

avoir froid は「人」を主語とし、「寒い、寒気がする」という意味を表わす表現です。非人称主語の il と動詞 faire を用いた天候や寒暖を表わす表現と混同しないようにしましょう（たとえば、Il fait froid ce matin.「けさは寒い」)。選択肢を見ると、① Non, ça va.「いいえ、だいじょうぶです」と ② Oui, s'il vous plaît.「はい、お願いします」がありますが、Oui, s'il vous plaît.「はい、お願いします」では応答が成立しません。正解は ① Non, ça va. です。

得点率は69%でした。

(5) Tu as des frères et sœurs ?「きょうだいはいますか」

Tu as des frères et sœurs ? はひとつの定型表現です。frères et sœurs「兄弟と姉妹」がひとまとまりの「きょうだい」としてとらえられ、それに複数の不定冠詞 des がついています。また日本語では「いますか」となりますが、使われている動詞は avoir「もつ」です。選択肢には、① Oui, j'ai une sœur.「ええ、姉（妹）がひとりいます」と ② Oui, je suis étudiant.「ええ、私は学生です」がありますが、② Oui, je suis étudiant. という応答は明らかに不適切です。正解は ① Oui, j'ai une sœur. です。② Oui, je suis étudiant. が答えとなる疑問文としては Tu es étudiant ? などが想定されます。

得点率は88%でした。

問題1全体の得点率は79%でした。

解答 (1) ①　(2) ②　(3) ②　(4) ①　(5) ①

2

（読まれる文）

(1) Mon chat a dix ans.
(2) Nous sommes cinq.
(3) Ça fait neuf euros.
(4) C'est la chambre douze.
(5) J'arrive à huit heures.

解説 フランス語の文(1)～(5)にふくまれる数を聞き取る問題です。

(1) Mon chat a dix ans.「私の猫は10歳です」

正解は10です。dix は [dis ディス] と発音します。しかし、つぎに母音で始まる語がくるとひとつづきで発音されます。この場合、dix の語末の子音

x が [z ズ] という音になって ans [ɑ̃ アン] とつながります。dix ans は [dizɑ̃ ディザン] と発音されています。
得点率は72%でした。

⑵ Nous sommes cinq.「私たちは5人です」
正解は05です。数詞のあとには名詞がきていませんから、音の変化などはありません。cinq は [sɛ̃k サンク] と発音されています。Nous sommes cinq. は、主語を on にして、On est cinq. [ɔ̃nɛsɛ̃k オンネサンク] ともいいます。このときの on は意味的には複数ですが、文法的にはつねに3人称単数扱いなので、動詞 être の活用形は est となります。
得点率は88%でした。

⑶ Ça fait neuf euros.「（ぜんぶで）9ユーロです」
正解は09です。neuf は [nœf ヌフ] と発音されます。neuf のあとに ans [ɑ̃ アン]「年、歳」と heures [œːr ウーる]「～時、時間」がくる場合に限って、neuf の語末の f は [v ヴ] の音になり、つぎの語とつながります。neuf‿ans「9年、9歳」は [nœvɑ̃ ヌヴァン]、neuf‿heures「9時、9時間」は [nœvœːr ヌヴーる] と発音されます。しかし、euros [øro ウろ] の前で音は変化しないので、neuf の語末の f は [f フ] の音のままつながって発音されます。neuf euros は [nœføro ヌフろ] と発音されています。また Ça fait ~ の形で値段を表わすときには、合計でいくらの意味になります。
得点率は83%でした。

⑷ C’est la chambre douze.「12号室です」
正解は12です。douze は [duːz ドゥーズ] と発音します。この文は数詞で終わっていますから、12の音は変化しません。
得点率は86%でした。

⑸ J’arrive à huit heures.「8時に着きます」
正解は08です。huit は [ɥit ユィト] と発音されます。しかし、ここではつぎに母音で始まる heures「～時」がきています。このとき、huit の語末の子音 t と heures [œːr ウーる] がひとつづきに読まれます。huit heures は [ɥitœːr ユィトゥーる] と発音されています。

3級 秋
3級 春
3級 秋
4級 秋
4級 春
4級 秋
5級 秋
5級 春
5級 秋

得点率は62%でした。

問題2全体の得点率は78%でした。

解答 (1) 10　(2) 05　(3) 09　(4) 12　(5) 08

3

(読まれる文)

(1) Attention !
(2) Bon voyage !
(3) C'est pour toi.
(4) Il fait beau !
(5) Pardon, madame !

解説 フランス語の文(1)～(5)を聞き取り、その内容に対応する場面を5つのイラストから選ぶ問題です。

(**1**) Attention !「気をつけて」

横断歩道を走って渡ろうとしている子どもに女性が手をあげて何か言っている⑤のイラストが正解です。Attention ! は、Faites attention !「注意してください」から動詞の faites (< faire) をとった形です。faire attention「注意する」の表現もあわせて覚えておきましょう。

Faites attention aux voitures.「自動車に気をつけなさい」
(『仏検公式基本語辞典』**attention**)

得点率は81%でした。

(**2**) Bon voyage !「よい旅行を」

列車が止まっているプラットフォームで、スーツケースをもった2人の若い女性にもうひとりの女性が手をあげて何かを言っている④のイラストが正解です。形容詞 Bon(ne)(s) をともなう定型表現は、ほかにも Bonne année !「新年おめでとう」、Bonne nuit !「おやすみなさい」、Bonnes vacances !「よい休暇を」、Bon week-end !「よい週末を」など、数多くあります。

得点率は95%でした。

(3) C'est pour toi.「これ、あなたにです」

女性が男性にプレゼントのようなものを手渡している①のイラストが正解です。ここで用いられている前置詞 pour は「〜への」という意味で、対象への方向性を表わしています。

得点率は80%でした。

(4) Il fait beau !「いいお天気だ」

カーテンを開け、窓から太陽をながめている女性のイラスト②が正解です。〈非人称主語 il + fait (< faire) +形容詞〉で、天候や寒暖を表わす表現です。天気がよい場合は、このように形容詞 beau を使います。「悪い」ときは mauvais、「暑い」ときは chaud になります。

得点率は87%でした。

(5) Pardon, madame !「ちょっとすみません」

停留所で女性がもうひとりの女性に地図のようなものを見せて、何かを言っている③のイラストが正解です。Pardon, madame ! は相手に対して軽く謝るときにも用いますが、この場合は、「あの、ちょっと」という相手の注意を引く表現として使われています。

得点率は94%でした。

問題3全体の得点率は87%でした。

解答　(1) ⑤　(2) ④　(3) ①　(4) ②　(5) ③

4

(読まれる文)

(1) C'est un stylo.

(2) Ils achètent des livres.

(3) Les oiseaux chantent.

(4) Je suis petit.

(5) Il n'y a personne.

解説 フランス語の文を聞き取り、2枚の絵から、それぞれの文の内容に合うものを選ぶ問題です。冠詞や形容詞、動詞の活用語尾などの音声を手がかりに、男性形と女性形、単数形と複数形、肯定と否定の違いを聞き取ります。

(1) C'est un stylo.「これは1本のペンです」

イラスト①にはペンが1本、イラスト②にはペンが2本あります。名詞につく不定冠詞の音声を聞き分けて、ペンが単数か複数かを判断します。stylo「ペン」は男性名詞なので、1本であればun stylo [œ̃stilo アンスティロ]、複数であればdes stylos [destilo デスティロ] となります。録音の音声ではC'est‿un stylo. [sɛtœ̃stilo セタンスティロ] と発音されています。したがって、ペンが1本だけ描かれているイラスト①が正解です。イラスト②ならば、Ce sont des stylos. [səsɔ̃destilo スソンデスティロ]「これらはペンです」になります。ペンが単数か複数かは不定冠詞ではっきり区別できますが、動詞êtreの活用形（est / sont）からも判断できます。

得点率は93%でした。

(2) Ils achètent des livres.「彼らは本を何冊か買います」

イラスト①には本を買う男性が1人、イラスト②には本を買う男性2人描かれています。読まれる設問文を聞いて主語が単数か複数かを判断するのですが、3人称単数の主語ilと3人称複数の主語ilsはいずれも発音は [il イル] で同じです。つぎにくる動詞の不定詞は -er動詞のacheter [aʃte アシュテ]「買う」ですが、3人称単数の活用形achèteと3人称複数の活用形achètentは同じ [aʃɛt アシェット] になります。さて、どこで判断すればいいのでしょうか。この場合、主語と動詞の発音のつながりに注目します。主語が単数のilのときは、つぎのachèteとひとつづきに、il⁀achète [ilaʃɛt イラシェット] と発音します。アンシェヌマンと呼ばれる現象です。いっぽう主語が複数のilsのときは、ilsの発音されない語尾sが、つぎに母音で始まるachètentがくることによって[z ズ]という音になり、ひと息にils‿achètent [ilzaʃɛt イルザシェット]と発音されます。リエゾンです。録音の音声ではIls achètent des livres. [ilzaʃɛtdeliːvr イルザシェットデリーヴる]と発音されているので、正解は②になります。

得点率は72%でした。

(3) Les oiseaux chantent.「鳥（たち）がさえずっている」

イラスト①には1羽の鳥が、イラスト②には2羽の鳥がいます。主語は「鳥」ですが、単数のoiseauと複数のoiseauxは同じ発音[wazo オワゾ]なので、この音からだけでは判断できません。また、前問のacheterと同じく、この文の動詞chanter「歌う、さえずる」も-er動詞なので、3人称単数の活用形chanteと3人称複数の活用形chantentは同じ発音の[ʃɑ̃t シャント]になります。ここで着目すべきは、oiseauという名詞の前につく定冠詞です。単数のoiseauであれば、定冠詞l'がつき（oiseauは男性名詞ですが母音で始まっているので、leではなくl'になります）、l'oiseau [lwazo ロワゾ]となります。また複数のoiseauxであれば、定冠詞はles [le レ]となり、oiseauxとのあいだに音のつながり（リエゾン）が生じて、les‿oiseaux [lezwazo レゾワゾ]となります。録音の音声では、Les oiseaux chantent. [lezwazoʃɑ̃t レゾワゾシャント]と読まれているので、正解は②です。もし、①が正解であれば、読まれる文は、L'oiseau chante. [lwazoʃɑ̃t ロワゾシャント]になります。

得点率は85%でした。

(4) Je suis petit.「ぼくは小さい」

イラスト①には背伸びをしてなんとか自動改札機にカードか切符を入れようとしている男の子が1人、イラスト②には同じくそのような女の子が1人描かれています。主語が男性単数か女性単数かを判断する問題です。読まれる設問文の主語の音je [ʒə ジュ]「ぼく、私」からだけでは、男性か女性かは判断できません。この場合は、主語を説明する補語となっている形容詞petit(e)「小さい」から判断するしかありません。男性であればpetit [pəti プティ]、女性であればpetite [pətit プティト]となります。聞き取るポイントは、語尾の[t]の音が聞こえるか聞こえないかです。録音の音声では、Je suis petit. [ʒəsɥipəti ジュスュイプティ]と発音されており、文末に[t]の音はありません。したがって正解は①です。イラスト②ならば、Je suis petite. [ʒəsɥipətit ジュスュイプティト] になります。

得点率は77%でした。

(5) Il n'y a personne.「だれもいません」

イラスト①にはだれもいないテーブル席が、イラスト②には男女各1名が席についているテーブルが描かれています。存在を表わす非人称表現 il y a [ilja イリヤ]「～がある」が、ne ... personne [pɛrsɔn ぺるソンヌ]「だれも～ない」という形の否定文になっているのです。まず、il のあとに否定の ne がきて il n'y a [ilnja イルニヤ] となり、そのあとに personne が置かれています。Il n'y a personne. の発音は [ilnjapɛrsɔn イルニヤぺるソンヌ] です。正解は①です。またこのとき、問題となっているのが人間ではなく事物であれば、ne ... rien [rjɛ̃ リヤン]「何も～ない」の否定表現を用いて、Il n'y a rien. [ilnjarjɛ̃ イルニヤりヤン]「何もありません」となります。

得点率は77%でした。

問題4全体の平均得点率は81%でした。

解答 (1) ①　(2) ②　(3) ②　(4) ①　(5) ①

配 点 表

問題番号	筆記試験	1	2	3	4	5	6	7	小計	聞き取り	1	2	3	4	小計	合計
点		10	10	8	8	8	8	8	60		10	10	10	10	40	100

2021年度春季
実用フランス語技能検定試験
試験問題冊子　〈 5 級 〉

問題冊子は試験開始の合図があるまで開いてはいけません。

筆 記 試 験	10 時 20 分 ～ 10 時 50 分 (休憩なし)
聞き取り試験	10 時 50 分から約 15 分間

◇問題冊子は表紙を含め 16 ページ、筆記試験が 7 問題、聞き取り試験が 4 問題です。

注　意　事　項

1　途中退出はいっさい認めません。

2　筆記用具は **HB または B の黒鉛筆** (シャープペンシルも可) を用いてください。ボールペンや万年筆等でマークした解答は機械による読み取りの対象とならないため、採点されません。

3　解答用紙の所定欄に、**受験番号**と**カナ氏名**が印刷されていますから、まちがいがないか、**確認**してください。

4　**解答は、解答用紙の解答欄にマークしてください**。たとえば、1 の (1) に対して ③ と解答する場合は、次の例のように解答欄の ③ にマークしてください。

例 **1**

解答番号	解　答　欄
(1)	① ② ●

5　解答に関係のないことを書いた答案は無効にすることがあります。

6　解答用紙を折り曲げたり、破ったり、汚したりしないように注意してください。

7　問題内容に関する質問はいっさい受けつけません。

8　不正行為者はただちに退場、それ以降および来季以後の受験資格を失うことになります。

9　**携帯電話等の電子機器の電源はかならず切って、かばん等にしまってください**。通信機能のある時計は使用を禁じます。

10　**時計のアラームは使用しないでください**。

11　この試験問題の複製 (コピー) を禁じます。また、この試験問題の一部または全部を当協会の許可なく他に伝えたり、漏えいしたりすることを禁じます (インターネットや携帯サイト等に掲載することも含みます)。

筆記試験終了後、休憩なしに聞き取り試験にうつります。

1　次の (1) ～ (5) の (　　) 内に入れるのにもっとも適切なものを、それぞれ ① ～ ③ のなかから 1 つずつ選び、解答欄のその番号にマークしてください。(配点　10)

(1) Elle n'aime pas (　　) café.

① du　　② le　　③ les

(2) Il y a (　　) gros chien dans le jardin.

① des　　② un　　③ une

(3) Quel est (　　) fruit ?

① ce　　② ces　　③ cette

(4) Tu veux encore (　　) pain ?

① de　　② des　　③ du

(5) (　　) sœur n'est pas très gentille.

① Sa　　② Ses　　③ Son

(解説・解答 ▶ p.318)

2

次の (1) ～ (5) の (　　) 内に入れるのにもっとも適切なものを、それぞれ ① ～ ③ のなかから 1 つずつ選び、解答欄のその番号にマークしてください。(配点　10)

(1)　Elle (　　) d'Italie.

① reviennent　② reviens　③ revient

(2)　Ils (　　) du thé.

① bois　② boit　③ boivent

(3)　Je (　　) beaucoup de livres.

① lis　② lisent　③ lit

(4)　Tu (　　) demain matin ?

① pars　② partent　③ partez

(5)　Vous (　　) Philippe ?

① connais　② connaissez　③ connaissons

(解説・解答 ▶ p.320)

3　例にならい、次の (1) ～ (4) において、それぞれ ① ～ ③ をすべて用いて、あたえられた日本語に対応する文を完成したときに、(　　) 内に入るのはどれですか。① ～ ③ のなかから１つずつ選び、解答欄のその番号にマークしてください。(配点　8)

例：私たちはパリの出身です。

Nous _______ (_______) _______ .

① de　　② Paris　　③ sommes

Nous sommes (de) Paris .
　　　③　　　①　　②

となり、③ ① ② の順なので、(　　) 内に入るのは ①。

(1)　歩いて帰りますか。

Vous _____ (_____) _____ ?

① à　　② pied　　③ rentrez

(2)　きょうは、これから雨になります。

Aujourd’hui, _____ (_____) _____ .

① il　　② pleuvoir　　③ va

(3)　これは、新しいホテルです。

C’est _____ (_____) _____ .

① hôtel　　② nouvel　　③ un

(4)　何歳なの。

Tu _____ (_____) _____ ?

① âge　　② as　　③ quel

(解説・解答 ▶ p.321)

4 次の (1) ～ (4) に対する応答として適切なものを、それぞれ ①、② から選び、解答欄のその番号にマークしてください。(配点 8)

(1) Camille est là ?

① Non, elle a raison.
② Oui, elle est dans sa chambre.

(2) Où sont-ils ?

① Ils sont à Lyon.
② Ils sont américains.

(3) Quelle saison préfères-tu ?

① Le matin.
② L'été.

(4) Qu'est-ce qu'elle fait, votre mère ?

① Elle aime les animaux.
② Elle est professeure.

(解説・解答 ▶ p.323)

5　次の (1) ～ (4) において、日本語で示した**特徴を持たない語**を、それぞれ ① ～ ③ のなかから 1 つずつ選び、解答欄のその番号にマークしてください。(配点　8)

(1)　移動

① attendre　② marcher　③ sortir

(2)　家具

① chaise　② orange　③ table

(3)　身体

① bras　② jambe　③ rue

(4)　方位

① minuit　② nord　③ sud

（解説・解答 ▶ p.324）

6 次の (1) ～ (4) の絵に対応する文を、それぞれ ①、② から選び、解答欄のその番号にマークしてください。(配点 8)

(1)

① Ce pantalon est trop court.

② Ce pantalon est trop long.

(2)

① Elle ne pleure pas.

② Elle pleure.

(3)

① Il chante.

② Il danse.

(4)

① Ils sont à la mer.

② Ils sont à la montagne.

（解説・解答 ▶ p.325）

7　次の会話を読み、(1)～(4)に入れるのにもっとも適切なものを、それぞれ ① ～ ③ のなかから1つずつ選び、解答欄のその番号にマークしてください。(配点 8)

Patricia : Tu as l'air* très content aujourd'hui. (1) ?
Gilles : Je viens d'acheter une petite maison à la campagne.
Patricia : (2) vas-tu à Paris ?
Gilles : (3) voiture.
Patricia : Il faut combien de (4) ?
Gilles : Deux heures et demie.
Patricia : C'est loin !

* avoir l'air... : ～のように見える

(1)	① C'est qui	② Pourquoi	③ Quelle heure
(2)	① Comment	② Où	③ Quand
(3)	① À	② Dans	③ En
(4)	① jours	② personnes	③ temps

(解説・解答 ▶ p.326)

3級 秋
3級 春
3級 秋
4級 秋
4級 春
4級 秋
5級 秋
5級 春
5級 秋

聞き取り試験問題

聞き取り試験時間は、 10時50分から約15分間

注意事項

1　聞き取り試験は、CD・テープでおこないますので、CD・テープの指示にしたがってください。

2　解答はすべて筆記試験と同じ解答用紙の解答欄に、**HBまたはBの黒鉛筆**(シャープペンシルも可)でマークしてください。ボールペンや万年筆等でマークした解答は機械による読み取りの対象とならないため、採点されません。

1

- フランス語の文 (1) ～ (5) を、それぞれ 3 回ずつ聞いてください。
- (1) ～ (5) の文に対する応答として適切なものを、それぞれ ①、② から選び、解答欄のその番号にマークしてください。
  (メモは自由にとってかまいません) (配点　10)

[音声を聞く順番]　57 → 58

(1) ① Elle n'est pas grande.
　② Elle s'appelle Marie.

(2) ① Il est tard.
　② Il fait beau.

(3) ① Mes cheveux.
　② Mes sœurs.

(4) ① Oui, j'ai très soif.
　② Si, souvent.

(5) ① Parce que c'est mon livre.
　② Pour regarder la télé.

(解説・解答 ▶ p.328)

2

- フランス語の文 (1) ～ (5) を、それぞれ3回ずつ聞いてください。
- どの文にもかならず数が含まれています。例にならって、その数を解答欄にマークしてください。
  (メモは自由にとってかまいません)(配点　10)

[音声を聞く順番]　59 → 60

(例)

- 「7」と解答したい場合には、

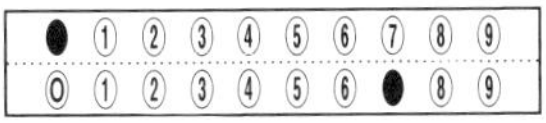

とマークしてください。

- 「15」と解答したい場合には、

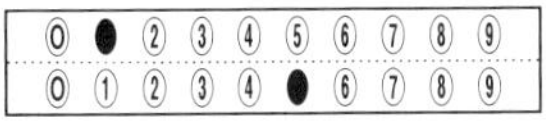

とマークしてください。

(1)

(2)

(3)

(4)

(5)

(解説・解答 ▶ p.330)

3

- フランス語の文 (1) ～ (5) を、それぞれ3回ずつ聞いてください。
- それぞれの文にもっともふさわしい絵を、下の ① ～ ⑤ のなかから1つずつ選び、解答欄のその番号にマークしてください。ただし、同じものを複数回用いることはできません。

(メモは自由にとってかまいません)(配点　10)

[音声を聞く順番]　❻❶ → ❻❷

(1)

(2)

(3)

(4)

(5)

①

②

③

④

⑤

(解説・解答 ▶ p.332)

4

- フランス語の文 (1) ～ (5) を、それぞれ3回ずつ聞いてください。
- (1) ～ (5) の文にふさわしい絵を、それぞれ ①、② から選び、解答欄のその番号にマークしてください。

(メモは自由にとってかまいません)(配点 10)

[音声を聞く順番] 63 → 64

(1)

①

②
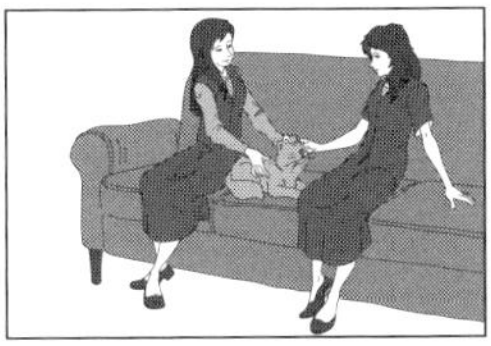

(2)

①

②
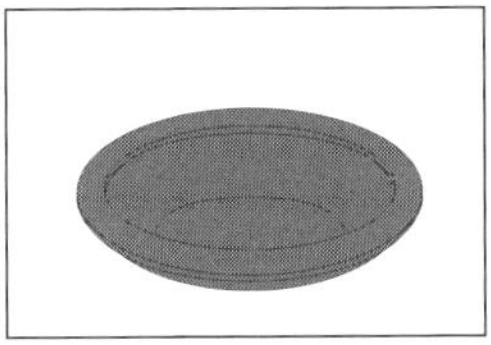

(3)

①

②

(4)

①

②

(5)

①

②

(解説・解答 ▶ p.333)

2021 年度春季 5 級

今季の出願者は 1292 名、受験者は 1173 名でした。合格者は 1043 名で、受験者に対する合格率は 89% です。直近の合格率と比較すると、2020 年度秋季が 85%、2019 年度秋季が 89% だったので、ほぼ同じ水準といえます (2020 年度の春季試験は新型コロナ感染症拡大にともなう措置の影響で実施されていません)。

全体の平均点は 79 点、得点率は筆記試験が 81%、聞き取り試験が 75% でした。今季の場合も、聞き取り試験の得点率が筆記試験にくらべてやや低くなっており、例年と同様の傾向が窺《うかが》われます。

出題内容のあらまし

[筆記]

1 冠詞、指示形容詞、所有形容詞（穴うめ・選択）

2 動詞活用（穴うめ・選択）

3 語順（語句の並べかえによる仏文完成・選択）

4 応答文（仏文選択）

5 語彙（選択）

6 対になる表現・語句（絵の内容に対応する仏文選択）

7 会話文（穴うめ・選択）

[聞き取り]

1 応答文（仏文選択）

2 数（マーク式による記入）

3 短文（仏文に対応する絵の選択）

4 男性・女性、単数・複数、肯定・否定の区別（仏文に対応する絵の選択）

筆記試験

解説・解答

1

解説 名詞と結びつく冠詞（不定冠詞、定冠詞、部分冠詞）と指示形容詞、所有形容詞に関する問題です。

(1) Elle n'aime pas (le) café.「彼女はコーヒーが好きではありません」

選択肢① du は男性名詞とともに用いる部分冠詞、② le は単数の男性名詞につく定冠詞、③ les は男女にかかわらず複数の名詞につく定冠詞です。動詞 aimer「～を愛する、好む」につづく直接目的語には、種類全体を表わす定冠詞を用います。ここでは café が単数なので、② le が正解です（「コーヒー（というもの）」が好き／好きではない、の意）。定冠詞の総称用法と呼ばれるもので、J'aime la musique française.「私はフランス音楽が好きだ」（『仏検公式基本語辞典（新訂版）』p.7）、J'aime le tennis.「私はテニスが好きです」（p.156）のように使います。同じ用法は aimer と類似した意味をもつ他の動詞にもあてはまります。たとえば préférer A à B「B より A を好む」がそうです（Je préfère le café au thé.「私は紅茶よりコーヒーがいい」p.222）。

選択肢①の部分冠詞 du を用いた du café は、「（ある程度の具体的な量をもった）コーヒー」という意味で、Il boit du café tous les matins.「彼は毎朝コーヒーを飲みます」（p.33）のように使います。この問題では、動詞 aimer を用いた「～が好きではない」という文意から考えて部分冠詞 du を用いるのは適切ではありませんし、また仮に動詞が aimer でなかったとしても、否定文のなかでは、直接目的語につく部分冠詞 du は de になるのが原則ですから、この点からも① du は排除することができます。

得点率は51%でした。

(2) Il y a (un) gros chien dans le jardin.「庭に大きな犬が1匹います」

選択肢はすべて不定冠詞です。① des は男女にかかわらず複数の名詞に、② un は単数の男性名詞に、③ une は単数の女性名詞に、それぞれ用います。この文では、名詞 chien「犬」に複数の s がついていないことから、名詞は単数であることがわかります。それでは、この名詞の文法上の性は男女のどちらでしょうか。名詞の性を判断するには、その名詞についた形容詞の形に注目します。ここでは形容詞 gros「大きい、太った」が男性形ですから（女性形は grosse）、chien も男性名詞ということになり、単数の男性名詞とともに用いる ② un が正解です。形容詞 gros は男性単数形・複数形ともに gros ですが、女性単数形は grosse、女性複数形は grosses という形をとります。

得点率は 79％でした。

(3) Quel est (ce) fruit ?「このくだものは何ですか」

指示形容詞の問題です。① ce は単数の男性名詞に、② ces は男女にかかわらず複数の名詞に、③ cette は単数の女性名詞に、それぞれ用います。ここでは fruit「フルーツ、くだもの」に複数の s がついていないので、名詞は単数です。問題文の場合、名詞 fruit に形容詞はついていませんが、文頭の疑問形容詞の形で fruit の性を判断することができます。疑問形容詞は男性単数形が quel、女性単数形が quelle、男性複数形が quels、女性複数形が quelles です。問題文は男性単数形の quel ですから、fruit も単数の男性名詞ということになり、この名詞とともに用いる指示形容詞は ① ce が正解です。なお、選択肢にはありませんが、指示形容詞の男性単数形にはもうひとつ cet という形があり、名詞が母音あるいは無音の h で始まるときはこの形を用います（cet arbre「この木」、cet hôtel「そのホテル」など）。

得点率は 74％でした。

(4) Tu veux encore (du) pain ?「もっとパンが欲しい？」

「パンが欲しい」、つまり「パンが食べたい」という場合、バゲットをまるごと 1 本、あるいは 1 斤のパンの全体ではなく、（ある程度の量の）その一部分を食べることを想定します。そのためこの問題では「全体の一部」を示す部分冠詞を用いることになり、③ du が正解です。① de は、(1) でも見たように否定文で用いられる形、② des は複数の名詞につく不定冠詞ですから、ここではどちらもあてはまりません。

得点率は 77％でした。

(5) (Sa) sœur n'est pas très gentille.「彼（彼女）の姉（妹）はあまり親切ではありません」

「彼（彼女）の」という意味を表わす所有形容詞の問題です。① Sa は単数の女性名詞、② Ses は男女にかかわらず複数の名詞、③ Son は単数の男性名詞の前で、それぞれ用います。この文では、名詞 sœur「姉、妹」は単数です（複数の s がついていませんし、また動詞 être の活用形も 3 人称単数の est が用いられています）。名詞の性については、「姉、妹」という sœur の意味を知っていれば迷うことはありませんが、仮に語の意味を知らなくても、「やさしい、親切な」という意味の形容詞 gentil がここでは女性形 gentille で用いられているため、sœur も女性名詞であることがわかります。単数の女性名詞につく所有形容詞は sa ですから、①が正解です。ちなみに単数の女性名詞でも、母音あるいは無音の h で始まる語の場合、所有形容詞は son を用います（son adresse「彼（彼女）の住所」、son école「彼（彼女）の学校」など）。

得点率は 76%でした。

問題1全体の得点率は 71%でした。

解答　(1) ②　(2) ②　(3) ①　(4) ③　(5) ①

2 解説　基本的な動詞の活用についての問題です。

(1) Elle (revient) d'Italie.「彼女はイタリアからもどります」

動詞は revenir「帰る、もどる」で、動詞 venir「来る」に、「元に」の意を表わす re がついた形です。現在形は〈je reviens、tu reviens、il / elle revient、nous revenons、vous revenez、ils / elles reviennent〉と活用します。正解は ③ revient です。

得点率は 74%でした。

(2) Ils (boivent) du thé.「彼らはお茶を飲みます」

動詞は boire「飲む」です。現在形は〈je bois、tu bois、il / elle boit、nous buvons、vous buvez、ils / elles boivent〉と活用します。正解は ③ boivent です。

得点率は87%でした。

(3)　Je (lis) beaucoup de livres.「私はたくさんの本を読みます」

動詞は lire「読む、読書する」です。現在形は〈je lis、tu lis、il / elle lit、nous lisons、vous lisez、ils / elles lisent〉と活用します。正解は① lis です。

得点率は83%でした。

(4)　Tu (pars) demain matin ?「君はあしたの朝出発するの？」

動詞は partir「出発する、出かける」です。現在形は〈je pars、tu pars、il / elle part、nous partons、vous partez、ils / elles partent〉と活用します。正解は① pars です。partir の語尾は -ir ですが、finir のような第2群規則動詞とは活用の型がことなるので注意しましょう。同じタイプの活用をする動詞として、dormir「眠る」、sortir「出る、外出する」などがあります。

得点率は94%でした。

(5)　Vous (connaissez) Philippe ?「あなたはフィリップを知っていますか」

動詞は connaître (connaitre)「知っている」です。現在形は〈je connais、tu connais、il / elle connaît (connait)、nous connaissons、vous connaissez、ils / elles connaissent〉と活用します。正解は② connaissez です。

得点率は94%でした。

問題2全体の得点率は86%でした。

解答　(1) ③　(2) ③　(3) ①　(4) ①　(5) ②

3

解説　選択肢としてあたえられた語句を並べかえ、文を完成する問題です。

(1)　主語 Vous につづく動詞は③ rentrez です。rentrer は「帰宅する、もどる」という意味なので、これが日本語の文の「帰る」(「帰りますか」) に相当します。「歩いて」は、①の前置詞 à と② pied「(人や動物の) 足」を組み合わせた à pied という定型表現で表わします（(『仏検公式基本語辞典（新訂版）』p.213)。Vous rentrez (à) pied ? となり、① à が正解です。

得点率は96%でした。

(2) 天候を表わすには、il pleut「雨が降る」、il fait beau「天気がよい」など、代名詞 il を非人称で用います。文の主語は① il です。問題文の日本語は「これから雨になります」ですから、ここでは〈aller ＋不定詞〉という近接未来の表現を用いることになります。主語の il に合わせ、aller は3人称単数の活用形③ va、不定詞は② pleuvoir「雨が降る」が該当します。Aujourd'hui, il (va) pleuvoir. となり、③ va が正解です。

得点率は95％でした。

(3) 日本語の「ホテル」に相当する① hôtel に③の不定冠詞 un を結びつけ、C'est un hôtel.「これはホテルです」という文の骨格を考えます。問題は、選択肢②の形容詞 nouvel「新しい」をどこに置くかという点です。フランス語の形容詞は、名詞のあとに置くのが原則です。ただし、bon「よい、おいしい」、grand「大きい」、jeune「若い」など、日常的によく使われる短い形容詞には名詞の前に置かれるものがあり、この問題の nouvel (nouveau) もその1つです。そのため、この文では不定冠詞 un と名詞 hôtel の間に② nouvel が入ります。C'est un (nouvel) hôtel. となって、②が正解です。なお、この問題の nouvel は、「新しい」という意味の形容詞 nouveau の男性第2形と呼ばれる形です。第2形は、母音もしくは問題文の hôtel のような無音の h で始まる単数の男性名詞の前で用いる形なので、名詞のあとに置かれることはありません。このほか男性第2形をもつ形容詞として、beau「美しい」（→ bel）、vieux「古い」（→ vieil）も覚えておくとよいでしょう。

得点率は69％でした。

(4) 主語 Tu につづく動詞は② as です。年齢を伝えるときには、avoir ＋ ~ an(s)「〜歳です」という表現を使うことを思い出しましょう（『仏検公式基本語辞典（新訂版）』p.11）。この問題のように「何歳」と尋ねる場合は、「年齢」という意味の名詞① âge の前に疑問形容詞③ quel をつけます。Tu as (quel) âge ? となり、③ quel が正解です。

得点率は83％でした。

問題3全体の得点率は86％でした。

解答　(1) ①　(2) ③　(3) ②　(4) ③

4　**解説**　フランス語の質問を読み、2つの選択肢から適切な応答を選ぶ問題です。

(1)　Camille est là ?「カミーユはいますか」

être là は、問題文のように「人」について述べる場合、話をしているその場所、あるいは話題になっている場所に「その人がいる（来ている）」という意味で用います。② Oui, elle est dans sa chambre.「はい、彼女は自分の部屋にいます」が正解です。① Non, elle a raison. は「いいえ、彼女は正しい」の意ですから、質問の文に対する応答にはなりません。

得点率は77%でした。

(2)　Où sont-ils ?「彼らはどこにいますか」

疑問詞 où を使って場所を尋ねている質問ですから、① Ils sont à Lyon.「彼らはリヨンにいます」が正解です。リヨンはパリから南東に462キロメートル離れた、フランス中東部に位置する都市です。場所を表わす場合、Je vais à Paris.「私はパリに行きます」（『仏検公式基本語辞典（新訂版）』p.1）のように、都市名には前置詞 à をつけますが、国名の場合には名詞の性数に応じて en、au、aux のいずれかを用います（Cet été, ils vont en France.「この夏、彼らはフランスに行きます」p.98）。② Ils sont américains.「彼らはアメリカ人です」では、「どこにいますか」という問いに対する適切な応答になりません。

得点率は85%でした。

(3)　Quelle saison préfères-tu ?「どの季節が好き？」

応答の文は、①が Le matin.「朝」、②が L'été.「夏」なので、②が正解です。四季を表わす語はすべて男性名詞ですから、仮に「春」と答えるのであれば Le printemps. となります。一方、「秋」／「冬」の場合はこの問題の L'été. と同様にエリジヨンをして、L'automne. / L'hiver. となります。

得点率は82%でした。

(4)　Qu'est-ce qu'elle fait, votre mère ?「あなたのお母さんは何をしているのですか」

動詞 faire を用い、「職業、仕事」を尋ねている質問ですから、② Elle est

professeure.「彼女は教師です」が正解です。① Elle aime les animaux.「彼女は動物が好きです」では適切な応答になりません。professeur「教師、先生」は男女同形の名詞としても用いるため、女性の場合はprofesseur、professeureのどちらも可能です。ちなみに状況によっては、同じ質問で、「いま（このときに）何をしているのですか」と、「行為」について尋ねることもできます。その場合の応答は、たとえばElle regarde la télévision.「彼女はテレビを見ています」、Elle prépare le dîner.「彼女は夕食の準備をしています」などになるでしょう。

得点率は87%でした。

問題4全体の得点率は83%でした。

解答　(1) ②　(2) ①　(3) ②　(4) ②

5　**解説** 日本語の指示にしたがい、選択肢のなかから適切な語を選ぶ問題です。

(1) 3つの選択肢はすべて動詞です。意味はそれぞれ、① attendre「待つ」、② marcher「歩く」、③ sortir「出る、外出する」となり、このうち「移動」の意味をもたないのはattendreですから、①が正解です。attendreは英語の動詞attend「出席する」と形が似ていますが、意味はことなるので注意しましょう。

得点率は57%でした。

(2) 3つの選択肢のうち、「家具」でないものを選びます。① chaiseは「いす」、③ tableは「テーブル、食卓」ですから、② orange「オレンジ」が正解です。

得点率は98%でした。

(3) 3つの選択肢のうち、「身体」を表わさないものを選びます。① brasは「腕、アーム」、② jambeは「脚」、③ rueは「通り」ですから、③が正解です。

得点率は79%でした。

(4) 3つの選択肢のうち、「方位」と関係のない語を選びます。② nordは

「北」、③ sud は「南」ですから、① minuit「真夜中、午前零時」が正解です。このほか、方位を表わす語として、est「東」、ouest「西」も合わせて覚えておくとよいでしょう。Ma maison est à l'est de la gare.「私の家は駅の東にある」（『仏検公式基本語辞典（新訂版）』p.104）、Il y a du vent d'ouest.「西風が吹いている」（p.199）。

得点率は97%でした。

問題5全体の得点率は83%でした。

解答　(1) ①　(2) ②　(3) ③　(4) ①

6　解説　イラストと一致する文を選ぶ問題です。

(1)　ズボンの試着をしている女性のイラストです。選択肢の文意は、それぞれ、① Ce pantalon est trop court.「このズボンは短すぎる」、② Ce pantalon est trop long.「このズボンは長すぎる」となり、形容詞 court「短い」と long「長い」の対比がポイントになります。イラストの女性はズボンの丈が長すぎて困っているようすをしており、②が正解です。

得点率は94%でした。

(2)　赤ちゃんが泣いているイラストです。① Elle ne pleure pas. は「彼女は泣いていない」という否定の文、② Elle pleure. は「彼女は泣いている」という肯定の文ですから、イラストと一致するのは肯定文の② Elle pleure. であることがわかります。

得点率は81%でした。

(3)　選択肢の文意は、① Il chante. が「彼は歌っている」、② Il danse. が「彼は踊っている」となり、chanter「歌う」と danser「踊る」という2つの動詞の意味を区別します。イラストでは踊っている男性が描かれているので、② Il danse. が正解です。

得点率は99%でした。

(4)　男女が海辺で寝そべっているイラストです。選択肢は① Ils sont à la mer.

「彼らは海にいる」、② Ils sont à la montagne.「彼らは山にいる」となり、à la mer「海で」と à la montagne「山で」という2つの表現を区別します。① Ils sont à la mer. が正解です。

得点率は92%でした。

問題6全体の得点率は92%でした。

解答　(1) ②　(2) ②　(3) ②　(4) ①

7

解説　会話文を読み、空欄に適切な語をおぎなう問題です。動詞や形容詞、疑問詞、前置詞などの用法が問われます。

田舎に新居を買ったジルがパトリシアと話をしています。

(1)　Tu as l'air très content aujourd'hui. (1) ?

Tu as l'air très content aujourd'hui.「きょうはとてもうれしそうだね」と、まず、ジルのうれしそうなようすをパトリシアが指摘します。content は「うれしい、満足している」という意味の形容詞ですが、注にもあるとおり、〈avoir l'air + 形容詞〉は「〜のように見える」という意味で用いる成句的な表現です（この場合の air は「外観、ようす」を表わします）。(1) は、それにつづいて、パトリシアがジルに何かを尋ねている部分です。選択肢にはすべて疑問詞がふくまれ、① C'est qui「だれですか」は人、② Pourquoi「どうして」は理由、③ Quelle heure「何時」は時刻を尋ねる言い方になります。この質問に対するジルの返答は、Je viens d'acheter une petite maison à la campagne.「田舎に小さな家を買ったところなんだ」ですから、パトリシアはジルに「うれしそうにしている」理由を尋ねていることになり、② Pourquoi が正解です。

得点率は75%でした。

(2)　(2) vas-tu à Paris ?

(2) もパトリシアの質問で、① Comment「どうやって」（手段）、② Où「どこに」（場所）、③ Quand「いつ」（時）という3つの選択肢のなかから適切なものを選びます。この質問に対するジルの応答は (3) voiture. ですから、ジルは「車で」と答えていると考えればよいでしょう。つまり、パトリシアは、「どうやってパリへ行くの」と、パリまでの移動手段を尋ねていたことになり、① Comment が正解です。
得点率は80%でした。

(3)　(　3　) voiture.

(2)で見たように、ジルはパリまで「車で」行くと説明しています。選択肢のうち、② Dans は「～のなかで（に）」という意味で「場所」を示す場合に用いる前置詞ですが、① À と ③ En は、どちらも移動の「手段」を表わすことがあります。この2つの使いわけは、en avion「飛行機で」、en train「列車で」のように、乗りものの「なかに」乗りこむ場合は en、それ以外は、à pied「徒歩で」、à vélo「自転車で」のように à を使うのが原則です（ただし、「自転車で」は en vélo も可能です。Elle va à l'école à [en] vélo.「彼女は自転車で学校へ行きます」『仏検公式基本語辞典（新訂版）』p.292）。問題文の voiture「車、自動車」は、「なかに乗りこむ」移動手段なので、en を用いるケースということになり、③が正解です。
得点率は62%でした。

(4)　Il faut combien de (　4　) ?

パトリシアはつづけて、Il faut combien de (　4　) ? と質問しています。〈il faut＋名詞〉が「～が必要である、（時間が）～かかる」という意味の非人称の表現であることをおさえておきましょう（『仏検公式基本語辞典（新訂版）』p.113）。選択肢は、① jours「日数」、② personnes「人」、③ temps「時間」ですが、ジルの返答は Deux heures et demie.「2時間半だよ」なので、パトリシアは、「（パリまで）時間はどれくらいかかるの」と尋ねていたことがわかります。③ temps が正解です。
得点率は68%でした。

問題7全体の得点率は71%でした。

解答　(1) ②　(2) ①　(3) ③　(4) ③

聞き取り試験

解説・解答

1

(読まれる質問)

(1) Madame Legrand, elle est comment ?

(2) Quel temps fait-il ?

(3) Qui vient ce soir ?

(4) Vous voulez de l'eau ?

(5) Pourquoi tu rentres ?

解説　フランス語の文(1)～(5)を聞き取り、その応答として適切なものを選ぶ問題です。

(1) Madame Legrand, elle est comment ?「ルグランさんは、どんな人ですか」

まず Madame Legrand [madam ləgrɑ̃ マダムルグらン] という人物の名前と、それにつづく elle est [ɛlɛ エレ] を確実に聞き取りましょう。この文では、最後に置かれた疑問詞 comment [kɔmɑ̃ コマン] によって、ルグランさんが「どのような（ようすの）人なのか」を尋ねていることになります。

正解は、① Elle n'est pas grande.「彼女は背が高くありません」で、② Elle s'appelle Marie.「彼女の名前はマリです」ではこの質問に対する応答にはなりません（名前を尋ねるのであれば、質問は Elle s'appelle comment ? になるはずです）。Legrand という名前に反して、本人は grande ではないという少しユーモラスなやりとりです。

得点率は63%でした。

(**2**)　Quel temps fait-il ?「どんな天気ですか」

疑問詞 quel をふくむ、文頭の Quel temps [qɛltɑ̃ ケルタン] の聞き取りがポイントです。この場合の temps は「時間」ではなく「天気」を指していること、さらに fait-il が、動詞と主語の間でひとつづきに [fɛtil フェティル] と発音されている点にも注意してください。この Quel temps fait-il ? は、天気を尋ねる場合の決まった言い方として、口に出して唱え、覚えてしまうとよいでしょう。

選択肢は ① Il est tard.「(時刻について) 遅い時間です」、② Il fait beau.「天気がよい」ですから、② が正解です。

得点率は 77%でした。

(**3**)　Qui vient ce soir ?「今夜はだれが来るの」

この文では、冒頭の疑問詞 Qui [ki]「だれが」が文の主語として用いられています。選択肢は ① Mes cheveux.「私の髪」、② Mes sœurs.「私の姉妹たち」ですから、② が正解です。

得点率は 85%でした。

(**4**)　Vous voulez de l'eau ?「水はいかがですか (あなたは水が欲しいですか)」

質問の文は、疑問詞をともなわない肯定の疑問文なので、oui または non で答えることになります。① Oui, j'ai très soif.「はい、とても喉が渇いています」が正解です。② Si, souvent. は「はい、しばしば (水が欲しいことがある)」という意味にも取れそうですが、si は「否定の疑問文に対して肯定で答える」場合に用いる形ですから、問題文のような肯定の疑問文に対して用いることはできません。『仏検公式基本語辞典 (新訂版)』で、このような si の用法を確認しておきましょう。Tu n'aimes pas le vin ?「ワインは嫌いですか」— Si, j'aime bien ça.「いいえ、大好きですよ」(p.260)。

得点率は 84%でした。

(**5**)　Pourquoi tu rentres ?「なぜ帰るの」

疑問詞 Pourquoi [purkwa プるクワ] を用い、相手が帰る「理由」を尋ねている文です。選択肢は、① Parce que c'est mon livre.「なぜならそれは私の本だから」、② Pour regarder la télé.「テレビを見るためだよ」です。① の parce que「なぜなら」は、たしかに理由を説明する場合の定型表現ですが、

c'est mon livre.「私の本だから」では意味が通りません。正解は、② Pour regarder la télé.「テレビを見るためだよ」で、この文では〈pour ＋不定詞〉の形で、家に帰る「目的」を説明していると考えればよいでしょう。ちなみにこの質問のように、会話では疑問詞 pourquoi のあとで、主語と動詞の倒置をしないことがよくあります。

得点率は 48%でした。

問題1全体の得点率は 72%でした。

解答　(1) ①　(2) ②　(3) ②　(4) ①　(5) ②

2

(読まれる文)

(1) Le musée ouvre à dix heures.

(2) Je vais visiter cinq pays pendant les vacances.

(3) Ça coûte dix-sept euros.

(4) Mon fils a treize ans.

(5) Nous avons une fille.

解説 フランス語の文(1)～(5)にふくまれる数を聞き取る問題です。

(1) Le musée ouvre à dix heures.「その美術館（博物館）は 10 時に開館します」

正解は 10 です。dix は [dis] と発音されます。この文では、無音の h で始まる heures「～時」があとにつづくため、[diz ディズ] と発音が変わり、ひとつづきに dix heures [dizœr ディズゥーる] と発音されています。

得点率は 69%でした。

(2) Je vais visiter cinq pays pendant les vacances.「バカンスの間、5ヵ国を訪れます」

正解は05です。cinqの発音は[sɛ̃k サンク]で、「5ヵ国」は[sɛ̃kpei サンクペイ]と発音されています。

得点率は85%でした。

(3) Ça coûte dix-sept euros.「値段は17ユーロです」

正解は17です。dix-septの発音は[disɛt ディセット]です。dix-sept eurosは、ここでは[disɛt øro ディセット ウろ]と、数詞dix-septと単位eurosの間にややポーズをおいて明確に発音されています。ただし、eurosは母音で始まる名詞ですから、一般にはdix-septの語末の[t]とうしろのeuros [øro ウろ]をひとつづきにし、[disɛtøro ディセットゥろ]と発音するのが原則です。

得点率は86%でした。

(4) Mon fils a treize ans.「私の息子は13歳です」

正解は13です。treizeは[trɛːz トれーズ]と発音します。問題文では母音で始まるans [ɑ̃ アン]「～歳」がつづくため、treize ansはひとまとまりに[trɛːzɑ̃ トれーザン]と発音されます。fils「息子」の発音[fis フィス]にも気をつけましょう。

得点率は59%でした。

(5) Nous avons une fille.「私たちには娘が1人います」

正解は01です。フランス語の不定冠詞un、uneは、この問題のように数詞としても用いられます。ここではfille [fij フィユ]「娘」が女性名詞なので、女性形のune [yn ユヌ]が使われているのがポイントです。

得点率は69%でした。

問題2全体の得点率は74%でした。

解答 (1) 10 (2) 05 (3) 17 (4) 13 (5) 01

3

（読まれる文）

(1) C'est très bon.

(2) J'ai mal à la tête.

(3) C'est Justin, mon frère.

(4) Au lit, les enfants !

(5) Pardon, madame, je descends !

解説 フランス語の文(1)～(5)を聞き取り，その内容に対応する場面を5つのイラストから選ぶ問題です。

(1) C'est très bon.「とてもおいしい」

女性がレストランで食事している⑤のイラストが正解です。bonには「よい、立派な、おいしい」など、いろいろな意味があります。J'ai une bonne idée.「私にいい考えがあります」、Bon voyage !「良い旅行を」（『仏検公式基本語辞典（新訂版）』p.34）といった表現を、まとめて確認しておきましょう。

得点率は90%でした。

(2) J'ai mal à la tête.「頭が痛い」

この文では、avoir mal à「～が痛い」という表現が使われています。女性が頭をかかえて苦しそうにしている①のイラストが正解です。

得点率は85%でした。

(3) C'est Justin, mon frère.「こちらは私の兄（弟）のジュスタンです」

女性が男性を指しながら、もう1人の女性に紹介している④のイラストが正解です。この問題のような状況で第三者を指す場合、*Il est* Justin. とは言わず、かならずC'estを使います。

得点率は73%でした。

(4) Au lit, les enfants !「子どもたち、もう寝なさい（ベッドに入りなさい）」
ベッドの横で、女性が2人の子どもに話しかけている②のイラストが正解です。au lit は「ベッドで」という意味ですが、問題文のように「もう寝なさい」という意味の慣用表現としても使われます。
得点率は83％でした。

(5) Pardon, madame, je descends !「すみません、降ります」
バスのドアの前で、女性が運転手に声をかけている③のイラストが正解です。descendre「降りる」という動詞の1人称単数の活用形 descends [desɑ̃ デサン] が聞き取れるかどうかがポイントです。
得点率は79％でした。

問題3全体の得点率は82％でした。

解答 (1) ⑤ (2) ① (3) ④ (4) ② (5) ③

4

（読まれる文）

(1) Elles ont un chat.
(2) Il n'y a plus de pommes.
(3) Voilà mes étudiantes.
(4) Merci pour la fleur !
(5) Il se promène avec ses chiens.

解説 フランス語の文を聞き取り、2枚の絵から、それぞれの文の内容に合うものを選ぶ問題です。冠詞や形容詞、動詞の活用語尾などの音を手がかりに、男性形と女性形、単数形と複数形、肯定と否定のちがいを聞き取ります。

(1) Elles ont un chat.「彼女たちは猫を1匹飼っている」
イラスト①では1人の女性、②では2人の女性が猫をなでています。動詞 avoir の活用形を手がかりに、女性が単数か複数かを区別する問題です。女性が 1 人であれば Elle a [ɛla エラ]、2 人の場合は Elles ont [ɛlzɔ̃ エルゾン] となり、問題文の発音は後者ですから、②が正解です。

得点率は 84%でした。

(2) Il n'y a plus de pommes.「りんごはもうありません」

イラスト①ではりんごが 2 つ、②では何も入っていない器が描かれています。りんごが複数あるのか、ゼロなのかを判断する問題です。読まれる文は、il y a... [ilja イリヤ]「〜がある」という非人称の表現と、ne...plus [nə ply ヌ プリュ]「もう〜ない」という否定の言い方を組み合わせたもので、「りんごはもうありません」という意味ですから、②が正解です。なお、この文で pommes「りんご」の前に置かれている de は、複数名詞につく不定冠詞 des が否定文で de にかわったものです。数や量が「ゼロ」であることを示す記号と考えればよく、この de の聞き取りも、この問題の解答の手がかりの 1 つになります。

得点率は 75%でした。

(3) Voilà mes étudiantes.「こちらが私の学生たちです」

イラスト①には男女が 1 人ずつ、②では 2 人の女性が描かれています。複数の場合、男性だけ、あるいは男女が混じっていれば男性形の étudiants [etydjɑ̃ エテュディアン]、女性だけなら女性形の étudiantes [etydjɑ̃t エテュディアントゥ] を用いることになり、語尾の音でどちらなのかを判断します。ここでは mes étudiantes [mezetydjɑ̃t メゼテュディアントゥ] と発音されているので、②が正解です。

得点率は 70%でした。

(4) Merci pour la fleur !「お花をありがとう」

イラスト①には 1 輪の花、②には花束が描かれています。fleur(s) [flœr フルる]「花」が単数なのか、それとも複数なのかを、定冠詞の音を手がかりに聞き分けます。fleur(s) は女性名詞ですから、単数であれば la [la ラ]、複数であれば les [le レ] が使われるはずですが、ここでは前者なので、①が正解です。

得点率は 73%でした。

(**5**) Il se promène avec ses chiens.「彼は犬を連れて散歩しています」

イラスト①では男の子が1匹の犬、②では2匹の犬を連れています。この問題では、名詞 chien(s) [ʃjɛ̃ シアン] の前に置かれた所有形容詞の音を聞き取り、犬が単数か複数かを判断することになります。chien は男性名詞なので、単数であれば son [sɔ̃ ソン]、複数であれば ses [se セ] が使われます。ここでは ses chiens [seʃjɛ̃ セシアン] と発音されていますから、②が正解です。

得点率は61%でした。

問題4全体の得点率は72%でした。

解答 (1) ② (2) ② (3) ② (4) ① (5) ②

配 点 表

問題番号	筆記試験	1	2	3	4	5	6	7	小計	聞き取り	1	2	3	4	小計	合計
点		10	10	8	8	8	8	8	60		10	10	10	10	40	100

2021年度秋季
実用フランス語技能検定試験
試験問題冊子　〈5級〉

問題冊子は試験開始の合図があるまで開いてはいけません。

筆記試験	10時20分～10時50分 （休憩なし）
聞き取り試験	10時50分から約15分間

◇問題冊子は表紙を含め16ページ、筆記試験が7問題、聞き取り試験が4問題です。

注　意　事　項

1　途中退出はいっさい認めません。

2　筆記用具は**HBまたはBの黒鉛筆**（シャープペンシルも可）を用いてください。ボールペンや万年筆等でマークした解答は機械による読み取りの対象とならないため、採点されません。

3　解答用紙の所定欄に、**受験番号**と**カナ氏名**が印刷されていますから、まちがいがないか、**確認**してください。

4　**解答は、解答用紙の解答欄にマークしてください**。たとえば、1の(1)に対して③と解答する場合は、次の例のように解答欄の③にマークしてください。

例 **1**

解答番号	解答欄
(1)	①　②　●

5　解答に関係のないことを書いた答案は無効にすることがあります。

6　解答用紙を折り曲げたり、破ったり、汚したりしないように注意してください。

7　問題内容に関する質問はいっさい受けつけません。

8　不正行為者はただちに退場、それ以降および来季以後の受験資格を失うことになります。

9　**携帯電話等の電子機器の電源はかならず切って、かばん等にしまってください**。通信機能のある時計は使用を禁じます。

10　**時計のアラームは使用しないでください**。

11　この試験問題の複製（コピー）を禁じます。また、この試験問題の一部または全部を当協会の許可なく他に伝えたり、漏えいしたりすることを禁じます（インターネットや携帯サイト等に掲載することも含みます）。

筆記試験終了後、休憩なしに聞き取り試験にうつります。

1　次の (1) ～ (5) の (　　) 内に入れるのにもっとも適切なものを、それぞれ ① ～ ③ のなかから 1 つずつ選び、解答欄のその番号にマークしてください。(配点　10)

(1) C’est (　　) grand pays d’Europe.

① des　　② un　　③ une

(2) Je mets (　　) lait dans la soupe.

① de　　② des　　③ du

(3) Tu aimes (　　) rose blanche ?

① ce　　② ces　　③ cette

(4) Voilà (　　) chats de Françoise.

① la　　② le　　③ les

(5) (　　) maison n’est pas petite.

① Ma　　② Mes　　③ Mon

(解説・解答 ▶ p.352)

2

次の (1) ～ (5) の (　　) 内に入れるのにもっとも適切なものを、それぞれ ① ～ ③ のなかから 1 つずつ選び、解答欄のその番号にマークしてください。(配点　10)

(1) Elle (　　) à tes lettres ?

① répond　② répondez　③ réponds

(2) Ils (　　) du sport ensemble.

① fait　② faites　③ font

(3) Je ne (　　) rien.

① voient　② vois　③ voit

(4) Nous (　　) à la prochaine gare.

① descendent　② descendez　③ descendons

(5) Tu (　　) bien ?

① entend　② entendons　③ entends

(解説・解答 ▶ p.354)

3級 秋
3級 春
3級 秋
4級 秋
4級 春
4級 秋
5級 秋
5級 春
5級 秋

3　例にならい、次の (1) ～ (4) において、それぞれ ① ～ ③ をすべて用いて、あたえられた日本語に対応する文を完成したときに、(　　) 内に入るのはどれですか。① ～ ③ のなかから 1 つずつ選び、解答欄のその番号にマークしてください。(配点　8)

例：東京に友だちがいるの？

Tu ______ (______) ______ à Tokyo ?

① amis　② as　③ des

Tu __as__ (__des__) __amis__ à Tokyo ?

　　②　　　③　　　①

となり、②③① の順なので、(　　) 内に入るのは ③。

(1) あした来られる？

Tu ______ (______) ______ ?

① demain　② peux　③ venir

(2) 頭が痛いのですか。

Vous ______ (______) ______ la tête ?

① à　② avez　③ mal

(3) パスカルは、日本製の時計を持っている。

Pascal a ______ (______) ______ .

① japonaise　② montre　③ une

(4) 私は魚を食べません。

Je ne ______ (______) ______ poisson.

① de　② mange　③ pas

(解説・解答 ▶ p.355)

4

次の (1) ～ (4) に対する応答として適切なものを、それぞれ ①、② から選び、解答欄のその番号にマークしてください。(配点　8)

(1) Ça coûte combien ?

① Le 3 juin.
② 24 euros.

(2) Il vient de rentrer du Japon ?

① Oui, ce matin.
② Oui, demain après-midi.

(3) Quel jour sommes-nous ?

① Il fait mauvais.
② Nous sommes jeudi.

(4) Vous payez comment ?

① Par avion.
② Par carte.

(解説・解答 ▶ p.356)

5　次の (1) ～ (4) において、日本語で示した**特徴を持たない語**を、それぞれ ① ～ ③ のなかから 1 つずつ選び、解答欄のその番号にマークしてください。(配点 8)

(1) 色

① bleu　② droit　③ vert

(2) 家族

① étudiant　② fille　③ grand-père

(3) 果物

① banane　② chaise　③ pomme

(4) 趣味

① chanter　② fermer　③ lire

(解説・解答 ▶ p.358)

6　次の (1) ～ (4) の絵に対応する文を、それぞれ ①、② から選び、解答欄のその番号にマークしてください。(配点　8)

(1)

① Elle boit.

② Elle mange.

(2)

① Il pleut.

② Il va pleuvoir.

(3)

① La table est ronde.

② La table n’est pas ronde.

(4)

① Nous sommes en été.

② Nous sommes en hiver.

(解説・解答 ▶ p.359)

7　次の会話を読み、(1)～(4)に入れるのにもっとも適切なものを、それぞれ ① ～ ③ のなかから1つずつ選び、解答欄のその番号にマークしてください。(配点 8)

Nathan : Papa, c'est ma photo de classe. Tu vois la fille derrière moi ?

Le père : Oui. (1) est-ce ?

Nathan : C'est Lina. C'est la nouvelle élève de la classe.

Le père : Elle est (2) ?

Nathan : Elle est très gentille ! Demain, mes amis vont chez elle (3) l'école. Je peux aller chez elle, moi aussi ?

Le père : Oui, mais tu (4) avant six heures. D'accord ?

(1)	① Où	② Quel	③ Qui
(2)	① combien	② comment	③ quand
(3)	① après	② dans	③ sous
(4)	① parles	② pleures	③ rentres

(解説・解答 ▶ p.360)

聞き取り試験問題

聞き取り試験時間は、
10時50分から約15分間

注意事項

1　聞き取り試験は、CD・テープでおこないますので、CD・テープの指示にしたがってください。

2　解答はすべて筆記試験と同じ解答用紙の解答欄に、**HBまたはBの黒鉛筆**(シャープペンシルも可)でマークしてください。ボールペンや万年筆等でマークした解答は機械による読み取りの対象とならないため、採点されません。

1

• フランス語の文 (1) ～ (5) を、それぞれ 3 回ずつ聞いてください。
• (1) ～ (5) の文に対する応答として適切なものを、それぞれ ①、② から選び、解答欄のその番号にマークしてください。
（メモは自由にとってかまいません）（配点　10）

［ 音声を聞く順番 ］ ㊺ → ㊻

(1) ① À midi.
② À pied.

(2) ① Non, avec ma famille.
② Oui, avec mon frère.

(3) ① Il est dans la cuisine.
② Il va bien.

(4) ① L'anglais.
② Une orange.

(5) ① Non, dans un appartement.
② Oui, depuis deux ans.

（解説・解答 ▶ p.362）

2

- フランス語の文 (1) ～ (5) を、それぞれ3回ずつ聞いてください。
- どの文にもかならず数が含まれています。例にならって、その数を解答欄にマークしてください。

（メモは自由にとってかまいません）（配点 10）

［音声を聞く順番］ ❻❼ → ❻❽

(例)

- 「7」と解答したい場合には、

●	①	②	③	④	⑤	⑥	⑦	⑧	⑨
⓪	①	②	③	④	⑤	⑥	●	⑧	⑨

とマークしてください。

- 「15」と解答したい場合には、

⓪	●	②	③	④	⑤	⑥	⑦	⑧	⑨
⓪	①	②	③	④	●	⑥	⑦	⑧	⑨

とマークしてください。

(1)

(2)

(3)

(4)

(5)

（解説・解答 ▶ p.364）

3

- フランス語の文 (1) ～ (5) を、それぞれ 3 回ずつ聞いてください。
- それぞれの文にもっともふさわしい絵を、下の ① ～ ⑤ のなかから 1 つずつ選び、解答欄のその番号にマークしてください。ただし、同じものを複数回用いることはできません。

(メモは自由にとってかまいません) (配点　10)

［ 音声を聞く順番 ］ 69 → 70

(1)

(2)

(3)

(4)

(5)

①

②

③

④

⑤

(解説・解答 ▶ p.365)

4

- フランス語の文 (1) ～ (5) を、それぞれ 3 回ずつ聞いてください。
- (1) ～ (5) の文にふさわしい絵を、それぞれ ①、② から選び、解答欄のその番号にマークしてください。

　(メモは自由にとってかまいません) (配点　10)

[音声を聞く順番]　71 → 72

(1)

①

②

(2)

①

②

(3)

①

②

(4)

①

②

(5)

①

②

(解説・解答 ▶ p.367)

2021 年度秋季 5 級

今季の出願者は 1987 名、受験者は 1842 名でした。合格者は 1576 名で、受験者に対する合格率は 86% です。合格率は、2021 年度春季が 89%、2020 年度秋季が 85% だったので、おおむね安定していると言えます。

全体の平均点は 76 点、得点率は筆記試験が 78%、聞き取り試験が 72% でした。今季の場合も、例年と同様に、聞き取り試験の得点率が筆記試験よりもやや低い結果となりました。聞き取り 1 ～ 4 の音声を繰り返し聞きながら、実際に自分でも発音し、フランス語の音に慣れておくとよいでしょう。

出題内容のあらまし

[筆記]

1 冠詞、指示形容詞、所有形容詞（穴うめ・選択）
2 動詞活用（穴うめ・選択）
3 語順（語句の並べかえによる仏文完成・選択）
4 応答文（仏文選択）
5 語彙（選択）
6 対になる表現・語句（絵の内容に対応する仏文選択）
7 会話文（穴うめ・選択）

[聞き取り]

1 応答文（仏文選択）
2 数（マーク式による記入）
3 短文（仏文に対応する絵の選択）
4 男性・女性、単数・複数、肯定・否定の区別（仏文に対応する絵の選択）

筆記試験

解説・解答

1

解説 名詞と結びつく冠詞（不定冠詞、定冠詞、部分冠詞）と指示形容詞、所有形容詞に関する問題です。

(1) C'est (un) grand pays d'Europe.「これはヨーロッパの大国です」

選択肢はすべて不定冠詞です。① des は男女にかかわらず複数の名詞に、② un は単数の男性名詞に、③ une は単数の女性名詞に、それぞれ用います。この文では、「国」という意味の名詞 pays に s がついていることから、複数形で用いられているようにみえます。ところが、pays の前に置かれている形容詞 grand「大きい」に注目すると、こちらは複数の s がついていないので、単数で用いられていることがわかります。つまり、ここでは pays も単数ということですが、フランス語の名詞には、この問題の pays のように、単数と複数が同形のものがあるので注意が必要です（他に fils「息子」など）。それでは、この名詞の文法上の性は男女のどちらでしょうか。この場合も、その名詞についた形容詞の形に注目します。grand は男性形ですから（女性形は grande）、pays も男性名詞ということになり、単数の男性名詞とともに用いる ② un が正解です。

得点率は58%でした。

(2) Je mets (du) lait dans la soupe.「私はスープにミルクを入れます」

スープにミルクを入れると、コクが出て味がまろやかになります。スープに足すわけですから、「(ある程度の具体的な量をもった) ミルク」という意味で、「全体の一部」を示す部分冠詞を用いることになります。選択肢 ③ du が正解です。否定文のなかでは、直接目的語につく部分冠詞 du は de になるのが原則ですが、問題文は否定文ではないので、選択肢 ① de は適切ではありません。また、選択肢 ② des は複数の名詞につく不定冠詞ですから、この問題の lait とともに用いることはできません。

得点率は73%でした。

(3) Tu aimes (cette) rose blanche ?「この白いバラは好き？」

指示形容詞の問題です。① ce は単数の男性名詞に、② ces は男女にかかわらず複数の名詞に、③ cette は単数の女性名詞に、それぞれ用います。ここでは rose「バラ」に複数の s がついていないので、名詞は単数です。問題文の場合、名詞 rose に「白い」という意味の形容詞 blanche がついているので、(1)でも見たように、rose の性を判断することができます。問題文は女性単数形の blanche ですから（男性形は blanc）、rose も単数の女性名詞ということになり、この名詞とともに用いる指示形容詞は ③ cette が適切であることがわかります。

なお、選択肢にはありませんが、指示形容詞の男性単数形にはもうひとつ cet という形があり、名詞が母音あるいは無音の h で始まるときはこの形を用います（cet avion「この飛行機」、cet homme「あの男」、cet après-midi「きょうの午後」など）。

得点率は 82%でした。

(4) Voilà (les) chats de Françoise.「これはフランソワーズの猫です」

選択肢はすべて定冠詞です。選択肢 ① la は単数の女性名詞、② le は単数の男性名詞、③ les は男女にかかわらず複数の名詞とともに用います。ここでは chats が複数なので、③ les が正解です。

問題文の定冠詞は、「フランソワーズの」という意味で、「特定化された」名詞を示す定冠詞の用法ですが、このほか定冠詞には総称用法と呼ばれるものがあり、J'aime le tennis.「私はテニスが好きです」などがその例です（「テニスというもの」が好き、の意）（『仏検公式基本語辞典（新訂版）』p.156）。

得点率は 87%でした。

(5) (Ma) maison n'est pas petite.「私の家は小さくありません」

「私の」という意味を表わす所有形容詞の問題です。① Ma は単数の女性名詞、② Mes は男女にかかわらず複数の名詞、③ Mon は単数の男性名詞の前で、それぞれ用います。この文では、名詞 maison「家」は単数です（複数の s がついていませんし、また動詞 être の活用形も 3 人称単数の est が用いられています）。名詞の性については、「小さい」という意味の形容詞 petit がここでは女性形 petite で用いられているので、maison も女性名詞であることがわかります。単数の女性名詞とともに用いる ① Ma が正解です。

ちなみに単数の女性名詞でも、母音あるいは無音の h で始まる語の場合、所有形容詞は mon を使います（mon adresse「私の住所」、mon école「私の学校」など）。

得点率は 76%でした。

問題1全体の得点率は 75%でした。

解答　(1) ②　(2) ③　(3) ③　(4) ③　(5) ①

2　解説　基本的な動詞の活用についての問題です。

(1)　Elle (répond) à tes lettres ?「彼女は手紙に返事をくれるの ?」

動詞は répondre「答える、返事をする」です。問題文では répondre à の形で「(～の手紙に）返事をだす」という意味で用いられています。現在形は〈je réponds、tu réponds、il / elle répond、nous répondons、vous répondez、ils / elles répondent〉と活用します。正解は① répond です。

得点率は 72%でした。

(2)　Ils (font) du sport ensemble.「彼らはいっしょにスポーツをします」

動詞は faire です。faire には「作る、する、値段が～である」など、さまざまな意味がありますが、この問題では faire du sport「スポーツをする」という意味で用いられています。現在形は〈je fais、tu fais、il / elle fait、nous faisons、vous faites、ils / elles font〉と活用します。正解は③ font です。

fai は [fɛ フェ] と発音しますが、1 人称複数の nous faisons は [fə フ] と発音します。また vous の活用語尾が -ez ではなく、-es となる点にも注意してください。faire と同じように vous の活用語尾が -es となるのは、être (vous êtes) と dire (vous dites) のみですから、3 つまとめて覚えておきましょう。

得点率は 79%でした。

(3)　Je ne (vois) rien.「私には何も見えません」

動詞は voir「見る、見える、会う」です。現在形は〈je vois、tu vois、il / elle voit、nous voyons、vous voyez、ils / elles voient〉と活用します。正解は② vois です。

得点率は87%でした。

（**4**） Nous (descendons) à la prochaine gare.「わたしたちは次の駅で降ります」

動詞はdescendre「降りる、下る」です。⑴のrépondreと活用の型が同じです。現在形は〈je descends、tu descends、il / elle descend、nous descendons、vous descendez、ils / elles descendent〉と活用します。正解は③ descendonsです。

得点率は89%でした。

（**5**） Tu (entends) bien ?「よく聞こえる？」

動詞はentendre「聞こえる、理解する」です。現在形は〈j'entends、tu entends、il / elle entend、nous entendons、vous entendez、ils / elles entendent〉と活用し、③ entendsが正解です。この動詞も⑴répondre、⑷descendreと活用の型が同じです。

得点率は87%でした。

問題2全体の得点率は83%でした。

解答 （1）① （2）③ （3）② （4）③ （5）③

3 **解説** 選択肢としてあたえられた語句を並べかえ、文を完成する問題です。

（**1**） 問題文の日本語は「あした来られる？」ですから、ここでは〈pouvoir＋不定詞〉の形で「～できる」という意味を表わすことになります（J'ai mal aux pieds, je ne peux pas marcher.「私は足が痛くて歩けない」『仏検公式基本語辞典（新訂版）』p.221）。主語のTuに合わせ、pouvoirは2人称単数の活用形② peux、不定詞は③ venir「来る」が該当します。Tu peux (venir) demain ?となり、③ venirが正解です。

得点率は70%でした。

（**2**） 主語Vousにつづく動詞は② avezです。この問題のように「～が痛い」と述べるときは、動詞avoirを用いたavoir mal àという表現を使うことを思い出しましょう（『仏検公式基本語辞典（新訂版）』p.168）。Vous avez (mal) à la tête ? となり、③ mal が正解です。

得点率は69%でした。

(3) 日本語の「時計」に相当する② montre に③の不定冠詞 une を結びつけると、Pascal a une montre.「パスカルは時計を持っている」という文の骨格ができあがります。問題文は「日本製の時計」ですから、②の名詞 montre の前かうしろに①の形容詞 japonaise「日本製の」を置くことになります。japonais のように国籍を示す形容詞は、色を表わす形容詞と同様、名詞のあとに置くのが原則です。Pascal a une (montre) japonaise. となって、② montre が正解です。

得点率は82%でした。

(4) 問題文の「私は魚を食べません」という日本語に合わせ、ne... pas という否定の表現を用います。「食べる」に相当する動詞は② mange ですから、これを ne... pas ではさみ、ne mange pas という語順を考えればよいでしょう。また、否定文のなかでは、直接目的語につく不定冠詞や部分冠詞は de になるのが原則ですから、① de は poisson「魚」の前に置かれている部分冠詞 du が変わったものと考えることができます。Je ne mange (pas) de poisson. となり、③ pas が正解です。

得点率は90%でした。

問題3全体の得点率は78%でした。

解答　(1) ③　(2) ③　(3) ②　(4) ③

4

解説　フランス語の質問を読み、2つの選択肢から適切な応答を選ぶ問題です。

(1) Ça coûte combien ?「いくらですか」

疑問詞 combien を使って値段を尋ねている質問ですから、② 24 euros.「24ユーロです」が正解です。① Le 3 juin. は「6月3日です」の意なので、質問の文に対する応答にはなりません。

問題文の Ça coûte combien ? は特定のものの値段を尋ねる言い方ですが、

いくつかのものを買って値段の合計を尋ねるのであれば、動詞に faire を用い、Ça fait combien ?「いくらになりますか」という言い方をします（『仏検公式基本語辞典（新訂版）』p.58）。

得点率は 88%でした。

(2) Il vient de rentrer du Japon ?「彼は日本から戻ったところですか」

問題文の〈venir de ＋不定詞〉は近接過去を表わし、「〜したところ」の意になります（Je viens de déjeuner.「私は昼食をとったところです」『仏検公式基本語辞典（新訂版）』p.292）。選択肢のうち、② Oui, demain après-midi.「はい、あすの午後」では、未来のことになってしまうので、問題文に対する適切な応答にはならず、① Oui, ce matin.「はい、けさ（戻りました）」が正解です。この問題の〈venir de ＋不定詞〉とは逆に、近い未来を表わす場合は〈aller ＋不定詞〉という表現を用いますから、合わせて覚えておくとよいでしょう（Le train va arriver.「列車はまもなく到着します」p.8）。

得点率は 57%でした。

(3) Quel jour sommes-nous ?「（きょうは）何曜日ですか」

問題文の quel jour が「曜日」を尋ねる言い方になることに注意しましょう。たとえば「あすは何曜日ですか」と尋ねるのであれば、Demain, c'est quel jour ? のように言います。応答の文は、① が Il fait mauvais.「天気が悪いです」、② が Nous sommes jeudi.「木曜日です」なので、② が正解です。① Il fait mauvais. は非人称主語の il を使って「天候」を表わす言い方ですが、① が答えになるのは、Quel temps fait-il ?「どんな天気ですか」のような質問の場合です。

得点率は 82%でした。

(4) Vous payez comment ?「お支払いはどのようになさいますか」

疑問詞 comment を用い、支払いの「方法・手段」を尋ねている質問です。応答の文は、① が Par avion.「航空便で」、② が Par carte.「カードで」ですから、② が正解です。なお、「カードで（支払う）」は、問題文の par carte のほか、avec une carte という言い方も可能です（Vous payez avec une carte ?「カードでお支払いですか」『仏検公式基本語辞典（新訂版）』p.43）。

また、avion「飛行機」については、par avion「航空便で」と en avion「飛行機で」（p.24）の使いわけをおさえておくとよいでしょう。
　得点率は55%でした。

　問題4全体の得点率は70%でした。
解答　(1) ②　　(2) ①　　(3) ②　　(4) ②

5　**解説**　日本語の指示にしたがい、選択肢のなかから適切な語を選ぶ問題です。

(1)　3つの選択肢のうち、「色」と関係のない語を選びます。① bleu は「青い、ブルーの」、③ vert は「緑の、グリーンの」ですから、② droit「右の、右側の」が正解です。色を表わす語には、このほか、blanc「白い」、jaune「黄色の」、noir「黒い」、rouge「赤い」などがあります。それぞれの形容詞の女性形も確認しておきましょう。jaune と rouge は男女同形、そのほかの形容詞は bleu → bleue、vert → verte、banc → blanche（1の(3)を参照）、noir → noire と変化します。
　得点率は84%でした。

(2)　3つの選択肢のうち、「家族」でないものを選びます。② fille は「（息子に対して）娘」、③ grand-père は「祖父、おじいさん」ですから、① étudiant「学生」が正解です。fils「（娘に対して）息子」、grand-mère「祖母、おばあさん」も合わせて覚えておきましょう。
　得点率は96%でした。

(3)　3つの選択肢のうち、「くだもの」を表わさないものを選びます。① banane は「バナナ」、② chaise は「いす」、③ pomme は「りんご」ですから、②が正解です。
　得点率は95%でした。

(4)　3つの選択肢はすべて動詞です。意味はそれぞれ、① chanter「歌う」、② fermer「閉まる、閉じる」、③ lire「読書する」となります。このうち「趣味」とは関係がない② fermer が正解です。

得点率は67%でした。

問題5全体の得点率は86%でした。

解答 (1) ② (2) ① (3) ② (4) ②

6 解説 イラストと一致する文を選ぶ問題です。

(1) ペットボトルで何かを飲んでいる女性のイラストです。選択肢の文意は、それぞれ、① Elle boit.「彼女は飲んでいる」、② Elle mange.「彼女は食べている」となります。動詞 boire「飲む」と manger「食べる」の区別がポイントになり、①が正解です。

得点率は95%でした。

(2) 選択肢の文意は、① Il pleut. は「雨が降っている」ですが、② Il va pleuvoir. では〈aller + 不定詞〉という近接未来の表現が用いられており、「これから雨になる」（今はまだ雨は降っていない）という意味になります。イラストでは雨の中、傘を差して歩いている男性が描かれているので、① Il pleut. が正解です。なお、問題4の(3)でも見たように、①、② の il はどちらも非人称主語の il で、「彼」という意味ではないことに注意してください。

得点率は78%でした。

(3) 四角いテーブルのイラストです。選択肢は、① La table est ronde. が「テーブルは丸い」という肯定の文、② La table n'est pas ronde. が「テーブルは丸くない」という否定の文ですから、②が正解です。ここでは、「丸い」という意味の形容詞 rond が、主語の女性名詞 table と一致して女性形 ronde で用いられています。

得点率は77%でした。

(4) 雪だるまを作って遊んでいる子どもたちのイラストです。選択肢は① Nous sommes en été.「今は夏です」、② Nous sommes en hiver.「今は冬です」となり、en été「夏に」と en hiver「冬に」という2つの表現を区別します。② Nous sommes en hiver. が正解です。このほか季節を表わすには、秋であればNous sommes en automne.、春の場合はNous sommes au printemps.のように言います。

得点率は86%でした。

問題6全体の得点率は84%でした。

解答　(1) ①　(2) ①　(3) ②　(4) ②

7

解説 会話文を読み、空欄に適切な語をおぎなう問題です。動詞や形容詞、疑問詞、前置詞などの用法が問われます。

小学生のナタンが父親と話をしています。

(1)　Oui. (1) est-ce ?

Papa, c'est ma photo de classe. Tu vois la fille derrière moi ?「パパ、これクラス写真なの。ぼくのうしろの女の子見える？」というナタンの質問に、父親は、Oui.「うん」と答えてから、ナタンに何か尋ねています。選択肢はすべて疑問詞で、① Où は「どこで」、② Quel は「どんな」、③ Qui は「だれ」の意ですが、この質問に対するナタンの返答は、C'est Lina. C'est la nouvelle élève de la classe.「リナだよ。クラスに新しく入ってきた子なんだ」ですから、父親はナタンに「この子はだれなの」と尋ねていることになり、③ Qui が正解です。

得点率は85%でした。

(2)　Elle est (2) ?

(2) も父親の質問で、① combien「どのくらい」(数量)、② comment「どのような」(性質)、③ quand「いつ」(時) という3つの選択肢のなかから適切なものを選びます。この質問に対するナタンの応答はElle est très gentille !「すごくやさしいんだ」ですから、父親はリナについて「どんな子なの」と尋ねていたことになり、② comment が正解です。

得点率は78%でした。

(3)　Demain, mes amis vont chez elle (3) l'école.

ナタンはつづけて、Demain, mes amis vont chez elle...「あした、ぼくの友だちは（みんなで）彼女の家に行くんだよ」と述べています。空欄部分に該当する選択肢はすべて前置詞ですが、このうち、時間的な前後関係を示す ① après「～のあとで」を入れると、(après) l'école「学校のあとで（放課後に)」となり、うまく文意が通ります（「あした、学校のあとで、ぼくの友だちはみんな彼女の家に行くんだよ」)。② dans「～のなかで」、③ sous「～の下で」はどちらも「場所」を示す前置詞ですから、ここでは意味の通る言い方にはなりません。

得点率は54%でした。

(4) Oui, mais tu (4) avant six heures.

ナタンはつづけて、Je peux aller chez elle, moi aussi ?「ぼくも彼女の家に行ってもいい？」と父親に許可を求めています。(4) はこれに対する父親の返答の一部ですが、空欄のあとの avant six heures「6時までに」という言い方から、父親はナタンに対し、「(行ってもかまわないけれど) 6時までに帰りなさい」と述べていることがわかります（そのあとの D'accord ? は「わかったね？」と念をおす表現です)。選択肢 ①～③ は、それぞれ、① parles が parler「話す」、② pleures が pleurer「泣く」、③ rentres が rentrer「帰宅する」の活用形ですから、③ が正解です。ここでは tu rentres avant six heures が、「6時までに帰りなさい」という意味の、「指示」や「命令」を表わす言い方になることに注意してください。

得点率は68%でした。

問題[7]全体の得点率は71%でした。

解答 (1) ③ (2) ② (3) ① (4) ③

聞き取り試験

解説・解答

1

（読まれる質問）

(1)　Votre sœur arrive quand ?

(2)　Tu voyages avec ton ami ?

(3)　Où est ton père ?

(4)　Qu'est-ce que vous apprenez ?

(5)　Elle habite à Paris ?

解説　フランス語の文(1)〜(5)を聞き取り、その応答として適切なものを選ぶ問題です。

(1)　Votre sœur arrive quand ?「いつお姉（妹）さんは着きますか」

会話ではよくあることですが、この疑問文では「時」を表わす疑問詞quandが文末に置かれています。このquand [kɑ̃ カン] が聞き取れれば、姉（妹）が「いつ着くのか」が問われていることがわかります。選択肢は、① À midi. が「正午に」、② À pied. が「徒歩で」ですから、①が正解です。

得点率は65%でした。

(2)　Tu voyages avec ton ami ?「ボーイフレンドと旅行するの ?」

前置詞avec [avɛk アヴェク] とそれにつづくton ami [tɔ̃**n**ami トンナミ] の聞き取りがポイントです。選択肢は① Non, avec ma famille.「いいえ、家族といっしょに」、② Oui, avec mon frère.「うん、兄（弟）といっしょに」ですから、①が正解です。ちなみに問題の文は、Tu voyages avec ton amie ?「彼女と旅行するの ?」と尋ねていると考えることもできそうですが、この場合も正解は変わりません。

得点率は 78%でした。

(3) Où est ton père ?「お父さんはどこにいるの」

文の冒頭の疑問詞 Où [u ウー] が聞き取れれば、「場所」を尋ねていることがわかります。選択肢は ① Il est dans la cuisine.「彼は台所にいます」、② Il va bien.「彼は元気です」なので、① が正解です。

得点率は 76%でした。

(4) Qu'est-ce que vous apprenez ?「あなたは何を学んでいるのですか」

Qu'est-ce que「何を」という定型表現の聞き取りはむずかしくありません。この問題では apprendre「学ぶ」という動詞の 2 人称複数の活用形 vous apprenez [vuzaprəne ヴーザプるネ] が聞き取れるかどうかがポイントになります。選択肢は、① が L'anglais.「英語」、② が Une orange.「オレンジ」ですから、① が正解です。vous apprenez [vuzaprəne ヴーザプるネ] の [za ザ] の音を聞きもらすと、vous prenez [vuprəne ヴープるネ]「何を食べますか」になり、② を選んでしまうこともありそうです。

得点率は 43%でした。

(5) Elle habite à Paris ?「彼女はパリに住んでいますか」

質問の文は、疑問詞をともなわない肯定の疑問文なので、oui または non で答えることになります。この点では ①、② どちらの応答も可能ですが、① Non, dans un appartement.「いいえ、アパルトマンに（住んでいます）」では「パリに住んでいますか」という質問に対する答えにはならず、② Oui, depuis deux ans.「はい、2 年前から」が正解です。

得点率は 64%でした。

問題 1 全体の得点率は 65%でした。

解答 (1) ① (2) ① (3) ① (4) ① (5) ②

2

(読まれる文)

(1) Ils ont trois enfants.

(2) C'est la chambre seize ?

(3) Il y a vingt élèves dans la classe.

(4) Le train part à neuf heures.

(5) On prend quel bus, le onze ?

解説 フランス語の文(1)〜(5)にふくまれる数を聞き取る問題です。

(1) Ils ont trois enfants.「彼らには子どもが 3 人います」

正解は 03 です。trois は [trwɑ トろワ] と発音します。この文では、母音で始まる enfants「子ども」があとにつづくため、trois enfants の部分がひとつづきに [trwɑzɑ̃fɑ̃ トろワザンファン] と発音されています。

得点率は 77%でした。

(2) C'est la chambre seize ?「16 号室ですか」

正解は 16 です。seize は [sɛːz セーズ] と発音します。この文では、数詞 seize が「ホテルなどの部屋」という意味の名詞 chambre のあとに置かれており、文中でも単独で発音される場合と音は同じです。

得点率は 71%でした。

(3) Il y a vingt élèves dans la classe.「そのクラスには 20 人の生徒がいます」

正解は 20 です。vingt の発音は [vɛ̃ ヴァン] です。この文では、母音で始まる élèves [elɛːv エレーヴ]「生徒」があとにつづくため、ひとつづきに [vɛ̃telɛːv ヴァンテレーヴ] と発音されています。このとき、vingt の語末の [t] の音が現れる点に注意しましょう。

得点率は 81%でした。

(**4**) Le train part à neuf heures.「列車は 9 時に発車します」

正解は 09 です。neuf は [nœf ヌフ] と発音します。問題文では無音の h で始まる heures [œːr ウーる]「〜時」があとにつづくため、[nœv ヌヴ] と音が変わり、neuf heures はひとまとまりに [nœvœːr ヌヴーる] と発音されます。なお、neuf の音が [nœv ヌヴ] に変わるのは、heures と ans (neuf ans [nœvɑ̃ ヌヴァン]) の前だけです。

得点率は 68%でした。

(**5**) On prend quel bus, le onze ?「どのバスに乗るの？ 11 番 ?」

正解は 11 です。onze は [ɔ̃ːz オーンズ] と発音します。この文は数詞で終わっていますから、音の変化はありません。なお、onze の前では原則としてエリジヨンもリエゾンもおこないません。問題文のように定冠詞 le をつける場合は、*l'*onze ではなく、le onze とし、〈le + 数詞〉で日付を示す場合も、Elle part le onze.「彼女は 11 日に出発する」(『仏検公式基本語辞典（新訂版）』p.197）となります。また、les onze pommes「11 個のりんご」は、les と onze の間でリエゾンをおこなわずに、[le ɔ̃ːz pɔm レオーンズポム] と発音します。

得点率は 64%でした。

問題 2 全体の得点率は 72%でした。

解答 (1) 03 (2) 16 (3) 20 (4) 09 (5) 11

3

(読まれる文)

(1) Il fait chaud !

(2) Deux places, s'il vous plaît.

(3) Salut !

(4) Ce n'est pas cher.

(5) Qu'est-ce que tu as ?

解説 フランス語の文(1)〜(5)を聞き取り、その内容に対応する場面を5つのイラストから選ぶ問題です。

(1) Il fait chaud !「暑い」

カンカン照りのなか、男性と女性が汗を拭いている④のイラストが正解です。なお、問題文は4の(3)や6の(2)と同様に、非人称主語の il を用いて「天候」を示す言い方ですが、天気ではなく、自分が「暑いと思う、暑さを感じる」と述べるのであれば avoir chaud を使います（Tu as chaud ?「暑いですか」『仏検公式基本語辞典（新訂版）』p.50）。「寒い」の場合も同様で、天候なら Il fait froid.、「自分が寒い」のであれば J'ai froid. となります。

得点率は84%でした。

(2) Deux places, s'il vous plaît.「（座席について）チケットを2枚お願いします」

この場合の place は「広場」ではなく、乗りものや劇場などの「座席」を意味します。窓口で2人連れの男女が席を購入している⑤のイラストが正解です。

得点率は77%でした。

(3) Salut !「やあ」

女性と男性が手をあげてあいさつを交わしている①のイラストが正解です。Salut ! [saly サリュ] は親しい間柄の人に対して、会ったときにも別れるときにも、昼でも夜でも使える便利な言い方です。

得点率は98%でした。

(4) Ce n'est pas cher.「安いわね」

レストランのテーブルで女性が勘定書きを見てニコニコしている③のイラストが正解です。形容詞 cher [ʃɛːr シェーる]「（値段が）高い」と、ne... pas という否定の表現が聞き取れるかどうかがポイントです。フランス語では値段について「安い」と述べる1語の形容詞がなく、この問題の pas cher のように cher を否定で用います。

得点率は56%でした。

(5) Qu'est-ce que tu as ?「どうしたの」

ベンチで具合が悪そうにしている男性に、女性が心配して声をかけている②のイラストが正解です。同じ状況で、Ça ne va pas ?「具合が悪いの？」と尋ねることもできます。

得点率は73%でした。

問題3全体の得点率は78%でした。

解答 (1) ④　(2) ⑤　(3) ①　(4) ③　(5) ②

4

(読まれる文)

(1) Ils entrent dans la salle.

(2) Elle prend ces gâteaux.

(3) Vous êtes contente.

(4) Il y a une cravate.

(5) Mes sœurs jouent du piano.

解 説 フランス語の文を聞き取り、2枚の絵から、それぞれの文の内容に合うものを選ぶ問題です。冠詞や形容詞、動詞の活用語尾などの音を手がかりに、男性形と女性形、単数形と複数形、肯定と否定のちがいを聞き取ります。

(1) Ils entrent dans la salle.「彼らはホールに入る」

イラスト①では1人の男性、②では2人の男性がホールに入るところです。動詞 entrer の活用形を手がかりに、男性が単数か複数かを区別します。男性が1人であればIl entre [ilãtr イラントる]、2人の場合はIls entrent [ilzãtr イルザントる] となり、問題文の発音は後者ですから、②が正解です。

得点率は83%でした。

(2) Elle prend ces gâteaux.「彼女はこれらのケーキを買います」

イラスト①にはケーキが 1 つ、②にはケーキが 2 つ描かれています。この問題では、名詞 gâteau(x) [gɑto ガトー] の前に置かれた指示形容詞の音を聞き取り、ケーキが単数か複数かを判断することになります。gâteau は男性名詞なので、単数であれば ce [sə ス]、複数であれば ces [se セ] が使われます。ここでは ces gâteaux [segɑto セガトー] と発音されていますから、②が正解です。ce と ces の聞き分けは、手がかりが 1 音節しかないので簡単ではありません。音声を繰り返し聴いて、ces の音に慣れておくとよいでしょう。

得点率は 45％でした。

(3) Vous êtes contente.「あなたはうれしい」

イラスト①には女性が、②には男性が描かれています。主語の vous と一致する形容詞 content(e)「うれしい、満足している」の語尾の音で男性か女性かを判断します。男性であれば形容詞も男性形の content [kɔ̃tɑ̃ コンタン] ですが、ここでは contente [kɔ̃tɑ̃ːt コンターント] と発音されているので、女性形ということになり、①が正解です。

得点率は 68％でした。

(4) Il y a une cravate.「ネクタイが 1 本あります」

イラスト①には 1 本のネクタイ、②には 3 本のネクタイが描かれています。この問題では cravate(s) [kravat クらヴァット]「ネクタイ」が単数なのか、それとも複数なのかを、不定冠詞の音を手がかりに聞き分けます。cravate(s) は女性名詞ですから、単数であれば une [yn ユヌ]、複数であれば des [de デ] が使われるはずですが、ここでは前者なので、①が正解です。

得点率は 95％でした。

(5) Mes sœurs jouent du piano.「私の姉妹がピアノをひいています」

イラスト①では 1 人の女の子、②では 2 人の女の子がピアノをひいています。名詞 sœur(s) [sœːr スーる] の前に置かれた所有形容詞の音を聞き取り、女の子が単数か複数かを判断することになります。sœur は女性名詞なので、単数であれば ma [ma マ]、複数であれば mes [me メ] が使われます。ここでは mes sœurs [mesœːr メスーる] と発音されており、②が正解です。

得点率は 69％でした。

問題4全体の得点率は72％でした。

解答 (1) ② (2) ② (3) ① (4) ① (5) ②

配点表

問題番号	筆記試験	1	2	3	4	5	6	7	小計	聞き取り	1	2	3	4	小計	合計
点		10	10	8	8	8	8	8	60		10	10	10	10	40	100

学校別受験者数一覧

2020 年度秋季　＜大学・短大別出願状況＞

出願者数合計が 10 名以上の学校を抜粋しました（50 音順）。

	学 校 名	合計		学 校 名	合計		学 校 名	合計
団体	愛知県立大学	60	団体	國學院大學	14	団体	常葉大学	11
	愛知大学	16		国際基督教大学	11	団体	獨協大学	66
団体	青山学院大学	108	団体	駒澤大学	11	団体	富山大学	19
団体	秋田大学	14		滋賀医科大学	11	団体	長崎外国語大学	49
団体	茨城キリスト教大学	65	団体	順天堂大学	171	団体	長崎大学	42
	岩手大学	17	団体	上智大学	110	団体	名古屋外国語大学	70
団体	愛媛大学	11	団体	昭和女子大学	46		名古屋大学	11
団体	大阪教育大学	14	団体	白百合女子大学	96	団体	南山大学	39
団体	大阪大学	80	団体	信州大学	12		新潟大学	13
団体	お茶の水女子大学	33	団体	椙山女学園大学	14		日本女子大学	19
団体	学習院大学	125		成蹊大学	10	団体	日本大学	35
団体	鹿児島純心女子短期大学	13	団体	成城大学	41		広島市立大学	10
団体	鹿児島大学	19	団体	聖心女子大学	25	団体	広島大学	14
団体	金沢大学	22	団体	西南学院大学	29	団体	フェリス女学院大学	10
	関西大学	27	団体	拓殖大学	29	団体	福岡大学	65
	関西学院大学	63	団体	千葉大学	15	団体	法政大学	40
団体	九州大学	28	団体	中央大学	63		北星学園大学	17
団体	京都外国語大学	65		筑波大学	12		北海道大学	15
団体	京都産業大学	21		津田塾大学	20	団体	武庫川女子大学	237
団体	京都女子大学	29	団体	帝京大学	19	団体	武蔵大学	26
団体	京都大学	26	団体	東海大学	27	団体	明治学院大学	62
団体	共立女子大学	44		東京外国語大学	22	団体	明治大学	120
団体	金城学院大学	64		東京大学	61	団体	目白大学	10
	群馬大学	12		東京都立大学	25	団体	山形大学	70
団体	慶應義塾大学	247		同志社大学	21	団体	立教大学	117
団体	甲南大学	12	団体	東北学院大学	13	団体	立命館大学	64
	神戸市外国語大学	10		東北大学	136	団体	龍谷大学	11
	神戸女学院大学	11	団体	東洋英和女学院大学	19	団体	早稲田大学	125
団体	神戸大学	14		東洋大学	47			

2020 年度秋季　＜小・中・高校・専門学校別出願状況＞

出願者数合計が 5 名以上の学校を抜粋しました（50 音順）。

	学 校 名	合計		学 校 名	合計		学 校 名	合計
団体	アサンプション国際中学校・高等学校	82	団体	慶應義塾高等学校	15	団体	同志社国際中学校・高等学校	5
団体	埼玉県立伊奈学園総合高等学校	23		慶應義塾湘南藤沢中・高等部	6	団体	日本外国語専門学校	23
団体	東京都立桜修館中等教育学校	5	団体	神戸海星女子学院中学・高等学校	70		日本女子大学附属中学校・高等学校	5
団体	大妻中野中学校・高等学校	125		神戸国際中学校・高等学校	8	団体	東京都立日比谷高等学校	9
団体	カリタス小学校	44	団体	岩手県立不来方高等学校	12	団体	福島県立福島南高等学校	23
団体	カリタス女子中学高等学校	134	団体	湘南白百合学園中学・高等学校	9	団体	雙葉中学校・高等学校	16
	神田外語学院	15	団体	白百合学園中学高等学校	188	団体	東京都立三田高等学校	13
団体	東京都立北園高等学校	6	団体	聖ウルスラ学院英智高等学校	36	団体	明治大学付属中野八王子中学校・高等学校	8
団体	暁星国際小学校	18	団体	聖ドミニコ学園中学高等学校	45	団体	神奈川県立横浜国際高等学校	37
団体	暁星国際中学・高等学校	5	団体	兵庫県立宝塚西高等学校	5	団体	早稲田大学高等学院	64
団体	暁星国際流山小学校	52	団体	東京学芸大学附属国際中等教育学校	7			
団体	暁星中学・高等学校	19	団体	東京女子学院中学校高等学校	8			

2021 年度春季　＜大学・短大別出願状況＞

出願者数合計が 10 名以上の学校を抜粋しました（50 音順）。

	学　校　名	合計		学　校　名	合計		学　校　名	合計
団体	愛知県立大学	36	団体	順天堂大学	14	団体	富山大学	21
	愛知大学	13	団体	上智大学	84	団体	長崎外国語大学	36
団体	青山学院大学	83	団体	昭和女子大学	24	団体	長崎大学	44
団体	茨城キリスト教大学	19	団体	白百合女子大学	75	団体	名古屋外国語大学	54
	岩手大学	19	団体	信州大学	11	団体	南山大学	38
団体	大阪大学	72	団体	成城大学	37		新潟大学	15
団体	お茶の水女子大学	19	団体	聖心女子大学	18	団体	日本大学	21
	香川大学	11	団体	西南学院大学	49		広島市立大学	11
団体	学習院大学	57		大東文化大学	11	団体	フェリス女学院大学	21
団体	金沢大学	18	団体	拓殖大学	12	団体	福岡女子大学	13
	関西大学	19	団体	千葉大学	10	団体	福岡大学	38
	関西学院大学	45	団体	中央大学	61	団体	法政大学	25
団体	九州大学	17		津田塾大学	14		北海道大学	14
団体	京都外国語大学	57	団体	帝京大学	18	団体	武庫川女子大学	10
団体	京都産業大学	20	団体	東海大学	14	団体	武蔵大学	39
団体	京都大学	17		東京外国語大学	23	団体	明治学院大学	56
団体	共立女子大学	30		東京大学	62	団体	明治大学	68
団体	金城学院大学	28		東京都立大学	13		横浜国立大学	14
団体	慶應義塾大学	169		東京理科大学	10	団体	立教大学	84
団体	甲南大学	10		同志社大学	28	団体	立命館大学	26
団体	國學院大學	10		東北大学	41	団体	龍谷大学	14
団体	国際教養大学	24		東洋大学	33	団体	早稲田大学	178
	滋賀医科大学	26	団体	獨協大学	45			

2021 年度春季　＜小・中・高校・専門学校別出願状況＞

出願者数合計が 5 名以上の学校を抜粋しました（50 音順）。

	学　校　名	合計		学　校　名	合計		学　校　名	合計
団体	アサンプション国際中学校・高等学校	44	団体	神戸海星女子学院中学・高等学校	7	団体	同志社国際中学校・高等学校	5
団体	埼玉県立伊奈学園総合高等学校	37		神戸国際中学校・高等学校	8	団体	日本外国語専門学校	26
団体	大妻中野中学校・高等学校	55	団体	兵庫県立国際高等学校	5	団体	岩手県立花巻南高等学校	5
	学習院女子中・高等科	6	団体	岩手県立不来方高等学校	5	団体	福島県立福島南高等学校	19
団体	カリタス女子中学高等学校	108	団体	湘南白百合学園中学・高等学校	5	団体	雙葉中学校・高等学校	16
	神田外語学院	19	団体	白百合学園中学高等学校	147	団体	神奈川県立横浜国際高等学校	31
団体	暁星国際中学・高等学校	5	団体	聖ウルスラ学院英智高等学校	56	団体	立命館宇治中学校・高等学校	31
団体	暁星国際流山小学校	52	団体	聖ドミニコ学園中学高等学校	30	団体	埼玉県立和光国際高等学校	5
団体	暁星中学・高等学校	38		奈良県立高取国際高等学校	7	団体	早稲田大学高等学院	9
団体	慶應義塾高等学校	6	団体	東京学芸大学附属国際中等教育学校	5			
団体	啓明学園中学校・高等学校	11	団体	東京女子学院中学校高等学校	6			

2021 年度秋季　＜大学・短大別出願状況＞

出願者数合計が 10 名以上の学校を抜粋しました（50 音順）。

	学校名	合計		学校名	合計		学校名	合計
団体	愛知県立大学	44		神戸女学院大学	11		東北大学	176
	愛知大学	24	団体	神戸大学	14	団体	東洋英和女学院大学	17
団体	青山学院大学	116	団体	国際教養大学	19		東洋大学	76
団体	秋田大学	21		国際基督教大学	11	団体	常葉大学	24
団体	亜細亜大学	43		滋賀医科大学	25	団体	獨協大学	80
団体	跡見学園女子大学	13		静岡文化芸術大学	10	団体	富山大学	27
団体	茨城キリスト教大学	52		島根大学	55	団体	長崎外国語大学	22
	岩手大学	13	団体	順天堂大学	151	団体	長崎大学	46
団体	宇都宮大学	11	団体	上智大学	124	団体	名古屋外国語大学	59
団体	愛媛大学	11	団体	昭和女子大学	43	団体	南山大学	43
団体	大阪教育大学	27	団体	白百合女子大学	131		新潟大学	14
団体	大阪大学	104	団体	成城大学	57		日本女子大学	12
団体	大妻女子大学	13	団体	聖心女子大学	25	団体	日本大学	56
	岡山大学	15		清泉女子大学	10	団体	フェリス女学院大学	15
	小樽商科大学	11	団体	西南学院大学	28	団体	福岡女子大学	15
団体	お茶の水女子大学	40		専修大学	21	団体	福岡大学	64
	香川大学	10		大東文化大学	21	団体	法政大学	38
団体	学習院大学	108	団体	拓殖大学	35		北星学園大学	10
団体	金沢大学	37	団体	千葉大学	19		北海道大学	10
	関西大学	31	団体	中央大学	96		松山大学	30
	関西学院大学	65		中京大学	11	団体	武庫川女子大学	179
団体	九州産業大学	11		津田塾大学	24	団体	武蔵大学	49
団体	九州大学	43	団体	都留文科大学	11	団体	明治学院大学	93
団体	京都外国語大学	71	団体	帝京大学	30	団体	明治大学	184
団体	京都産業大学	113	団体	東海大学	26		名城大学	12
団体	京都女子大学	17		東京外国語大学	21	団体	山形大学	102
団体	京都大学	24		東京大学	64		横浜国立大学	13
団体	共立女子大学	57		東京都立大学	18	団体	立教大学	222
団体	金城学院大学	51		東京理科大学	13	団体	立命館大学	71
団体	慶應義塾大学	293		同志社大学	30	団体	龍谷大学	15
団体	甲南大学	15	団体	東北学院大学	14	団体	早稲田大学	254

2021 年度秋季　＜小・中・高校・専門学校別出願状況＞

出願者数合計が 5 名以上の学校を抜粋しました（50 音順）。

	学校名	合計		学校名	合計		学校名	合計
団体	アサンプション国際中学校・高等学校	31	団体	慶應義塾高等学校	12	団体	東京女子学院中学校高等学校	11
団体	埼玉県立伊奈学園総合高等学校	26	団体	神戸海星女子学院中学・高等学校	55	団体	日本外国語専門学校	33
団体	大妻中野中学校・高等学校	67		神戸国際中学校・高等学校	8	団体	岩手県立花巻南高等学校	5
	学習院女子中・高等科	11	団体	岩手県立不来方高等学校	8	団体	東京都立日比谷高等学校	16
団体	カリタス小学校	50	団体	湘南白百合学園中学・高等学校	11	団体	雙葉中学校・高等学校	8
団体	カリタス女子中学高等学校	123	団体	白百合学園中学高等学校	131	団体	東京都立三田高等学校	12
	神田外語学院	12	団体	大阪府立住吉高等学校	5	団体	明治大学付属中野八王子中学校・高等学校	6
団体	暁星国際小学校	20	団体	聖ウルスラ学院英智高等学校	34	団体	神奈川県立横浜国際高等学校	18
団体	暁星国際中学・高等学校	7		成蹊高等学校	9	団体	埼玉県立和光国際高等学校	8
団体	暁星国際流山小学校	34	団体	聖ドミニコ学園中学高等学校	34	団体	早稲田大学高等学院	92
団体	暁星中学・高等学校	47		奈良県立高取国際高等学校	6			

文部科学省後援

実用フランス語技能検定試験

2022 年度版 3 級・4 級・5 級

仏検公式ガイドブック

定価　2,860 円
（本体 2,600 円＋税10%）

2022 年 4 月15日 発行

編　者
発 行 者　公益財団法人　フランス語教育振興協会

発行所　　公益財団法人　**フランス語教育振興協会**

〒102-0073 東京都千代田区九段北 1-8-1 九段101ビル 6F
電話（03）3230-1603　FAX（03）3239-3157
https://apefdapf.org

発売所　（株）**駿　河　台　出　版　社**

〒101-0062 東京都千代田区神田駿河台 3-7
振替口座 00190-3-56669番
電話（03）3291-1676（代）　FAX（03）3291-1675
http://www.e-surugadai.com

ISBN978-4-411-90302-0　C0085　￥2600E

3級・4級・5級の音声の聞き方

書き取り・聞き取り問題の音声の番号は以下のとおりです。

3級：2020年度秋季　問題
- 01 聞き取り 1 小学校のクラスメートのトマとカミーユの会話
- 02 聞き取り 1 ポーズ入り
- 03 聞き取り 2 問題の説明
- 04 聞き取り 2 フランス語の文(1)〜(5)
- 05 聞き取り 3 クロードとアリスの会話1回目
- 06 聞き取り 3 クロードとアリスの会話2回目
- 07 聞き取り 3 クロードとアリスの会話3回目

3級：2021年度春季　問題
- 08 聞き取り 1 ルイと女性の会話
- 09 聞き取り 1 ポーズ入り
- 10 聞き取り 2 問題の説明
- 11 聞き取り 2 フランス語の文(1)〜(5)
- 12 聞き取り 3 マリアンヌとショウタの会話1回目
- 13 聞き取り 3 マリアンヌとショウタの会話2回目
- 14 聞き取り 3 マリアンヌとショウタの会話3回目

3級：2021年度秋季　問題
- 15 聞き取り 1 テオとレアの会話
- 16 聞き取り 1 ポーズ入り
- 17 聞き取り 2 問題の説明
- 18 聞き取り 2 フランス語の文(1)〜(5)
- 19 聞き取り 3 ピエールとゾエの会話1回目
- 20 聞き取り 3 ピエールとゾエの会話2回目
- 21 聞き取り 3 ピエールとゾエの会話3回目

4級：2020年度秋季　問題
- 22 聞き取り 1 問題の説明
- 23 聞き取り 1 フランス語の文(1)〜(4)
- 24 聞き取り 2 問題の説明
- 25 聞き取り 2 フランス語の文(1)〜(4)
- 26 聞き取り 3 問題の説明
- 27 聞き取り 3 フランス語の文(1)〜(4)
- 28 聞き取り 4 マリーヌとジャンの会話1回目
- 29 聞き取り 4 マリーヌとジャンの会話2回目
- 30 聞き取り 4 マリーヌとジャンの会話3回目

4級：2021年度春季　問題
- 31 聞き取り 1 問題の説明
- 32 聞き取り 1 フランス語の文(1)〜(4)
- 33 聞き取り 2 問題の説明
- 34 聞き取り 2 フランス語の文(1)〜(4)
- 35 聞き取り 3 問題の説明
- 36 聞き取り 3 フランス語の文(1)〜(4)
- 37 聞き取り 4 エマとフロリアンの会話1回目
- 38 聞き取り 4 エマとフロリアンの会話2回目
- 39 聞き取り 4 エマとフロリアンの会話3回目